Klassiker-Lektüren

Band 10

Oswald von Wolkenstein

Die Lieder

von
Johannes Spicker

ERICH SCHMIDT VERLAG

Bibliografische Information der Deutschen Bibliothek
Die Deutsche Bibliothek verzeichnet diese Publikation in der Deutschen Nationalbibliografie; detaillierte bibliografische Daten sind im Internet über dnb.ddb.de abrufbar.

Weitere Informationen zu diesem Titel finden Sie im Internet unter ESV.info/978 3 503 09826 2

ISBN: 978 3 503 09826 2

Alle Rechte vorbehalten
© Erich Schmidt Verlag GmbH & Co., Berlin 2007
www.ESV.info

Dieses Papier erfüllt die Frankfurter Forderungen
der Deutschen Bibliothek und der Gesellschaft für das Buch
bezüglich der Alterungsbeständigkeit
und entspricht sowohl den strengen Bestimmungen der US Norm
Ansi/Niso Z 39.48-1992 als auch der ISO-Norm 9706.

Druck und Bindung: Difo-Druck, Bamberg

Inhaltsverzeichnis

Vorwort		7
1.	Einleitung	9
2.	Lied- und Werküberlieferung	13
2.1	Die Sammelhandschriften A, B und c	13
2.2	Die Streuüberlieferung	19
3.	Künstlerische Wirkung	23
3.1	Zeitgenössische Rezeption	23
3.2	Jüngere Rezeption	25
4.	Forschungsgeschichte	31
4.1	Ausgaben und Übersetzungen	32
4.2	Sprache/Stilistik/Artistik	35
4.3	Poetische Stilisierung	38
4.4	Ein forschungsgeschichtliches Paradigma: 'Ehelieder'	51
5.	Die Lieder	61
5.1	Sprache und Formen	61
5.2	Die musikalische Seite	62
5.3	Liedtypen: Vielfalt und Variation	64
5.3.1	Körperbeschreibungslieder	65
5.3.2	Trinklieder	68
5.3.3	Pastourellen	71
5.3.4	Sprachmischungslieder	74
5.3.5	Cisioiani	75
5.3.6	Tagelieder	78
5.3.6.1	Geistliche Tagelieder	86
5.3.7	Geistliche Lieder	91
5.3.7.1	Marienlieder	96
5.3.7.2	Erbaulich-didaktische Reflexionslieder	103
5.3.8	Episodenlieder	118
5.3.8.1	Hûssorge-Typus	130
5.3.8.2	*Es fügt sich* – Kl. 18	133
5.3.9	Politische Lieder	138
5.3.10	'Konventionelle' Liebeslieder	143

    5.3.11 Frühlingsliebeslieder 152
    5.3.12 Liebesdialoge 169

Literaturverzeichnis 181

Liedregister 197

Personen-, Orts- und Sachregister 199

Vorwort

Oswald von Wolkenstein – ein klassischer Autor? Im terminologisch strengen Sinn wohl kaum, er ist in vielfacher Hinsicht eher unorthodox und ein artistischer Grenzgänger. Legt man die Bedeutung zugrunde, die er seit den 70er Jahren des 20. Jahrhunderts erlangt hat, kommt ihm die Bezeichnung allemal zu. Er ist unübersehbar vertreten in universitären Veranstaltungen, seine Resonanz in der Forschung ist sehr groß, und auch die Zahl der Internet-Links kann als ein Gradmesser hierfür gelten. Und natürlich sind schon längst auch Lieder dieses poetischen Exzentrikers kanonisiert.

Oswald-Lektüre: Nach langen Jahren der Beschäftigung mit seinen Liedern ist es immer wieder erstaunlich, freilich nicht verwunderlich, Neues und Spannendes in ihnen zu entdecken. Auch die wissenschaftlich-ernste Sichtung seiner Kunst bereitet Freude. Meine Oswald-Lektüre erreichte ihr Ziel, gäbe sie vermehrt Anschub zur eigenen, weiterführenden Auseinandersetzung.

Den Künstlern Markus Vallazza und Klaus-Peter Schäffel danke ich für die Genehmigung der Wiedergabe ihrer Werke, Carina Lehnen vom Erich Schmidt Verlag für ihre Geduld und ihre umsichtige Betreuung.

Abenden, im Sommer 2007   Johannes Spicker

1. Einleitung

Oswald von Wolkenstein ist der heute erfolgreichste deutschsprachige Autor des Spätmittelalters. Ein mittlerweile verbreitetes Diktum nennt ihn trefflich den 'vielleicht bedeutendsten deutschsprachigen Lyriker zwischen Walther von der Vogelweide und Goethe'. Der Liederdichter Oswald hat ein umfangreiches Œuvre hinterlassen, ungefähr 130 Lieder, daneben zwei Reimpaarreden. Als einer der ersten Autoren hat er sein Werk – Texte und Melodien – wahrscheinlich selbst als Auftraggeber in zwei repräsentativen Pergamenthandschriften aufschreiben lassen.

Seine heutige **Popularität** hat ihre Ursache vor allem in zweierlei Gründen: Zum einen meint man, seinen Liedern einen geradezu **modernen oder sogar postmodernen Umgang mit den traditionellen literarischen Motiven und Formen** des Mittelalters ablesen zu können, in erster Linie aufgrund ihrer sprachspielerischen Qualität. Zudem werden sie oft verstanden als künstlerische **Selbstaussprache des egozentrischen adligen Haudegens**, der sich zwar 'alter' Formen und Themen bedient, sie gleichzeitig individuell nutzt und hierdurch das Mittelalter quasi überwindet. Zum anderen ist es das Leben Oswalds selbst, das vorrangig interessiert. Dies ist seit seiner Tiroler 'Wiederentdeckung' im 19. Jahrhundert der Fall. Verstärkt und recht weit über die Germanistik hinaus fand er Aufmerksamkeit insbesondere durch das 'Oswald-Jahr' 1977. Sie ist bis heute nicht abgerissen, denn seine Biographie ist schillernd und bunt bewegt. Über das Leben Oswalds ist viel mehr bekannt als über das anderer Autoren des Mittelalters: Mehr als 1000 historische Zeugnisse und Quellen sind mit seinem Namen verbunden – auch wenn in ihnen seine Autorschaft (mit vielleicht einer Ausnahme) keine Erwähnung findet. Ein kurzer **biographischer Abriss** soll hier nicht vorenthalten werden:

Oswald wurde um 1377 als zweiter Sohn des Kleinadligen Friedrich von Wolkenstein und seiner Frau Katharina in Südtirol geboren. Möglicherweise hat er eine 'ritterliche' Ausbildung als Knappe erhalten. Ab 1400 sind zunehmend Rechts-, Verwaltungs- und Geschäftsakten überliefert. 1401 nahm er wohl am Italienfeldzug König Ruprechts teil. Oswald engagierte sich politisch in tirolischen Adelsbünden, er betätigte sich im Verwaltungs- und Gerichtswesen des bischöflichen Hochstifts in Brixen. 1411 pfründete er sich im Augustiner-Chorherrenstift Neustift bei Brixen ein. Er war beim Konstanzer Konzil zugegen, trat in den Dienst König Sigmunds und unternahm in dessen Auftrag eine Gesandtschaftsreise, die ihn u.a. nach Spanien, Portugal, Aragon und Frankreich führte. Während der Reise wurde Oswald mit der Aufnahme in den Kannen- und Greifenorden geehrt. Politisch fungierte er als Verbindungsmann zwischen dem König und der Tiroler Adelsfronde gegen Herzog Friedrich I. von Österreich. Er heiratete Margarethe von Schwangau, eine Frau aus dem reichsunmittelbaren schwäbischen Adel. Wohnsitz

1. Einleitung

wurde Burg Hauenstein am Schlern, die Oswald zu einem Drittel geerbt hatte. Die Auseinandersetzungen um dieses Erbe zogen sich über Jahre hinweg und kulminierten in einer Gefangennahme Oswalds im Herbst 1421. Nachdem er in dieser Sache 1427 erneut gefangen genommen und gefoltert wurde, zahlte Oswald die Miteigentümer aus und der Konflikt wurde beigelegt. 1427/28 reiste er über Salzburg, München, Ulm, Heidelberg, Köln und Aachen nach Westfalen, wo er sich in den Geheimbund der Feme aufnehmen ließ. Auch nach 1430 ist Oswald im königlichen Gefolge; 1431 nimmt er am Krieg gegen die Hussiten teil. Er begleitet eine königliche Gesandtschaft 1432 zum Basler Konzil. Ab 1435 hat er Tirol und Südtirol nicht mehr verlassen, blieb aber politisch sehr aktiv und war z.b. Schiedsrichter in Prozessen und Berater der Bischöfe von Brixen. Am 2. August 1445 starb Oswald in Meran. Sein Leichnam wurde nach Neustift überführt, wo er auch begraben wurde, was ein Schreiber in einer Neustift-Innsbrucker Spielehandschrift vermerkt. In der Neustifter Stiftskirche wurden bei Renovierungsarbeiten 1973 menschliche Knochen gefunden. Mit großer Wahrscheinlichkeit sind es die Gebeine Oswalds. Nach einer spektakulären längeren, nämlich 15-jährigen, Odyssee teilweise in einem Schuhkarton wurden sie in der Nähe des Taufbeckens (wieder) beigesetzt. Wo genau, behalten die Mönche jedoch für sich. Einen Wallfahrtsort für Oswald wollen sie nicht.

Hiervon abgesehen ist das **Interesse an der Person Oswald von Wolkenstein** beträchtlich. In Südtirol schmückt man sich gern mit seinem Namen, nicht nur Pensionen und Hotels haben ihn übernommen. Seine bereits 25. Auflage erlebte 2007 der 'Oswald von Wolkenstein Ritt', ein touristisches Reitturnier „zu Ehren des Hauensteiners Minnesängers". Vermarktet wird sein Name auch eher skurril: eine Käse- und eine Weinsorte tragen ihn. Daneben ist der künstlerische produktive Umgang mit seiner Person erstaunlich breit, er reicht von graphischen Drucken und Nachdichtungen bis hin zu Opern sowie einem Musical (vgl. Kap. 3.2). Auch literarisch nimmt Oswalds Person Gestalt an, so 'ernsthaft' als historische Bezugsgröße in einer Erzählung von Anita Pichler, oder aber im Kontext eines aktuellen Unterhaltungsromans ('Die Wanderhure'), in dem er als verseschmiedender Liebhaber seine Rolle findet.

Großes Interesse an der Person besteht ebenfalls in der Wissenschaft. 1977 legte Anton Schwob eine wissenschaftlich fundierte Biographie vor. In einem groß angelegten Projekt von Grazer Wissenschaftlern werden die Lebenszeugnisse ediert, unter anderem mit dem Ziel, den biographischen Hintergrund seiner Lieder zu erhellen. Ein solches biographisches Interesse haben die Lieder auch in interpretatorischen Annäherungen häufig gefunden, enthalten sie doch, bei aller poetischen Überhöhung, vermeintlich autobiographische Aussagen.

Die Lektüre hier folgt anderen Schwerpunkten. Oswalds Lieder werden in ihrem **literarischen Charakter** gesichtet, dabei in der Regel nicht biographisch bezogen oder auf ihren Aussagewert für ein 'Persönlichkeitbild' des Dichters befragt. Die Vorgehensweise ist zweigeteilt. Im ersten Komplex werden die **'Fakten' zu den**

1. Einleitung

Liedern rekapituliert und durchaus argumentativ dargestellt. Zunächst wird der Lied- und Werküberlieferung nachgegangen, der 'Hausüberlieferung' in den Handschriften A, B und c sowie der oft vernachlässigten Streuüberlieferung. Es folgt ein Blick auf die künstlerische Wirkung der Lieder, die sie recht überschaubar in der spätmittelalterlichen Rezeption hat, die sie in der jüngeren, 'modernen' Rezeption in einem weit gefächerten Spektrum entfaltet (wodurch sich der Blick auf eine exemplarische Auswahl beschränkt). Die Forschungsgeschichte wird ausführlich einbezogen, allerdings selektiv ohne Anspruch auf Vollständigkeit. Sie unterteilt sich in eine Übersicht zu Arbeiten aus den Bereichen von Sprache, Stilistik und Artistik, der eine eingehende Darlegung wichtiger Positionen zum Problem der 'poetischen Stilisierung' folgt, die zugleich Leitlinien der wissenschaftlichen Diskussion verdeutlicht. Das Beispiel der sog. 'Ehelieder' veranschaulicht den kontroversen Diskurs eines forschungsgeschichtlichen Paradigmas.

Auf dieser Grundlage werden im zweiten Komplex die **Lieder** konsequent **im Fokus ihrer literarischen Seite**, ihrer 'Literarizität', phänomenologisch ausgreifend erfasst, vorgestellt und interpretiert. Auch hierbei steht nicht Vollständigkeit im Vordergrund. Die Auswahl will den **unterschiedlichen literarischen Charakter** der Lieder dokumentieren und zugleich der **poetischen Variation** weitläufig nachgehen. Aufgrund von ästhetischen Wertungen und poetischen Präferenzen (wie: die 'heute wichtigen' Lieder) oder thematischen Vorlieben werden keine Lieder ausgeklammert, gleichwohl geht es nicht darum, eigene Faibles zu kaschieren.

Die Lektüre der Lieder bezieht **einschlägige Forschungspositionen** ein. Auf Lieddatierungen wird in der Regel verzichtet. Sie sind in den häufigsten Fällen abhängig von biographischen Zuweisungen ('vor oder nach der Heirat', 'Altersried') oder fixieren einen einmaligen Anlass als Entstehungsgrund eines Liedes, der dann die Deutung dominiert. Oswalds Vita ist die eines adeligen Aufsteigers und seine Lieder lassen sich durchaus in diesen Lebensweg funktional einordnen, als Hebel zum sozialen Aufstieg und Spiegel adligen Selbstverständnisses. Vorsicht walten sollte jedoch, wenn ihnen eine je konkrete, einmalige und situativ unmittelbare Funktion zugesprochen wird. Die literarische Qualität und Eigenart der Lieder gehen über einen einmaligen Anlass oder einen dezidierten Aufführungskontext hinaus, was ja auch ihre Sammlung in den Handschriften dokumentiert.

Oswalds **poetisch-musikalische Vielfalt** ist in den Handschriften zumindest teilweise nach Liedtypen zusammengestellt. Er greift nahezu alle traditionellen Liedtypen auf, daneben 'neue' Formen z.B. aus der Romania. Die Lektüre der Lieder erfolgt entsprechend nach **Liedtypen** eingeteilt. Die Zuordnungen haben allerdings oft einen heuristischen Charakter, denn Oswald übersteigt häufig Gattungs- und Typenlinien. Dementsprechend werden die Lieder auch nicht in einer typenbezogenen Systematik gelistet, ihre 'offene' Eigenart soll nicht überlagert werden. (Systematische Zuordnungen finden sich brauchbar bei B. Wachinger 1987 und W. Wittstruck). Die **Variation im Schaffen Oswalds** soll so vorgestellt werden, dass die **Bandbreite des Œuvres** im Mittelpunkt steht. Die Reihenfolge sowohl der

1. Einleitung

Liedtypen als auch der einzelnen Lieder ist keinem Schema verpflichtet, sie hat sich nahezu beliebig ergeben. Entsprechend ist es auch nicht notwendig, der Lied-Lektüre sukzessiv zu folgen.

Aus pragmatischen Gründen werden die Lieder nach der ATB-Ausgabe (also nach Handschrift B) mit der etablierten Sigle „Kl." zitiert, in der Regel nur mit (wenigen) Eingriffen in die Interpunktion. Wichtige Abweichungen in A und c sowie der Streuüberlieferung werden interpretatorisch einbezogen.

2. Lied- und Werküberlieferung

Oswalds Œuvre ist in drei Sammelhandschriften überliefert, die im recht unmittelbaren Kontext des Wolkensteiners entstanden sind und die in ihrem Textbestand weitgehend übereinstimmen; daneben finden sich Lieder verstreut überliefert, meistens in Liedsammlungen und anonym.

2.1 Die Sammelhandschriften A, B und c

Neben dem Bregenzer Grafen Hugo von Montfort, der sein Werk, 40 Texte und 10 Melodien, aufwendig in einem repräsentativen Prachtkodex festhalten lässt, ist Oswald der erste deutschsprachige Autor, der sich um die Erhaltung des eigenen künstlerischen Schaffens in Sammlungen bemüht, nicht zuletzt wohl im Sinne der *memoria*, wie er sie selbst in einem Lied thematisiert:

Und swig ich nu die lenge zwar,
so würd mein schier vergessen gar,
durch churze jar niemand mein gedächte.
dorumb so wil ich heben an
zu singen wider, ob ich kann.
(Kl. 117,1ff.).

Die **Pergamenthandschriften** A und B sind offensichtlich im Auftrag Oswalds geschrieben. Handschrift A, heute in der Österreichischen Nationalbibliothek als Codex Vindobonensis 2777 verzeichnet, enthält 108 Texte. Ihr erster Teil (43 Gedichte) wurde 1425 gefertigt, datiert in einem Register fol. 38^r, weitere Einträge erfolgten später zeitlich weit darüber hinausgehend bis ca. 1436. Sieben oder acht Schreiber waren beteiligt. Gleich zweifach wird die Sammlung Oswald als Autor zugeschrieben: Über der Titelminiatur steht, heute kaum mehr erkennbar, *Oswald Wolknstainner*, und in der Überschrift des Registers heißt es *Geschriben jst dicz puch vnd jst genannt der Wolkenstainer*. Handschrift B, heute in der Universitätsbibliothek Innsbruck (ohne Signatur), ist in ihrem von nur einem Schreiber verfassten Hauptteil mit 118 Gedichten auf den 30. August 1432 datiert. Nachträge gehen über 1438 hinaus. Über dem Inhaltsverzeichnis vor fol. 1 findet sich der Eintrag *In der Jarczal Tausent Vierhundert vnd darnach Jn dem zway vnd dreissigosten iare an dem nachsten Samstag nach Sant Augustins tag ist diss Buch geticht vnd volbracht worden durch mich Oswalten von wolkenstein Ritter des allerdurchleuchtigosten Römischen künigs sigmund etc Rat iar. 18.*

2. Lied- und Werküberlieferung

Aufgrund der Zuschreibungen werden beide Handschriften eindeutig als **Auftragsarbeiten Oswalds**, der als Autor die eigenen Werke kompiliert, gefasst. Strittig hingegen ist, welchen Anteil der Autor selbst an der handschriftlichen Fixierung nimmt, wieweit hier der direkte Einfluss bzw. die steuernde Hand von Autorschaft reicht.

Die beiden mit Melodien versehenen Handschriften weisen **signifikante Unterschiede** auf, so dass die spätere wohl nicht direkt auf A zurückgeht. Ob für B mit Autoreingriffen gerechnet werden kann, ist nicht eindeutig auszumachen, ebensowenig, ob die Anlage der Handschriften eine spezifische Intention Oswalds übermittelt. Dennoch hat die Forschung bis in jüngster Zeit versucht, in ihnen eine autornahe planvolle Ordnung zu erkennen, der eine große literarhistorische und funktionale Bedeutung und damit eine dominante Sicht auf das Gesamtwerk zugesprochen wird.

So hat man versucht, den Beginn beider Handschriften mit dem Einsatz *Ain anefangk an göttlich forcht* (Kl. 1) und die Anordnung der nachfolgenden Lieder programmatisch zu deuten: Zumindest für den Grundstock von A wird eine realpolitische Motivation mit der Zielsetzung „Propaganda in eigener Sache" geltend gemacht, d.h. die Funktion der Lieder und ihrer Kompilation wird biographisch aus einem außerliterarischen Eigeninteresse des Autors abgeleitet. Für B meint man, Oswalds geistlich geprägte dualistische 'Struktur der Wahrnehmung' aus einigen Liedern ableiten und hieraus die Einheit des Gesamtwerks bestimmen zu können.

Da die genaueren Entstehungsumstände von A und B nicht bekannt sind, beide Handschriften allerdings kaum unter beständiger Kontrolle Oswalds geschrieben wurden, sind solche Interpretationen nicht nur auf biographische Spekulation angewiesen, die selbst aus (wenigen) Liedern abgeleitet wird, sie setzen auch ohne weitere Begründung den direkten Autoreingriff voraus, indem dem 'alternden' Oswald ein intentionaler Ordnungswille unterstellt wird. Der Anlage der Codices ist dies allerdings nicht zu entnehmen. So muss man für A einräumen, dass bei der Fortführung der Handschrift die ursprünglich einheitliche Konzeption aufgehoben wird, und auch für B kann das 'geistliche Strukturprinzip' nur als eines unter mehreren gelten.

Es ist sicherlich wichtig hervorzuheben, dass beide Handschriften mit – auch in der wissenschaftlichen Rezeption oft vernachlässigten – geistlich-reflexiven Liedern beginnen und mit den Worten *Ain anefang* in Kl. 1 einsetzen, die im Liederblatt der Miniatur von A aufgegriffen sind. Problematisch ist allerdings, das prinzipiell offene Ende der Handschrift als zweiten Pol einer geistlichen 'Rahmung' festzusetzen, zumal sich in den letzten Liedern nicht nur geistliche Themen finden. Zugleich läßt sich die Priorität der geistlichen Lieder eben nicht auf die spezifische Autorschaft Oswalds zurückführen. Hat die geistliche Sichtweise prinzipiellen Vorrang, dann betrifft dies nicht nur jeden Autor, sondern ebenso die Schreiber zum Beispiel im Kloster Neustift, dem wahrscheinlichen Entstehungsort der Handschriften.

2.1 Die Sammelhandschriften A, B und c

Die **Anlage der Handschriften** lässt anderes erkennen. Bis auf die Reimpaarreden Kl. 67 und – nicht in A überliefert – Kl. 112 werden in ihnen ausschließlich Lieder gesammelt, deren Texte *und* Melodien festgehalten werden. Dominant ist ihre Nähe zur Aufführungsform, mit wenigen Ausnahmen ist ein Prinzip der Brauchbarkeit in der musikalischen Praxis durchgehalten. Auch wenn teilweise mit einer gattungstypologisch-thematisch geordneten Sammlung als Vorlage gerechnet werden kann, herrscht das formale Prinzip vor, Lieder mit gleicher Melodie zusammenzustellen. So finden sich häufig direkte Hinweise für die musikalische Aufführungspraxis, die bestimmte Melodien oder musikalische Formen festschreiben.

Abb. 1: Handschrift A, fol. 30^v (ÖNB Wien)

2. Lied- und Werküberlieferung

In Handschrift A steht nach Kl. 1 der sicherlich auf einen Schreiber zurückzuführende lateinische Eintrag *Finis et illa tria sequencia cantant scdem melodiam istam*, hinter Kl. 4 der Vermerk *Hye ist eyn end der vier lieder jr yedleichs Singt sich besunder jnn dem annefang der ersten weisse*, auf die auch nach Kl. 5 und 6 verwiesen wird. Die Melodie von Kl. 22 wird als der von Kl. 23 entsprechend notiert, ebenso werden Kl. 25 zu Kl. 22, Kl. 30 zu Kl. 28, Kl. 32 zu Kl. 17, Kl. 35 und Kl. 36 zu Kl. 33, Kl. 38 zu Kl. 37, Kl. 40 zu Kl. 116 und Kl. 126 (hier mit dem Verweis *sine repeticione*) zu Kl. 40 zugeordnet. In der repräsentativeren Handschrift B wird nach Kl. 7 auf die gemeinsame Melodie der ersten sieben Lieder aufmerksam gemacht: *Nota dise vorgeschriben siben lieder singent sich jn der ersten weise des anefangs der da sich mit worten also anhebet Ain anefangk an göttlich forcht etc.*, nach Kl. 10, 23, 25, 38, 45, 66, 105 wird auf die gemeinsame *weise* des jeweils vorausgehenden Liedes, nach Kl. 32 auf die der vier vorhergehenden, nach Kl. 36 auf die der drei vorhergehenden Lieder, nach Kl. 87 auf die von Kl. 83, nach Kl. 117 auf die von Kl. 29 verwiesen. Weitere musikalische Differenzierungen werden häufig vermerkt, wie die nicht immer nur ausschließlich musikalische 'repeticio' (z.B. in Kl. 20, 40, 55, 60, 69, 74, 75, 81, 82, 83, 87, 89, 90, 98, 99, 115, 116), oder die Unterscheidung nach Tenor, Diskantus, Secunda pars, clausula oder fuga (z.B. in Kl 48, 49, 50, 51, 52, 53, 54, 56, 62, 64, 65, 70, 71, 76, 77, 78, 79, 88, 91, 93, 94, 96, 101).[1] Die Handschriften bleiben damit Zeugnisse einer **Performanzkunst**, die nicht einer schriftlich-gelehrten und systematischen Form subsumiert wird, vergleichbar etwa den Anthologien von Thibaut de Navarre und Charles d'Orléans oder der Sterzinger Miszellaneenhandschrift.

Dies könnte auch der Grund sein für Unterschiede und Varianten von A und B. Sowohl in A und B sind Lieder enthalten, die in der jeweils anderen Handschrift fehlen (Kl. 119-126 nicht in B, Kl. 66, 73, 85, 87, 102-109, 112-115, 117, 118 nicht in A), daneben gibt es Varianten bei Liedern, die beide Handschriften überliefern, im Wortlaut, in der Versfolge und in der Anzahl der Strophen. Diese Unterschiede dürften durchaus auf den Autor Oswald zurückgehen, nicht allein auf Irrtümer und Fehler der Schreiber, sie erklären sich als Autorvarianten und Doppel- und Mehrfachfassungen, wie sie allgemein in der Lyriküberlieferung zu finden sind. Die Übereinstimmung der Varianzphänomene in diesen autornahen Handschriften mit denen hochmittelalterlicher Minnesanghandschriften ist derart frappierend, dass Oswalds Handschriften sogar Rückschlüsse auf Überlieferungsprinzipien der früheren ermöglichen. Mit den Melodien spiegeln sie die Vortragsszene wider, in der **Kompilation** der Lieder werden die Werke des Autors/Sängers zusammengestellt. Das 'Buch' bleibt hierbei Sammlung, wird nicht zum Werk eines Buchautors wie etwa die Anthologien von Guillaume de Machaut oder Jean

---

[1] Solche Hinweise auf musikalische Formen weist A vergleichbar auf.

2.1 Die Sammelhandschriften A, B und c

Froissart, Autoren, die wie Oswald ihre Werke in Autorcorpora sammeln, darüber hinaus aber diese als (schriftliches) poetisch eigenständiges Werk gestalten.

Beiden Handschriften ist ein Bild Oswalds vorangestellt. Das Bildnis in B, mittlerweile recht berühmt, ist ein Brustbild Oswalds mit den Insignien des Greifen- und des Drachenordens im Stil des italienischen Malers Pisanello. Es ist allerdings keines, das ikonographisch als Autorenbild gestaltet ist. Das stilisierte 'Portrait' stellt Oswald vielmehr überaus repräsentativ heraus, zeigt personalen Glanz und sozialen Status, und deutet möglicherweise an, welche hervorhebende Funktion den Liedern und der Liedsammlung im gesellschaftlichen Kontext zugesprochen wird.

Abb. 2: Liederhandschrift B (UB Innsbruck)

2. Lied- und Werküberlieferung

Abb. 3 u. 4: Handschrift A (Wien, ÖNB), Originalblatt und Kopie (ca. 1900).

Auch das heute nicht mehr gut erhaltene Vollbild in A ist kein Autorenbild. Es zeigt Oswald mit Pelzmütze, verschieden gefärbten Beinkleidern, geschlitztem Rock und mit der Greifenkette als Sänger mit dem Notenblatt in der rechten Hand. Mit den Eingangsworten von Kl. 1, die auf dem Blatt erscheinen, wird direkt Bezug zum Einsatz der Sammlung genommen. Die Figurendarstellung setzt hingegen nicht diejenige fort, wie sie etwa die Manessebilder zeigen. In ihnen werden Autoren ohne Bezug zum Vortragsakt präsentiert, die über die Streifen einen Bezug zur Schriftlichkeit erlangen, und deren gesellschaftlicher Rang in den Miniaturen signalisiert wird. Oswalds Miniatur knüpft ikonographisch an Muster der französischen Liederhandschriften an, in denen Sänger während des Singens dargestellt werden. Wie die Handschriften allgemein, so bezeugt auch die Figurendarstellung sozialen Anspruch und die Priorität der Performanz.

Die Papierhandschrift c, heute im Tiroler Landesmuseum Ferdinandeum Innsbruck unter F.B. 1950, wurde von nur einem Schreiber ca. 1450 geschrieben, also nach Oswalds Tod, wohl im Auftrag der Familie. Sie enthält keine Melodien und stimmt textlich weitgehend mit B überein, so dass man annehmen darf, dass c eine Abschrift von B ist, wahrscheinlich für den familiären 'Hausgebrauch'.

Die Handschriften B und c blieben lange Zeit in Familienbesitz, Handschrift A kam schon zu Lebzeiten Oswalds als Geschenk in die Bibliothek Herzog Albrechts VI. von Österreich. Mit dieser hausgebundenen Überlieferung des Werks Oswalds wird oftmals seine vermeintlich isolierte literarhistorische Stellung verbunden, zumal den gestreut überlieferten Liedern vielfach keine besondere Wertigkeit zuerkannt wird.

Alle drei Handschriften liegen in Faksimiles gedruckt oder als Microfiche-Edition vor (s. Literaturverzeichnis), Handschrift B ist mittlerweile auch ins Internet eingestellt (http://www.literature.at/webinterface/library/ALO-BOOK_V01?Objid= 14399) bzw. die digitalisierte Handschrift lässt sich komplett als PDF-Datei downloaden (http://www. uibk.ac.at/ub/dea/projekte/alo_2005.html).

Weiterführende Literatur: Faksimile-Ausgaben; Lutz 1991, Müller 1992, Robertshaw 1998, Röll 1974a, Schweikle 1993, Schwob 1977b, 1979, 2001, Röll 1981, Spicker 1997, Timm 1972, Wachinger 1987.

2.2 Die Streuüberlieferung

Einige Lieder bzw. Texte Oswalds sind nicht nur in den Handschriften A, B und c überliefert, sondern auch gestreut, zumeist in Liederbüchern. Es handelt sich um Kl. 20, 21, 43, 67, 70, 76, 84, 85, 88, 91, 101, 112. Nur in drei Fällen wird Oswald

2. Lied- und Werküberlieferung

hierbei als Autor genannt, bei Kl. 85 im 'Augsburger Liederbuch', bei der Reimpaarrede Kl. 112 und beim Cisioanus Kl. 67 (*den kalender hat von newen dingen gemacht der Edel Oswald von Wolkenstain*). Ansonsten bleibt er in der Streuüberlieferung anonym. Kl. 76 in einer 'Kurzversion' und stark ausgeweitet das besonders wichtige und besonders gelungene Lied Kl. 21 gehen unter Verlust der Autorschaft Oswalds in die Neidhart Fuchs-Drucke ein und werden dort Neidhart zugesprochen.

Die gestreut überlieferten Texte (und, soweit vorhanden, Melodien) unterscheiden sich in der Regel markant von der Überlieferung in A, B und c. Die Unterschiede erklären sich nicht notwendigerweise – wie lange vermutet wurde – ausschließlich als Resultate von Autorferne, des 'Zersingens' mit Umformungen und Zersetzungen im Gebrauch. Daneben lässt sich durchaus mit unterschiedlichen **Varianten** oder **Fassungen** durch Oswald selbst rechnen. Dies dürfte mit einiger Wahrscheinlichkeit zumindest für Kl. 85 und die erheblich erweiterte Version von Kl. 21 gelten.

Auffällig ist sicherlich, dass die Aufzeichnungen der Streuüberlieferung sich räumlich weit erstrecken, sie reichen von Schwaben, Nürnberg bis nach Freiberg/Sachsen und Rostock. Vielleicht ist dies sowohl für die textliche wie für die musikalische Seite der Lieder ein **Indikator einer größeren künstlerischen Wirksamkeit** Oswalds, als man gemeinhin aufgrund der dominanten Überlieferung der 'Haushandschriften' geltend macht. So zeigt z.B. der Vergleich von Text und Melodie des Tagelieds Kl. 101 in A, B und c mit der zeitlich und räumlich recht weit entfernten Überlieferung im Lochamer und im Rostocker Liederbuch, also lange nach Oswalds Tod und zumindest teilweise im niederdeutschen Raum, dass mit selbständigen Parallelfassungen gerechnet werden sollte, die entweder direkt auf Oswald zurückgehen oder die zumindest als Zeugnisse seiner weitreichenden Wirkung mehr Aufmerksamkeit verdienen, als dies in der Regel (etwa in den vorliegenden Editionen von Text *und* Melodie) der Fall ist.

Daneben werden in Handschriften des 15. Jahrhunderts dem Autor Oswald weitere Lieder zuerkannt, die nicht in der 'Hausüberlieferung' und gestreut überliefert sind. Namentlich wird er als *Wolckenstainer* (Kl. 128) bezeichnet, oder es finden sich Titelnennungen wie *Sequitur sequencia mittit ad virginem secundum textum walchenstain* (Kl. 130), *Den Techst vbr' das geleyemors Wolkenstain* (Kl. 131), *Wolckenstainer spricht* (Kl. 133) und *[...] Von demselben aufpruch hat geticht mit klag der edle wolkenstainer mit sulhem anfang* (Kl. 134). Diese Lieder haben in der Oswald-Forschung erst in jüngerer Zeit einige Beachtung gefunden, wobei sich zeigt, dass sie nicht vorschnell aufgrund ihrer eher geringen ästhetischen Qualität der Autorschaft Oswalds entzogen werden sollten.

2.2 Die Streuüberlieferung

Weiterführende Literatur: Faksimile-Ausgabe; Holznagel; Möller 2003, Mück 1980, Robertshaw 1982, Röll 1974a, Schweikle 1982/83, Spicker 1997, Timm 1972, Wachinger 1987.

Zusammenfassung

Oswalds Lieder sind dreifach in 'Haushandschriften' gesammelt, zweimal in repräsentativen Pergamenthandschriften (A und B), die Oswald offensichtlich selbst in Auftrag gegeben hat, einmal in einer Papierhandschrift (c), kurz nach seinem Tod geschrieben. A und B verzeichnen auch die Melodien, die Lieder sind zusammengestellt wie Gebrauchshandschriften für die Aufführung. Eingriffe des Autors sind nicht klar erkennbar. In der Streuüberlieferung bleibt Oswald als Autor meist anonym, sie erstreckt sich allerdings räumlich recht weit.

3. Künstlerische Wirkung

In der Oswald-Forschung wird häufig auf einen eklatanten Unterschied zwischen der zeitgenössischen Rezeption des Autors/Sängers Oswald von Wolkenstein und seiner wissenschaftlichen und künstlerischen Wiederentdeckung seit dem 19. Jahrhundert verwiesen. Dieser Einschätzung wird im Folgenden beispielhaft nachgegangen und sowohl die zeitgenössische als auch die 'jüngere' künstlerische Rezeption gesichtet.

3.1 Zeitgenössische Rezeption

Augenscheinlich nimmt Oswald eine literarhistorisch isolierte Stellung und damit verbunden eine **Sonderrolle** ein. Man hat ihn als wenig erfolgreich und wirkungsmächtig angesehen, was ihn mit Autoren wie Wittenwiler oder Hölderlin vergleichbar mache. Begründet wird eine solche Einschätzung nicht zuletzt mit vermeintlich subjektiv geprägten, neuartigen literarischen Äußerungsformen oder einem 'renaissancehaften Persönlichkeitsbild', das sich in den Liedern spiegele.

Dieser Einordnung scheint auch die historische Quellenlage zu entsprechen: Oswald ist überaus häufig bezeugt, in weit über 1000 Dokumenten ist er belegt. Als Autor tritt er hingegen urkundlich nur in einem spezifischen (und sehr kontrovers diskutierten) Fall in Erscheinung: im sog. Anschlagbrief. Oswald richtet sich in einem öffentlichen Schreiben gegen die Gemeinde 'ab dem Ritten' und beschwert sich darüber, dass ein vorhergehender Anschlag als Lüge entfernt worden sei: *wie das mein schreiben als ain getichte sach sei, das sich mit warhait nimmer ervinden sol*, und er beteuert, nur Beweisbares gegen die Rittner vorgebracht zu haben, er sie lieber *dem teufel hinten in sein swarz arsloch* fahren lasse als *ain solich gedicht von in erdenken oder aufrichten wollt wie wol ich sünst tichten chann*. Egal, wie man die Formulierung *wie wol ich sünst tichten chann* auslegt, ob als Verweis auf die Kunstfertigkeit der eigenen Dichtung, ob als politischen Drohgestus oder ob eher als „nichtssagend", sie ist die einzige eigene Äußerung über Oswalds Dichten, und mit ihr hebt er selbst zumindest allgemein seine künstlerische Kompetenz hervor.

In der zeitgenössischen Rezeption wird Oswald als Autor genannt im Register des cgm 715, einer Handschrift von Liedern des Mönchs von Salzburg; mit dem Namen *Oswald wolckchenstainer* sind hier die Lieder *Von gespot der vrawen Der may Das gefräß May dein* verbunden, die verloren gegangen sind. In der Spruchsammlung Bollstatters wird ihm ein Vierzeiler gegen Höflinge in den Mund gelegt. Ex-

3. Künstlerische Wirkung

plizit als Autor/Sänger erwähnt ihn Hermann von Sachsenheim in seiner 'Mörin': *Was Wolckenstainer ye gesanck / in sim gefreß das allerbest / Das trougen her gar fremde gest.*

Vielleicht ist die Erwähnung beim Dichterkollegen Hermann sprechend. Will man in ihr nicht nur eine Verwechslung mit (Pseudo-)Neidharts 'Gefräß' erkennen, sondern in der Tat, wie ja auch die Titelnennung im cgm 715 nahelegt, einen direkten Verweis auf ein Lied Oswalds, verdeutlicht sie die **Wertschätzung** des Autors Oswald, dessen Lieder rezipiert und tradiert wurden. Dieses literarische Ansehen gilt möglicherweise besonders dem Verfasser von Liedern in der Neidhart-Tradition, und diese Hochschätzung scheint ihre Parallele zu finden mit der Aufnahme von *ir alten weib* (Kl. 21) durch den literarisch versierten Kompilator in die Versionen des 'Neidhart Fuchs', der Ende des 15. und bis ins späte 16. Jahrhundert gedruckt wurde. Dies bedeutet nämlich, dass das Lied Oswalds, wenn auch nicht unter seinem Namen überliefert, zu einem der am weitesten verbreiteten Lieder des gesamten deutschen Mittelalters gehört, geradezu das herausragende Beispiel seiner artistischen Wirkung markiert.

Dementsprechend muss die relativ geringe Anzahl von Liedern in der Streuüberlieferung und in den Liederbüchern nicht zwangsläufig auf eine geringe **Nachwirkung** Oswalds im Spätmittelalter schließen lassen. Dies ist nur dann der Fall, wenn sich das Interesse auf die Lieder fokussiert, die seit dem 19. Jahrhundert bis heute zu seinen 'eigentümlichen Schöpfungen' gelten und Aufmerksamkeit erlangen: Lieder mit 'individueller', anscheinend biographisch fixierter Ausrichtung. Die Lieder, die im Spätmittelalter rezipiert werden, sind in der Regel Lieder, die sich den tradionellen zeitgenössischen 'Gesellschaftsliedern' zurechnen lassen und solche mit den konventionellen Themen 'Liebe, Frühling, Religion', das heißt Lieder, die einem breiten **Publikumsgeschmack** entsprechen. Darüber hinaus lassen sich Neufunde bislang nicht gestreut überlieferter Lieder nicht ausschließen. Die (wenigen) Zeugen der Rezeption in den Liederbüchern könnten zudem nur die eher spärlichen Reste dessen anzeigen, was im 15. Jahrhundert an Liedern Oswalds bekannt war und tradiert wurde. Allerdings handelt es sich dann wohl um Lieder, die anonym überliefert sind, und, solange sie nicht zumindest partiell mit A, B und c übereinstimmen, eben nicht als Lieder Oswalds erkennbar sind.

Weiterführende Literatur: Holznagel; Möller 2003, Mück 1980, Müller 1994, Robertshaw 1982, Röll 1974a, Schweikle 1982/83, Spicker 1997, Wachinger 1987.

3.2 Jüngere Rezeption[2]

Mit der wissenschaftlichen Wiederentdeckung im 19. Jahrhundert setzt auch die jüngere, 'moderne' künstlerische Rezeption Oswalds und seiner Werke ein. Den ersten umfassenden Versuch machte Beda Weber, der die erste Ausgabe der Lieder 1847 vorlegte (vgl. Kap. 4.1) und ihr 1850 einen biographischen, ausschmückenden Roman *Oswald von Wolkenstein und Friedrich mit der leeren Tasche* folgen ließ, der anhaltend das Bild Oswalds prägte. Wie die Forschung konzentrierte sich die künstlerische Rezeption lange in **Südtirol**, und es sind vor allem 'Werdegang und Lebensfülle', von den Liedern scheinbar dokumentiert, die künstlerisch anregend wirkten. Neben hymnischen Gedichten und dramatischen Versuchen findet sich z.B. 1890 ein *Erzählendes Gedicht* von Angelica von Hörmann, die Episoden aus Oswalds Leben knittelversartig unter Einbezug einiger Lieder zusammenreimt mit der Schlussfolgerung:

Und nennt Tirol die besten Söhne,
So strahl' aus ihren stolzen Reih'n
Als Held und Meister süßer Töne
Der Sänger Oswald Wolkenstein.

Andere 'Höhepunkte' sind ein Holzstich von Fritz Bergen 1897 – offensichtlich anlässlich der ‚Runkelstein-Feier' mit ‚historischem Festzug' am 19. April des Jahres –, der ein Burgfest auf Runkelstein mit Oswald und Gemahlin darstellt, oder eine 1892 angefertigte, lebensgroße Büste, für die sich der Künstler Max Prugger „bei der Durchsicht seiner Aufgabe augenscheinlich in das Leben und in die Lieder des Sängers vertieft" hat (so der Innsbrucker J.C. Platter, Illustrierte Zeitung vom 27.8.1892), die verschollen ist. Es folgten weitere Romane Ende des 19. und in der ersten Hälfte des 20. Jahrhunderts. Erfolgreich waren insbesondere der ebenfalls mythisierende Roman von Oswalds Nachfahr Arthur Graf von Wolkenstein-Rodenegg unter dem Pseudonym Arthur von Rodank und die 1931 erschienene, noch 1976 in Neuauflage gedruckte 'Liebestragödie' von Hubert Mumelter.

Abgesehen von einer stetig zunehmenden Aufnahme der Lieder in **Lyrikanthologien** wurden sie seit der zweiten Hälfte des 20. Jahrhunderts auch häufig unmittelbar künstlerisch rezipiert. 1952 stellte der österreichische Komponist **Cesar Bresgen** ein 'szenisches Oratorium' aus Texten Oswalds und eigenen Ergänzungen unter teils stark veränderter Verwendung der Melodien Oswalds zusammen. Eine Umarbeitung erschien 1962 unter dem Titel *Visiones Amantis (Der Wolkensteiner)*, sie wurde 1964 von Radio Bremen konzertant aufgeführt und 1971 in Innsbruck szenisch inszeniert.

---

[2] Die jüngere Rezeption wird hier in exemplarischer Auswahl vorgestellt. Einspielungen der Lieder auf LP und CD werden in Kapitel 5.3.2 behandelt.

3. Künstlerische Wirkung

Einen umfangreichen Radierzyklus fertigte der Südtiroler **Markus Vallazza**, 1973 gedruckt und in einer bibliophilen Kassette mit einer Auflage von 150 Exemplaren vorgelegt. Den Blättern sind jeweils Liedausschnitte in 'Originalfassung' beigefügt. Die insgesamt 27 Radierungen[3] versteht der Künstler allerdings ausdrücklich nicht als Illustrationen zum Text, sondern als kreative Weiterführung.

Abb. 5: Markus Vallazza, Radierung Nr. VI 'Totentanz'

Die mit Abstand erfolgreichste moderne künstlerische Rezeption stammt aus dem 'Oswald-Jahr' 1977: die 'Biographie' von **Dieter Kühn** *Ich Wolkenstein*. Sie ist

---

[3] Den Ausgaben A und B (sie umfassen die Nummern 1-30) wurden zwei zusätzliche Radierungen beigefügt.

3.2 Jüngere Rezeption

seitdem immer wieder in – bis 1996 auch in überarbeiteten – Neuauflagen erschienen und mittlerweile regelrecht berühmt. Kühn arbeitet mit einer von ihm konzipierten literarischen Montage-Technik, in der er verschiedenste Blickwinkel verwebt. Ein plastisches Bild entwickelt er so aus historischen Aspekten der Zeitgeschichte, den Lebensumständen und Kontexten des politischen und des künstlerischen Oswald, Informationen zu seinen Dichtungen, zur Musik seiner Zeit, und indem Kühn die eigene 'Annäherung', real wie metaphorisch, protokollartig immer wieder einbezieht. Bei aller Fabulierkunst und dem beständigen Impetus, eine Parallele zwischen Oswald bzw. dessen 'moderner' Künstlerpersönlichkeit und sich selbst zu ziehen, besticht Kühns Buch neben der erzählerischen Konstruktion durch wissenschaftliche Solidität. Dies zeigt sich auch in seiner Rezeption der Lieder: Kühn übersetzt etwa die Hälfte der Lieder und baut sie in seine biographische Erzählung ein. Die Übersetzungen sind reimlos, dabei metrisch getreu den Vorlagen, und sie kombinieren philologische Genauigkeit mit einer Vorliebe für Wort- und Wohlklang und einer Lust an der sprachlichen Pointe.

Eine Rezeption dieser Rezeption hat bereits früh stattgefunden: Der Grafiker **Peter Malutzki** ließ sich 1980 durch Kühns Übersetzung der sinnlich-erotischen Schlusszeilen von Kl. 21 zu einem Holzschnitt anregen: Im Format 49,5 x 35 cm stellt er einen weiblichen und einen männlichen Körper aus einer seitlichen Perspektive dar. Die Konturen sind auf die Geschlechtsmerkmale (Brüste, Vulva und erigierter Penis) fokussiert, die Köpfe sind als Vogelköpfe mit Hahnenkämmen stilisiert. Zwischen den Figuren sind die Verse Oswalds in der Übersetzung Kühns wiedergegeben. Der Holzschnitt wurde als 'Flugblatt' gedruckt. *Cum grano salis* prolongieren also Kühn und Maletzki den Erfolg des spätmittelalterlichen 'Schlagers' *ir alten weib* (vgl. oben S. 24).

Eine durchaus beachtenswerte künstlerische Rezeption schuf **Klaus-Peter Schäffel** 1985. Es handelt sich um eine auf nur 15 Exemplare beschränkte Liedauswahl auf Büttenpapier, für die der Künstler Initialien, den Titel und vor allem Illustrationen in Holz schnitt und „mittels eines Wagenhebers" druckte. Diese künstlerische Arbeit ist nahezu unbekannt geblieben. Sie gehört wie das Blatt Malutzkis zu den eher singulären Werken, die nicht primär an der Person Oswalds orientiert sind. Schäffels Auswahl dokumentiert unterschiedliche Liedtypen (in der Reihenfolge: Kl. 37, 120, 75, 45, 3, 64, 60, 85, 5), gerade nicht die vermeintlich besonders wichtigen 'autobiographischen', und auch die Illustrationen veranschaulichen Liedtypen, keine biographischen Aspekte. So wird z.B. die Thematisierung der Körperschreibung in Kl. 120 ins Bild gesetzt:

3. Künstlerische Wirkung

Abb. 6: Klaus-Peter Schäffel: Freu dich, du weltlich creatur

Der bedeutendste moderne Künstler, der sich selbst in einem kongenialen Verhältnis zur Klang- und Sprachartistik Oswalds sieht, ist der Lyriker **Thomas Kling**. Er beschäftigt sich intensiv immer wieder mit Oswalds Liedern sowohl in seinen Gedichten als auch in seinen poetologischen Reflexionen. Kling sieht seine „Sprachinstallationen" in einer besonderen Verwandtschaft mit Oswalds „forcierter, hochrhythmischer Sprache", wobei er sich vor allem für die 'orale Tradition', den Performanz-Aspekt in der Aufführungssituation der Dichtung interessiert. Dies verdeutlicht u.a. ein Kapitel in Klings Band *Botenstoffe*, das er dem „Sprachweltreisenden" Oswald widmet, in dem er die literarische Technik von Kl. 44 nachvollzieht, eine interpretatorische Analyse, die zuvor auch innerhalb der *Frankfurter Anthologie* erschien.

Herausragendes Beispiel für Klings Anverwandlung ist naturgemäß das 'Hör- und Sehabenteuer' *wolkenstein. mobilisierun'*, zunächst als Libretto verfasst, ein „szenisches Konzept für Klänge, Tänzerinnen und einen Sprecher". Der Schlagzeuger **Thomas Witzmann** schuf hierzu mit der Besetzung: Trompete, zwei Posaunen und drei Kesselpauken den klanglichen Rahmen, ohne sich unmittelbar auf Melodien Oswalds zu beziehen. Uraufgeführt wurde das Stück am 18.5.1993 in Köln, im selben Jahr mehrfach wiederholt. Kling versteht seine Rezeption der Gedichte Oswalds als einen Prozess der Aneignung: „da will ich die sekrete riechen dieser wolkensteingedichte, da schaff ich mich rein". Zusammen mit **Ute Langanky** veröffentlichte Kling 1997 *wolkenstein. mobilisierun'. ein monolog* als großformatige bibliophile Mappe, die zehn Linoldrucke Langankys mit dem 'lyrischen Monolog' des Dichters vereinigt. Kling selbst hat *wolkenstein. mobilisierun'* mehrfach gelesen, so 2000 beim ostwestfälischen Literaturfest. Gemeinsam mit dem Musiker und Performer **Frank Köllges** 'zelebrierte' Kling *wolkenstein* 1999 in Dresden zu Erich Kästners hundertstem Todestag. Köllges macht *wolkenstein. mobilisierun'* wiederholt zum zentralen Bestandteil seines *Soloabends für Stimme, Schlagzeug und Keyboard*, zunächst aufgeführt 1999 bei den Konstanzer Literaturtagen, dann 2003 auf Burg Dudeldorf in der Südeifel, 2004 auf 'Klings' Museumsinsel Hombroich, 2005 im Düsseldorfer Schauspielhaus im Gedenken an den verstorbenen Kling, 2006 folgten Aufführungen in Ratingen und Köln.

Einen weiteren Versuch neben dem Singspiel Bresgens, Oswalds Lieder zu aktualisieren und in Szene zu setzen, unternahm das Staatstheater Nürnberg im Frühjahr 2004 (Uraufführung am 6.3.2004) mit der Oper *Wolkenstein – Eine Lebensballade*. Die Musik komponierte **Wilfried Hiller**, das Libretto stammt von **Felix Mitterer**. In acht Bildern wird Oswalds Leben episodenhaft nachgestaltet. Insgesamt werden 14 Lieder auszugsweise im 'Original' in die Handlung eingefügt (in der Reihenfolge Kl. 107, 124, 18, 70, 53, 21, 69, 27, 75, 44, 50, 9, 6, nochmals 124), daneben sind Melodien oder Melodieteile ohne Text in die Partitur eingearbeitet. Im Zentrum dieser Inszenierung steht die 'schillernde Figur' Oswald, das Resultat ist ein eher konventioneller, zugleich klischeehafter Zugriff, der u.a. als „Schulfunk-Historical" ein nur wenig begeistertes Echo gefunden hat.

Ein wohl ambitioniertes Bühnenwerk befindet sich derzeit (2006) noch in Arbeit: Der italienische Komponist **Hubert Stuppner**, der bereits 1979 in *Palinodie Nr. 4* für gemischten Chor a capella 4 Liebeslieder Oswalds (Kl. 50, 51, 53, 107) musikalisch paraphrasiert hat, erstellt mit einem Libretto von **Herbert Rosendorfer** ein Musical, das in einzelnen Episoden sich der faszinierenden Biographie Oswalds widmen und die vielfäligen musikalischen Traditionen der damaligen Zeit einbeziehen soll. Stuppner will keine vermeintlich authentische Aufführungspraxis rekonstruieren, vielmehr zielt seine Interpretation auf eine „Rhythmisierung des Mittelalters" ab, allerdings nicht im Sinne des avancierten zeitgenössischen Musiktheaters, sondern in der Form des Musicals, weil die Pilgergesänge aus Compostela und Lieder Oswalds durchaus 'Schlager' ihrer Zeit waren (vgl. http://www.ricordi.de/auto/newsletter/pages/104.htm).

Die überaus große **Publizität** Oswalds bedingt mittlerweile immer häufigere 'konzertante' Aktualisierungen seiner Lieder. Dies kann hier nur als Ausblick gestreift werden. So führte die Wiener Kultur- und Veranstaltungsgemeinschaft *Eulenspiel* 2005 ein 'mittelalterliches Konzert mit Holz-Marionettentheater' *Ich, der Wolkenstainer* auf. Eine große Zahl heutiger Spielleute vertont Lieder Oswalds auf

3. Künstlerische Wirkung

Platte und CD, daneben werden sie häufig von ihnen in 'mittelalterlichem' Kolorit auf historischen Märkten, bei 'minnesängerischen' Wettbewerben oder Kulturtagen vergegenwärtigt. Auf unterschiedlichem künstlerischen Niveau werden Wolkenstein-Lieder lebendig etwa durch die Kölner Gruppe *Oswald* (nomen est omen), das Musiktheater *Dingo* in „hochdeutschen" Nachdichtungen oder durch den 'Barden' Friedhelm Schneidewind, der, als Oswald gewandet, im Heidelberger Schloss auftritt und die Lieder „wie sie zu Oswalds Zeit geklungen haben könnten" vorträgt. Einen hohen Rang innerhalb der Vielzahl dieser Oswald-Adepten lässt sich dem Salzburger Ensemble **Dulemans Vröudenton** zusprechen. Es führt u.a. Oswalds Lieder künstlerisch anspruchsvoll und musikalisch adäquat auf. Die Gruppe hat inzwischen mehr als 1000 Auftritte absolviert in illustrem Rahmen (u.a. Mozarteum, Deutsches Theater, Königschloss Warschau), und sie ist nicht von ungefähr der Oswald von Wolkenstein-Gesellschaft eng verbunden.

Zusammenfassung

Oswalds Lieder werden im Spätmittelalter aufgegriffen, meistens Lieder mit eher 'konventionellen' Themen oder solche der Neidhart-Tradition. In vielen Fällen geht in der Rezeption der Autorname verloren, doch ist Oswalds Nachwirkung wohl größer als lange Zeit angenommen

Seit dem 19. Jahrhundert wird Oswald überaus breit künstlerisch rezipiert. Von den Anfängen der 'modernen' Rezeption bis heute erfolgt dies oftmals im Rückgriff auf die Biographie. Künstlerisch gestaltet werden die Lieder seit der Mitte des 20. Jahrhunderts zunehmend auch mit musikalisch-artistischen Adaptationen.

4. Forschungsgeschichte

Der mittlerweile allgemein geltenden Einschätzung, Oswald von Wolkenstein sei der bedeutendste deutschsprachige Lyriker zwischen Walther von der Vogelweide und Goethe, entspricht auch die philologische, analytische und interpretatorische Beschäftigung der Forschung mit seinen Liedern: Sie ist geprägt durch eine sehr große Zahl von Ausgaben, Monographien sowie Aufsätzen, und sie ist mittlerweile geradezu unübersichtlich. Einige Schneisen sollen im Folgenden geschlagen werden.

In den frühen Jahren der aufkommenden Germanistik in der ersten Hälfte des 19. Jahrhunderts wurde Oswald als „der letzte Minnesänger" bezeichnet, ein literarhistorisches Verdikt, das lange und bis weit ins 20. Jahrhundert nachhallte. Die literaturwissenschaftliche Beschäftigung mit seinen Liedern erfolgte zunächst vor allem in **Tirol**, wenngleich z.b. **Ludwig Uhland** in seiner *Geschichte der deutschen Poesie im Mittelalter* schon früh eine Veröffentlichung der Gedichte forderte, was „wenn nicht wegen ihres poetischen Gehaltes, doch jedenfalls für die Sittengeschichte wünschenswert" sei. Der Tiroler Forscher Beda Weber besorgte die erste Liedausgabe (vgl. S. 32), daneben stand lange die biographische Verortung, scheinbar den Liedern ablesbar, im Zentrum der Forschung.

Mit Beginn des 20. Jahrhunderts weitet sich das Bild, Oswald wird über Tirol (und besonders Innsbruck) hinaus allgemein **Gegenstand der Germanistik**. Neben Editionen der Texte und der Melodien wurden Arbeiten zur Stilistik, zur Sprache sowie zur philologischen und literarhistorischen Einordnung vorgelegt. Ein wichtiger Markstein ist die **ATB-Edition** von 1962. Seit der Mitte des Jahrhunderts stehen interpretatorische Fragen zum Verhältnis von 'Dichtung' und 'Wahrheit', der poetischen Stilisierung, kontrovers diskutiert, im Zentrum des Forschungsinteresses, daneben weiterhin Fragen zur literarhistorischen Einordnung. Wichtige Positionen der Entwicklung zwischen 1959/1960 und 1977/1978 sind dokumentiert im Oswald von Wolkenstein-Band der Reihe **Wege der Forschung** (Hrsg. U. Müller). Der Band enthält auch eine umfangreiche, sehr hilfreiche Auswahlbibliographie der Jahre 1803-1978.

In den 70er Jahren wurden zwei **Tagungen in Südtirol** (Neustift und Seis) durchgeführt, bei denen vorwiegend Oswalds Verhältnis zu den literarischen Traditionslinien beleuchtet wurde. Die Teilnehmer der Symposien regten die Gründung der **Oswald von Wolkenstein-Gesellschaft** 1980 an. Sie organisiert seitdem regelmäßig Kolloquien mit Schwerpunkt auf Oswald, zu anderen Autoren (Konrad von Würzburg, Wittenwiler) und generell der spätmittelalterlichen Literatur. Alle zwei Jahre erscheint das Jahrbuch der Oswald von Wolkenstein-Gesellschaft, in der

Regel mit den Referaten der Tagungen, daneben werden weitere Beiträge zum Werk Oswalds und zur Literatur seiner Zeit gedruckt. Besonders wichtig für Oswald sind die Jahrbücher 3 und 9. Jahrbuch 3 enthält wichtige Interpretationen von Liedern Oswalds, Jahrbuch 9 dokumentiert die Brixener Tagung (1995) *Oswald von Wolkenstein und die Wende zur Neuzeit*.

4.1 Ausgaben und Übersetzungen

Die **erste Gesamtausgabe** der Gedichte Oswalds veröffentlichte der Tiroler Beda Weber 1847. Zugrunde legte er die Papierhandschrift c. Im Gegensatz zu Webers biographischem Roman (vgl. S. 25) fand seine Liededition allerdings kaum Resonanz. Webers Ausgabe ist im Internet abrufbar (http://www.literature.at/webinterface/library/ALOBOOK_V01?objid=13132).

Anfang des 20. Jahrhunderts folgte eine **Ausgabe der Texte und Melodien** durch Josef Schatz und Oswald Koller. Es handelt sich um eine kritische Bearbeitung, wobei Text- und Musikteil getrennt präsentiert werden. Texte und Melodien werden nach Handschrift A ediert, Varianten von B jeweils im Apparat verzeichnet bzw. Melodien parallel gedruckt. Geordnet sind die Melodien nach ein- und mehrstimmigen Liedern in alphabetischer Reihung. Die Textanordnung erfolgt chronologisch (sofern Schatz Lieder „den jüngeren Jahren des Dichters" zuordnen wollte), thematisch (Liebesgedichte, Lieder „welche volksmäßigen Charakter haben", religiöse Lieder) und wiederum eine Reihe bei den „zeitlich festsetzbaren Gedichten". Schatz hat seinen Textteil überarbeitet und 1904 nochmals veröffentlicht. Beibehalten wurden die Einführung zur Biographie und, recht umfassend, eine Übersicht zur Überlieferung mit Beschreibungen der Handschriften A, B und c sowie der Streuüberlieferung. Modifiziert wurde vor allem der Apparat, in den Schatz die Lesarten von c einarbeitete.

Grundlegend für Forschung und akademischen Unterricht ist die **ATB-Ausgabe** von Karl Kurt Klein, zuerst erschienen 1962, in ihrer dritten, überarbeiteten Auflage von 1987. Leithandschrift für diese Edition ist Handschrift B; die nicht in B überlieferten Lieder aus A und die außerhalb von A, B und c überlieferten Lieder sind einbezogen. Die Texte werden unabhängig von den Melodien wiedergegeben. Eine Auswahl von ein- und mehrstimmigen Melodien (11) soll in einem Anhang die bei Oswald vorkommenden musikalischen Gattungen und Melodietypen dokumentieren. Die Reihenfolge der Lieder entspricht derjenigen der Leithandschrift. Der Ausgabe entsprechend hat sich in der Forschungsliteratur für die Zählung die Sigle „Kl." etabliert. Wichtige Hilfsmittel bilden ein vergleichendes Verzeichnis der Liednummern mit den Ausgaben von Weber, Schatz und Koller, eine Zusammenstellung der Liedreihenfolge von A und B nach A geordnet und ein Verzeichnis der Strophenanfänge in alphabetischer Ordnung. Eine Neubearbeitung dieser Edition ist bereits seit einigen Jahren angekündigt.

4.1 Ausgaben und Übersetzungen

Eine **Gesamtausgabe** der Lieder, die auch die Melodien umfasst, hat mit **Übertragungen und Kommentaren** versehen Klaus J. Schönmetzler 1979 publiziert. Die Versübersetzungen sind formgetreu, die Sprache dabei recht altbacken, und sie werden mit den singbar in moderner Notation übertragenen Melodien zusammen präsentiert. Der 'originale' Text wird weitgehend nach B im Anhang – etwas gedrängt – wiedergegeben. Ergänzt wird der Abdruck durch kurze Kommentare zu den Liedern. Abweichungen von B sind in ihn knapp aufgenommen, so z.b. die Neidhart Fuchs-Varianten von Kl. 21, daneben informiert er über Liedüberlieferung, Entstehung, Melodie, Text und Forschungspositionen.

Neben den Gesamtausgaben der Lieder der 'Haupthandschriften' wurden die Lieder der **Streuüberlieferung** von Hans-Dieter Mück 1980 in einer synoptischen Edition herausgegeben. Die **mehrstimmigen Lieder** hat Ivana Pelnar mit allen bekannten Konkordanzen 1981 veröffentlicht.

Wie Schönmetzler hat auch Wernfried Hofmeister das **komplette Œuvre** übertragen. Er übersetzt zeilengetreu, mit möglichst genauer semantischer Entsprechung in ungebundener Sprache. Sehr zurückhaltend werden in Fußnoten Übersetzungsvarianten vermerkt. Hilfreich ist die Zusammenstellung von Literaturhinweisen zu den einzelnen Liedern.

Etwa die Hälfte der Lieder übersetzt Hubert Witt in seiner Ausgabe. Sie erschien 1968 in der DDR, neuaufgelegt 1982. Sie ist mit ganzseitigen Zeichnungen von Heinz Zander geschmückt und farbigen Initialen graphisch gestaltet. Die Übersetzungen der Texte nach der Ausgabe Kleins sind **Versübertragungen**, allerdings durch den Versuch eines formgerechten Nachdichtens nicht immer semantisch genau. Für die Anordnung wurden „bisherige Vermutungen zur Chronologie" herangezogen. Für 10 Lieder werden in einem Musikteil Melodien nach Koller durch Tilo Müller-Medek beigefügt.

Dieter Kühns **Übersetzungen** in seiner Biographie sind künstlerisch ambitioniert, zugleich philologisch abgesichert. Kühn überträgt ebenfalls ca. die Hälfte der Lieder zeilengetreu, allerdings reimlos, wobei er in der Regel die Zahl der Hebungen und Silben pro Zeile beibehält. Kühn versteht seine Übersetzungen als Kompromiss, denn die semantische Bedeutung der Liedtexte in unserer Sprache wiederzugeben, die metrischen Muster beizubehalten, Klangqualitäten zu reproduzieren und darüber hinaus die Reimschemata zu rekonstruieren, erscheint ihm „in den meisten Fällen als Quadratur des Kreises".

Teilausgaben der Lieder in oder mit Übersetzungen wurden bereits ab dem 19. Jahrhundert zusammengestellt, sie werden hier nur beispielhaft skizziert. 1886 sammelte Johannes Schrott Gedichte Oswalds in breiterer Auswahl, übersetzt in Versmaßen des Originals. Die Auswahl klammert z.B. Oswalds 'Neidharte' aus, begründet mit ihrer 'moralischen Verfänglichkeit'. Die Übersetzungen sind teils

4. Forschungsgeschichte

falsch und muten sprachlich mitunter skurril an. Wieland Schmied stellte 1960 16 Lieder zusammen, die Texte werden nach der Ausgabe Webers – ausdrücklich derjenigen von Schatz vorgezogen – wiedergegeben und übersetzt als „Verständnisbehelf". Dieser Versuch, daneben Einleitung und Anmerkungen Schmieds können heute als nicht stimmig und überholt angesehen werden.

1964 edierte Burghart Wachinger eine **Auswahl mit 28 Liedern** erstmalig. Die Texte werden nach der Ausgabe von Schatz wiedergegeben, die Übertragung stellt keine literarischen Ansprüche, sondern ist eine profunde Prosaübersetzung. Kurze Kommentare sind jeweils beigefügt. Die Auswahl soll die wichtigeren Liedtypen Oswalds vertreten, allerdings mit der Prämisse: „Das Verhältnis der Typen und Themen ist zugunsten der autobiographischen Dichtung und der unkonventionellen Liebesdichtung leicht verschoben; denn in diesen Bereichen liegt Oswalds eigentümlichste Leistung" (S. 122). Der Band wurde 1967 vom Reclam Verlag in die 'Universal-Bibliothek' übernommen und 1980 nochmals aufgelegt.

Ebenfalls 28 Lieder enthält der **Auswahlband** von Johannes Heimrath und Michael Korth, 1975 erstmalig veröffentlicht, eine dritte Auflage erschien 1988, eine Taschenbuchausgabe bereits 1979. Sie drucken den 'Originaltext' mit den dazugehörigen Melodien entsprechend nach B. Die musikalische Seite der Lieder steht bei ihnen im Vordergrund, Anmerkungen dienen als Hilfen zum Textverständnis, in erster Linie geben sie Informationen zur spätmittelalterlichen Aufführungspraxis und für die heutige musikalische Umsetzung. Für jedes Lied werden kurz Worterklärungen gegeben. Die Ausgabe ist mit Abbildungen versehen u.a. aus den Handschriften Oswalds, Miniaturen aus anderen spätmittelalterlichen Handschriften, Fresken aus Schloss Runkelstein und selbstverständlich dem 'Portrait' aus B.

Eine **Auswahl von Melodien** bieten auch Hans Ganser und Rainer Herpichböhm 1978. Sie präsentieren die Melodien von 24 überwiegend mehrstimmigen Liedern mit den Texten nach der Kleinschen Ausgabe. Beigefügt sind Kurzkommentare zu den Melodien.

40 **einstimmige Lieder** hat 2003 Elke Maria Loenertz herausgegeben. Nach einem Exkurs zum Verhältnis von Text und Musik seit der Antike, Aspekten des Zusammenwirkens von Text und Musik im Mittelalter und einem Überblick zum handschriftlichen Befund bei Oswald analysiert sie die musikalische Seite der Lieder, kommentiert sie einzeln und ediert sie nach Handschrift B im Gefüge von Text und Melodie.

Burghart Wachinger hat 2006 seine 'alte' Liedauswahl quasi erneuert. In den Band *Lyrik des späten Mittelalters* innerhalb der **Bibliothek Deutscher Klassiker** nimmt er 18 Texte Oswalds auf. Bis auf Kl. 118 *Wol auf und wacht, acht, ser betracht*, das letzte in B eingetragene Lied, handelt es sich um Lieder, die auch in der Sammlung von 1964 bzw. 1967 (1980) enthalten sind. Sie werden hier wie dort nach Handschrift A ediert. Sie sind natürlich neu kommentiert, die ausgewählten Literaturangaben aktualisiert. Die überarbeiteten Übersetzungen sollen zum Original hinführen, möchten „dazu verlocken, sich in den mittelhochdeutschen Text zu vertiefen" (S. 615).

In jüngster Zeit (2007) sind gleich **drei Ausgaben mit Editionen und Übersetzungen** erschienen bzw. angekündigt. Burghart Wachinger hat seine Auswahl und Übersetzung nochmals revidiert. Er ergänzt die 'alte' auf insgesamt 41 Lieder, die Überarbeitungen und Kommentare des BdK-Bandes sind hierin übernommen. Er möchte die Vielfalt der Typen und Themen dokumentieren, geordnet werden die Lieder gleichwohl traditionell, zunächst nach weltlichen Liedern ohne autobiographischen Bezug, dann Lieder mit autobiographischen Bezügen in ungefährer chronologischer Folge und abschließend moralisch-geistliche Lieder. Wie in den früheren Bänden ediert Wachinger in der Regel nach Handschrift A. Jedes Lied wird im Anhang kommentiert. Die wichtige und sehr zu begrüßende Neuerung dieser Ausgabe ist der Abdruck der Melodien und Tonsätze, die Horst Brunner besorgt hat. Sie sind auf die praktische Musizierbarkeit angelegt, so werden z.B. die mehrstimmigen Liedsätze in Partiturform wiedergegeben.

53 Lieder überträgt Gerhard Ruiss in poetischen Nachdichtungen. Seine Auswahl und Zusammenstellung der Lieder Oswalds „erfolgte unter Berücksichtigung möglichst vieler verschiedenartiger in seinem Werk auffindbarer Aspekte" (S. 10). Beigefügt sind die „Originaltexte", in der Regel – ohne weitere Begründung – nach der Ausgabe Beda Webers von 1847. Eine weitere Gesamtübertragung der Lieder ist für den Herbst 2007 von Franz V. Spechtler angekündigt.

4.2 Sprache/Stilistik/Artistik

Oswalds besonderer Umgang mit sprachlichen Phänomenen, seine spezifische Stilistik, seine poetisch-künstlerische Sprachbehandlung und seine Form- und Reimartistik haben die Forschung seit dem frühen 20. Jahrhundert immer wieder beschäftigt.

Friedrich Maurer 1922 und Josef Schatz 1930 verfassten gründliche **Untersuchungen der Sprache** Oswalds. Maurer hat versucht, die sprachlich südtirolische Färbung der Lieder aufzuzeigen, Schatz die Formen der Literatursprache. Beide Arbeiten sind heute methodisch veraltet, doch können sie weiterhin als Hilfsmittel fungieren. Dies gilt besonders für das 'Glossar' bei Schatz, eine alphabetisierte Zusammenstellung des Wortmaterials.

Als Materialsammlungen lassen sich, wenn man von den normativen Wertungen absieht, auch heute noch die ersten beiden Dissertationen zu Oswald nutzen, die kaum mehr Beachtung finden, beides **Analysen der Stilistik**: Johannes Beyrichs 'Untersuchung' von 1910 und Wilhelm Türlers 'Studien', ein Teildruck erschien 1920. Beyrich listet Stilelemente der Lieder und vergleicht Oswalds 'Phraseolo-

4. Forschungsgeschichte

gie' mit den Liedern Hugos von Montfort, Suchensinns, Suchenwirts und den Liederbüchern des 15. Jahrhunderts, insbesondere dem der Hätzlerin. Türlers Zusammenstellung der rhetorischen 'Mittel der Darstellung' Oswalds ist umfassender. Er listet u.a. auf: Mittel zur 'Fülle des Ausdrucks', Mittel der 'Lebhaftigkeit', Mittel zur 'Sinnlichkeit und Anschaulichkeit', Mittel zur 'Klangwirkung'. Türler zieht für seine vergleichende Stilkritik die gesamte vorangehende Lyrik heran, oft mit dem Befund, dass Oswalds Lieder wenig Originalität aufweisen.

1926 erstellte Werner Marold einen umfassenden **Stellenkommentar**, der allerdings nur als Teildruck 1927 veröffentlicht wurde. Marold kommentiert jedes Lied einzeln mit sprachlichen, textkritischen, metrischen und syntaktischen 'Bemerkungen', und indem er Überlegungen zu Entstehungszeit und -ort mitgibt, vor allem zeichnet er auch literarische Einflusslinien nach, gleichzeitig bezieht er u.a. auch Geographie, Astrologie und geistliche Dichtung ein. Dieser Kommentar konnte erst ab den 60er Jahren am Institut für deutsche Sprache und Literatur der deutschen Akademie der Wissenschaften (DDR) von nur wenigen Forschern eingesehen werden. Diese „Fundgrube für die Oswald-Forschung" machte Alan Robertshaw 1995 durch eine Neuausgabe allgemein zugänglich, bei der er nur wenig in den Text eingriff, praktischerweise die Anordnung und Numerierung der Lieder der Klein'schen Ausgabe anpasste. Dies ist besonders wichtig, weil ein Teilkommentar der Lieder (1-20) Walter Rölls von 1968, dem Marolds Kommentar zugrundeliegt, ebenfalls ungedruckt blieb.

In ihrem artistisch-formalen Aspekt und der Einheit von **Wort und Musik** wurden die Lieder 1932 von Herbert Loewenstein beleuchtet. Loewenstein betont die Tradition des Minnesangs im Sinne einer 'formalen' Kunst und die auch für Oswald geltende Einheit von Text und Musik. Die 'eigentliche Existenzform' von Oswalds Werken, der akustisch zu rezipierende Vortrag, sei noch bedeutend melodischer und noch mehr der prosaischen Wirklichkeit entrückt „als es seine (auch schon stark stilisierte) Wortkunst allein anzeigt" (S. 72).

Ihre Klanglichkeit ist ein wesentliches Merkmal der Lieder Oswalds. Die phänomenologische Breite der **Sprach- und Klangartistik** zeigte Hans Moser 1969 in einem richtungweisenden Aufsatz. Der 'Ohrenmensch' Oswald gebrauchte sehr häufig Fremdwörter, vergegenwärtigt fremde Laute, Sprachen oder Mundarten. Vielfältig werden akustische Phänomene benannt, Klangeindrücke, Lautmalerei oder Namenkataloge belegen ein Spiel mit dem Wohlklang. Dies vermag sich sogar zu verselbständigen, wenn die semantische Seite hinter die lautliche zurücktritt und die Dichtung nahezu zur Lautdichtung wird.

Diesen Ansatz griff zunächst Burghart Wachinger 1977 auf, indem er die **Sprachmischung** interpretiert. Er sichtet die Lieder Kl. 69 und 119 im Kontext der Tradition mischsprachiger Liedformen und gelangt zu dem Ergebnis, dass gerade bei Liedern mit sehr konventionellem Inhalt sich auch bei Oswald die Tendenz zeigt, das sprachliche Material artistisch zu verdunkeln, durchaus mit der Absicht, sich

4.2 Sprache/Stilistik/Artistik

„selbst als welt- und spracherfahrenen Tausendsassa zu präsentieren" (S. 295) im Sinne einer 'Selbststilisierung des sprechenden Ich'.

Es liegt auf der Hand, dass der Sprachkünstler Dieter Kühn besonders diesen klanglich-artistischen Aspekt hervorhebt. Kühn geht allerdings soweit – und einige Fachwissenschaftler sind ihm dabei durchaus gefolgt –, Oswalds Behandlung seines **'Sprachmaterials'** mit Verdichtungen, Assoziationsmöglichkeiten und Chiffrentexten als „avantgardistisch" in einem heutigen Sinn zu verstehen, und er vergleicht ihn mit Künstlern der Moderne, etwa James Joyce.

Diese Einschätzung problematisierte B. Wachinger, indem er nach dem historischen Ort von Oswalds **Sprachbehandlung und lyrischer Formkunst** fragt. Wachinger gelangt zu dem Ergebnis, dass Kühns 'Beschreibungssprache' der über moderne Lyrik entspricht. Bei Oswald fehlt die Sprachreflexion, so dass es bei ihm allein um die in der dichterischen Praxis implizierten Sprachhaltung gehen muss. Die Stichworte: 'Materialcharakter der Sprache', 'Chiffrentext' und 'Wechselspiel von Musik und Sprache' im *modernen* Sinn charakterisieren Oswalds Sprachhaltung historisch unzutreffend, z.b. weil sie bei ihm nie sprach- und kulturkritische Reflexion implizieren und immer der traditionelle Hintergrund des einzelnen Sprachphänomens bzw. der Zeichen und Metaphern erhalten bleibt.

Oswalds **Sprachartistik** ist ein wesentliches Moment seiner Liedkunst. Oftmals wird sie in Liedern virtuos umgesetzt, die eher den inhaltlich konventionellen Typen angehören. So finden sich gerade solche Lieder auch gestreut überliefert (vgl. oben. Kap. 2.2), was als Verweis auf die 'Popularität' dieser Formkunst gedeutet werden kann. Sie setzt zugleich eine Traditionslinie fort, die sich sowohl in der deutschen als auch der französischen spätmittelalterlichen Liedkunst feststellen lässt. Analytisch ist das weite Feld der Sprachartistik immer noch wenig betreten, doch zeigen Interpretationen von Liedern unterschiedlicher Genres, wie Oswald artistische Virtuosität, rhetorischen Glanz und klanglichen Reiz aktualisiert und verdichtet.

Geradezu ohrenfällig vermittelt dies das **onomatopoetische Klanggebilde** *Der mai mit lieber zal* (Kl. 50), ein polyphones lautlich-musikalisches Spiel mit Vogelstimmen und weiteren Klangeindrücken aus dem bäurisch-ländlichen Leben. Das Lied ist die beeindruckende Bearbeitung eines im 15. Jahrhundert populären Virelais des Franzosen Jean Vaillant, die versiert die Melodie und teilweise auch die textliche Vorgabe nachvollzieht. Auch eher weltabsagende Reflexionen hat Oswald sprachlich-künstlerisch überhöht. Walter Röll hat für *Du armer mensch* (Kl. 8) hervorgehoben, wie hier **rhetorischer Schmuck** verdichtet wird: sehr kunstvoll, geschickt und wirkungsvoll setzt Oswald rhetorische Mittel ein, es geht hierbei nicht „um individuelle Aussage, sondern um Ansprache, nicht um Gefühlsdarstellung, sondern um rationale Argumentation in einer auf den hohen Ton gestimmten Mahnung" (Röll 1982/1983, S. 226) . Das 'Erfolgslied' *Ir alten weib* (Kl. 21) ist ebenfalls äußerst virtuos künstlerisch konstruiert. Oswald formt es mit einer wahren Fülle artistischer Mittel, zugleich thematisiert es im poetischen Konstrukt die eigene Literarizität. Das Lied lässt sich als eine Inszenierung artistischer Überhöhung deuten, die ihre **literarische Brillanz** vorführt und sie zugleich für sich (und den Autor) reklamiert.

4.3 Poetische Stilisierung

In den Anfängen der germanistischen Bemühungen um Oswald bestimmte seine Biographie weitgehend das Forschungsinteresse. Den Liedern wurde ein unmittelbarer Aussagewert zugesprochen, man meinte in ihnen eine direkte Spiegelung von Oswalds Leben zu erkennen. Dieses Verständnis geriet im 20. Jahrhundert zunehmend ins Wanken, weil immer deutlicher wurde, wie sehr die einzelnen Liedthemen und -motive literarisch stilisiert sind. Dennoch steht bis heute die vermeintlich biographische Selbstaussage Oswalds im Zentrum vieler Interpretationsansätze, indem die poetischen Stilisierungen als (Hilfs-)Mittel im Dienste der Stilisierung des (Auto-)Biographischen verstanden werden.

Das Verhältnis von 'Dichtung' und 'Wahrheit' mit den Eckpfeilern 'literarische Fiktion' und 'historisch-biographische Realität' bildet die Grundlage für die Auseinandersetzung seit den 60er Jahren des 20. Jahrhunderts. Zwei Pole scheinen sich auf den ersten Blick deutlich zu unterscheiden, je nachdem, ob sie ihr Augenmerk auf die Frage nach der dichterischen Selbstaussage oder eher auf die des poetisch-literarischen Ausdrucks legen.

Die erste systematische Untersuchung zum 'Wahrheitsgehalt' der Lieder legte Norbert Mayr 1961 vor, in der er die 'Reiselieder' und die Reisen analysiert und versucht, Mythen und Fakten zu trennen. Er relativiert die vor allem von Beda Weber evozierten Romantizismen zur Lebensgeschichte und überprüft, wie Oswald konkrete **Reiseerlebnisse** in unterschiedlichen funktionalen Zusammenhängen dichterisch gestaltet. Mayrs Interesse ist in erster Linie ein biographisches, indem er versucht, einzelne Liedelemente und -motive historisch zu verifizieren, um „das Gespinst von Irrtümern, unrichtigen Vorstellungen und romantischen Mären […] zu lichten" (S. 6).

Der **reale Erlebnishintergrund** der Lieder steht gleichfalls im Mittelpunkt des 1973 erschienenen Überblicks zu Leben und Werk von George F. Jones. Er schlussfolgert, dass die Lieder keinen 'objektiven' Charakter haben, denn Oswald sage weniger über die tatsächlichen Geschehnisse als über den Eindruck, den sie auf ihn machten. Dennoch gebe es bei aller literarischen Stilisierung (Gattungstraditionen, Topoi etc.) nur wenig Grund, ihren faktischen Gehalt zu bezweifeln. Jones sieht Oswalds literarisches Interesse neben dem ästhetischen Vergnügen der 'noble art' psychologisch begründet als Kompensation der körperlichen Missgestaltung und Ausdruck eines damit einhergehenden ausgeprägten Geltungsbedürfnisses. Für ihn steht fest, dass eine kritische Betrachtung von Oswalds Liedern besonders durch

4.3 Poetische Stilisierung

Gegenüberstellung und Vergleich mit historischen Dokumenten Aufschluss geben könne sowohl über den Menschen als auch den Dichter Oswald.

Eine eng verwandte Position mit der Absicht, den 'realen' Erlebnishintergrund aufzudecken, hat Alan Robertshaw in seiner Monographie *The myth and the man* eingenommen. Er beleuchtet zunächst in einem biographischen Teil Oswalds Rolle in politischen Angelegenheiten. Er hebt Oswalds politische Aktivitäten hervor und skizziert unterschiedliche soziale Rollen und Funktionen im Kontext der jeweiligen 'Lebensumstände'. Im zweiten Teil kommentiert Robertshaw Lieder, in denen Oswald diese politischen Angelegenheiten beschreibe oder sich auf sie beziehe. Die **autobiographischen Referenzen** in diesen Liedern seien fragmentarisch, enigmatisch und stilisiert, doch habe man letztlich nur durch die Dichtung einen Zugang zur Gedankenwelt Oswalds und sie spiegele das markante artistische Selbstbewusstsein des Autors.

Äußerst nachhaltig geht seit Jahrzehnten Anton Schwob dem 'realen' Hintergrund der Lieder Oswalds nach. Schwob prägte zunächst mit seiner 'wissenschaftlichen' Biographie von 1977 das Bild der Person Oswald von Wolkenstein. Außerdem rückte er mehrfach das **Verhältnis von historischer Realität und ihrer literarischen Umsetzung** in den Blickpunkt seiner Betrachtung. Seine Habilitationsschrift von 1979 lässt sich programmatisch verstehen: Schwobs Interesse ist es, die Rolle der 'historischen Realität' neu zu überprüfen. Er setzt voraus, dass 'außersprachliche Wirklichkeit', 'reale Tatsache' und 'reales Erlebnis' künstlerisch in eine 'neue, ästhetische Realität' umgestaltet werden. Für ihn gilt es zu fragen, wie und warum in Oswalds Liedern reale Stoffe verarbeitet werden. Diese Frage umfasse nicht nur die formschöpferische Arbeit Oswalds am vorgegebenen Stoff, die Stilmittel und ihre Funktionen, sondern auch die von der Tradition vorgegebenen Muster. Oswald spiele gerade mit traditionsgebundenen Gattungen, er dokumentiere hiermit sein künstlerisches Können auch als „Beweis für eine funktionsfähige, qualitätsvolle Ritterdichtung" (S. 12). Schwob setzt axiomatisch voraus, dass Oswald für seine Dichtung als Stoff und Vorlage die 'historische Realität' verwendet, die er bewusst in dichterische Fiktion umarbeitet und in den 'Rahmen der Tradition' stellt. Reale Details werden in die jeweilige dichterische Stilebene (u.a. moralisch-didaktisch, komisch, parodistisch oder satirisch) 'einstilisiert'.

Mit diesen Prämissen interpretiert Schwob ausgiebig und detailliert Kl. 1 und die weiteren von ihm als 'Gefangenschaftslieder' bezeichneten Kl. 2, 3, 4, 7, 23, 26, 44, 55, 59 und 60. Schwobs Analyse von Kl. 1 erweist eine große Zahl von Elementen des klassischen Minnesangs, der Spruchdichtung, des religiösen und des geistlichen Liedes. Es gehöre als 'Weltabsage' einem eher offenen Typus religiöser Dichtung an, in den realistische Details aufgenommen werden können, ohne gleichzeitig den Typus zu ändern. Der reale Erlebnishintergrund der Gefangenschaft werde in das traditionell Vorgegebene über reale Details raffiniert eingepasst, allerdings sei der autobiographische Hintergrund derart 'einstilisiert', dass die realen Fakten durchgängig in Deckungsgleichheit mit literarischen Mustern gebracht werden. Dies betreffe das Personal und das Geschehen, daneben

4. Forschungsgeschichte

gebracht werden. Dies betreffe das Personal und das Geschehen, daneben auch die Andeutungen zum konkreten Entstehungszusammenhang, die gleichfalls einen hohen Stilisierungsgrad haben. Die eigenständigste literarische Leistung Oswalds zeige sich in der „Einstilisierung des realen Erlebnishintergrunds", indem er historische Daten und Fakten passend in die religiöse Reflexion einarbeite und so zutreffend der traditionell klingenden Minneerinnerung entgegensetze, dass sie ebenso gut fiktiv sein könnten.

Die **Verarbeitung historischer Realität** in den 'Gefangenschaftsliedern' unterscheidet Schwob von der in anderen Liedtypen. So diene das Individuelle in den Tageliedern, den Pastourellen und den deutlich traditionellen Gattungen eher einer Auffrischung des Konventionellen, in den Reiseliedern führe Oswald die erlebte Wirklichkeit mit Vorliebe als Banalität oder Detail in Großaufnahme vor, wohingegen er in den 'Gefangenschaftsliedern' die in die Dichtung aufgenommenen persönlichen Erlebnisse absolut ernst nehme. Mit der 'Einstilisierung' von Daten, Fakten und eigenen Beurteilungen setze Oswald seine persönliche Meinung ins Bild mit der (politischen) Zielsetzung, das Publikum zu ihr zu überreden.

Schwobs Interpretationen zeigen, wie sehr auch die von ihm ausgewählten Lieder poetisch stilisiert sind. Zwar legt er sein Augenmerk auf die Offenlegung des biographischen Anteils, doch verweist er durchgängig auf die Dominanz des literarischen Verfahrens. Gleichwohl hält er an der Prämisse einer biographischen Aussageabsicht fest: Oswald gehe von der historischen Realität aus, auch um in ihr mit den Liedern politisch zu wirken, doch stilisiere er sie über unterschiedliche literarische Traditionen durchgängig 'ein' in eine poetische Wirklichkeit, in literarische Fiktion, wodurch ein neue, ästhetische Realität entstehe.

Dieses Verständnis hat Schwob mehrfach auch für die Zusammenstellung der Lieder in den **Handschriften** – vor allem in A – reklamiert (vgl. oben S. 14). Sie seien bei aller Stilisierung als „dichterische Autobiographie" angelegt und sollten ein „Bildnis" des Autors überliefern. Wie für die einzelnen 'Gefangenschaftslieder' will er zumindest für den Grundstock von A eine realpolitische Motivation mit der Zielsetzung „Propaganda in eigener Sache" erkennen. Auch für Lieder anderer Gattungen gelte es, sie nicht allein aus der literarischen Tradition heraus zu interpretieren, sondern es sollten jeweils Parallelstellen aus den historischen Quellen herangezogen werden, weil Oswald seinen Stoff aus der historischen Realität schöpfe und ihn durch Selektion und Umstilisierung der literarischen Fiktion anpasste. Schwob erkennt dies sogar für Lieder mit einer sehr festen Gattungstypik. So leitet er die Motivik von Kl. 44 aus der literarischen Mustertradition ab, doch ließen sich diese aufgrund des biographischen Hintergrunds auf die konkret-reale Lebenssituation Oswalds zurückführen.

Für die Grundlage weiterer Beschäftigung mit der historisch-biographischen 'Realität' hat Schwob seit einigen Jahren das Grazer Projekt '**Edition der Lebenszeugnisse Oswalds von Wolkenstein**' ins Leben gerufen. In insgesamt 5 Bänden sollen die Quellen umfassend vorgelegt und kommentiert werden (3 Bände sind bislang

4.3 Poetische Stilisierung

erschienen). Diese Sammlungen erhellen sehr markant die Lebensform des aufstiegswilligen Kleinadligen in der ersten Hälfte des 15. Jahrhunderts, doch – so darf man wohl sagen –, der Autor Oswald, der in keiner historischen Quelle genannt wird, bleibt in ihnen unsichtbar.

Das Anliegen, die Lieder umittelbar biographisch zu verstehen, ist bis heute nicht abgerissen. So hat in jüngster Zeit Christine Wand-Wittkowski die Dichotomie 'topisches oder biographisches Ich' erneut gegenübergestellt mit dem Ziel, die **Priorität der biographischen Aussage** hervorzuheben. Sie wendet sich recht vehement gegen Positionen, die eher den Rekurs auf literarische Muster unterstreichen, um anhand von Kl. 1 zu zeigen, dass „trotz aller Topoi ein biographisches Ich und mit ihm die historische Person Oswald in ihrer als real erfahrenen singulären Lebenswirklichkeit der eigentliche Gegenstand der Darstellung ist" (S. 180). Hierzu deutet sie die topische Darstellung des gesamten Liedes als Vorbereitung einer einzelnen punktuellen biographischen Aussage in der Schlussstrophe, die sozusagen den Fluchtpunkt des literarischen Aufwands bilden soll. Die interpretatorische Zielsetzung wird freilich sehr axiomatisch gesetzt, nicht von ungefähr wird die Möglichkeit in Kl. 1, ein Moment biographischer 'Realität' zu erkennen, als ein „Glücksfall" (S. 189, Anm. 44) bezeichnet.

Ebenso hat jüngst (2005) Sieglinde Hartmann die 'autobiographischen' Lieder als die innovativen und originellsten Oswalds akzentuiert. Sie fasst sie unter dem Begriff 'Gruppe' zusammen, wobei jedem dieser Lieder das Prädikat eines Solitärs zustehe, ohne sie hingegen in irgendeiner Weise zu definieren oder auch nur zu benennen. Sie meint, in den Liedern eine derart wirklichkeitsnahe und 'lebendige' Selbstinszenierung erkennen zu können, dass „wir den genialen Selbstdarsteller durch alle poetischen Maskierungen hindurch leibhaftig vor uns sehen" (S. 368). Und in einem Zirkelschluss sieht sie die Bedeutung der 'autobiographischen' Lieder darüber bestätigt, dass sie am besten erforscht sind. „Außer Zweifel", betont Hartmann, stehe, dass Oswald von Wolkenstein mit seiner **autobiographischen Lyrik** ein neues Kapitel in der deutschen Literaturgeschichte eröffnet habe.

Das biographisch orientierte Forschungsinteresse hat, verglichen mit der anfänglich mythisierenden Gleichsetzung von Leben und Werk, durchaus reflektierte und differenzierte 'Lesarten' entwickelt. Ihm gegenüber steht eine mittlerweile sehr große Zahl von Untersuchungen, die ihren analytischen Schwerpunkt weitgehend oder auch völlig auf die literarische Komponente der Lieder legen. Forschungsgeschichtlich grundlegend, und bis heute gewichtig, ist die 1968 erschienene Dissertation *'Dichtung' und 'Wahrheit' in den Liedern Oswalds von Wolkenstein* von Ulrich Müller.

Wie schon vor ihm Norbert Mayr thematisiert auch Müller die 'Reiselieder'. Ihn interessieren allerdings nicht die 'realen' Erlebnisse Oswalds als solche, sondern

4. Forschungsgeschichte

ihre **dichterische Umsetzung**. Müller untersucht den literarischen Ausdruck, indem er versucht zu klären, wie poetische Eigenarten die Darstellung der Reisen prägen, wie die Gattung eines Liedes oder die literarische Tradition allgemein die Darstellung von Erlebnissen beeinflusst, wie die Lieder innerhalb des Œuvres miteinander verbunden oder aufeinander bezogen sind. In sehr detaillierten Einzelinterpretationen weist Müller überaus vielfältige Verflechtungen von literarischen Mustern, Gattungselementen und Verweisen der Lieder untereinander mit dem Einbezug des 'Biographischen' nach (instruktiv und ausführlich analysiert er die Lieder Kl. 18, 19, 23, 30, 41, 44, 45, 55, 86, 98, 99 und 103, daneben unter dem Gesichtspunkt 'geographisches Register' Kl. 12, 17, 20, 21, 26, 27, 103, 104 und 123, unter dem von 'Oswalds Bärten' Kl. 21, 63, 87, 122 und 123). In diesen Interpretationen zeigt sich, wie Oswald in hohem Maß stilisiert, vor allem über die Techniken der 'Reihung' und 'Kontrastierung', 'Realisierung' und 'Typisierung'. Oswald verwende traditionelle Formen zur Darstellung des persönlichen Erlebnisses, er stilisiere sich in die Rollen traditioneller Typen und Gegentypen, seine Erlebnisse seien zugleich individuell und typisch, so dass sich „biograpische Realität und Stilisierung in beinahe untrennbarer Weise" verbinden. Aus diesem Wechselverhältnis resultiere eine Doppelschichtigkeit von Persönlich-Einmaligem und Allgemein-Typischem. Bei Oswald konzentriere sich das allgemein menschliche Schicksal im Bericht des eigenen, speziellen Lebens. Das individuelle Erlebnis habe sowohl einen eigenen Wert als auch eine symbolische Bedeutung, indem es auf die allgemeinen, überindividuellen Verhältnisse in der Welt deute. Müller bezeichnet dieses literarische Verfahren als **„allegorischen Naturalismus"**, das 'Eigenerlebnis' erhalte hierüber eine 'höhere', symbolische oder allegorische Bedeutung. Die 'biographisch-historische Wahrheit' sei zwar grundlegend, doch gehe sie durch die Filter des persönlichen Stils und der dichterischen Tradition. Hieraus resultiere eine 'dichterische Wahrheit', die jeweils nur für das bestimmte Lied gelte. Dieses sei dann „von der biographischen Wahrheit aus gesehen, weder völlig 'richtig' noch 'falsch'; zwischen beiden besteht kein Gleichheits-, sondern ein Ähnlichkeitsverhältnis" (S. 53).

Müller hat mit seiner Studie und seinem methodischen Vorgehen, das er auch mit anderen Liedbeispielen (z.B. anhand der sog. 'Heimatlieder' Kl. 81, 104 und 116 oder im Vergleich mit Texten anderer Autoren) exemplifiziert hat, deutlich gemacht, wie sehr die poetisch-literarische Stilisierung die Lieder, auch diejenigen mit augenscheinlich biographischer Aussage, dominiert. Für viele nachfolgende interpretatorische Liedanalysen wurde Müllers Vorgehen beispielhaft, weitgehend wohl zu Recht. Indessen hat sich mit dieser Vorreiterfunktion auch die Priorität seiner Sichtweise erhalten: Müller geht ja davon aus, dass die konkreten und biographischen Momente sozusagen primär vorhanden sind und in einem zweiten Schritt literarisch überhöht werden, wobei Oswald eine neue, ästhetische 'Wahrheit' forme. Diese Sicht haben die meisten Arbeiten übernommen, die die poetische Stilisierung in den Liedern thematisieren. Frühe Reaktionen auf Müllers Ansatz – vor allem von Hans Moser 1969 und Johannes Janota 1971 – blieben damit

4.3 Poetische Stilisierung

weitgehend unberücksichtigt. Sie schlagen vor, die methodischen Voraussetzungen noch kritischer zu befragen, nämlich nicht erneut bei der Bewertung biographischer Daten mit Blick auf die Lieder in einen 'biographischen Realismus' zu verfallen bzw. die 'Sichtweise' dahingehend umzukehren, dass möglicherweise die Eigentümlichkeit von Oswalds Liedern eher in der **Durchlässigkeit des Typus für die Wirklichkeit** zu erkennen ist.

Zeitgleich mit Müller problematisierte Peter Michael Frenzel in seiner amerikanischen Dissertation, wie Oswald mit **Episoden** die Lieder gestaltet. Diese Studie ist bis heute kaum rezipiert worden. Frenzel skizziert eine literarhistorische Traditionslinie über Kürenberg, Walther und insbesondere Neidhart mit seinen Winterliedern, die mit ihren Natureingängen, der Tanzsituation, den Namensnennungen, der biographischen Konkretisierung und dem dörperlichen Milieu episodenhaft konstruiert seien. In der Lyrik des 13. Jahrhunderts seien diese Strukturmerkmale der neidhartschen Episode modifiziert worden. Aus dem 14. Jahrhundert nennt Frenzel vor allem den Mönch von Salzburg als Vorläufer Oswalds; daneben sei das Episodische bei ihm beeinflusst durch die französische und die provenzalische Lyrik.

Frenzel unterscheidet für die Lieder Oswalds zwischen 'independant episodes' und 'subordinate episodes'. Erstere bilde ein Lied in vollem Umfang, während die 'subordinate episode' eine sekundäre Position innerhalb eines Liedes einnehme, manchmal als Illustrationsmittel für den im Lied entworfenen Blickwinkel. Zur ersten Gruppe zählt Frenzel Lieder, die thematisch alle ohne großen Belang seien: die Trinklieder Kl. 54, 70 und 84, die Reiselieder Kl. 122 und 123, Kl. 105 und 102 als 'misadventures', die Pastourellen Kl. 76 und 83, die 'bäuerlichen' Dialoge Kl. 48, 79, 82 und 92 sowie das Greifensteinlied Kl. 85. Bei der zweiten Gruppe unterteilt Frenzel nach 'narrative subordinate episodes' mit den Liedern Kl. 18, 19, 26, 41 und 55 und 'illustrative subordinate episode' (Kl. 30, 44 und 111). In seiner Studie stellt Frenzel Oswalds 'episodischen Stil' in den literarhistorischen Kontext, er betont die Vielzahl und die artifizielle Qualität der Episoden im Werk. Die einzelnen Episoden ließen häufige Merkmale der Einstellung des Sängers der Welt und sich selbst gegenüber erkennen, doch steht für Frenzel konsequent die literarische Technik im Vordergrund. Er verdeutlicht insbesondere, wie punktuell und gebrochen mit diesem stilistischen Verfahren **Konkretisierungen** in die Lieder eingebracht werden können.

Eine literarische Neubewertung nahm sich auch Sieglinde Hartmann zum Ziel mit ihren Überlegungen zu *Altersdichtung und Selbstdarstellung*. Sie möchte in den 'Altersliedern' Kl. 1-7 bislang verkannte **Wesenszüge des Selbstverständnisses** Oswalds herausarbeiten, „welche Dichtung und Persönlichkeit [...] adäquater in ihrer Zeitgebundenheit sowie in ihrer individuellen Eigenart erfaßbar und bestimmbar machen" (S. 11). Die autobiographische Selbstaussage wird somit zur Prämisse der Überlegungen. Auswahlkriterium ist eine thematische und formale Geschlossenheit dieser Lieder, die eine homogene Erlebnissphäre spiegelten und die dem Dichter zum Anlass, Gestaltungselement und Katalysator seiner Alters- und Todesgedanken wie seiner gewachsenen Selbstbesinnung geworden seien. Wie sehr diese Prämisse die Interpretation dominiert, zeigt die Analyse von Kl. 1. Das Lied verlagere das Schwergewicht von der Darstellung positiver Vorbildlichkeit zur Demonstration negativer Gegenbildlichkeit, das dichterische Ich nehme die Funktion eines Negativexempels an. Es gehe hier aussschließlich um ganz persönliche Erfahrungen des Dichters, denn sein „Sündenbewußtsein, seine Ängste vor dem Tod und der ewigen Verdammnis sind eindringlich genug dargestellt, um sie als reale Probleme ernst zu nehmen" (S. 62). Die Bedeutung der Selbstdarstellung beruhe im Wesentlichen auf der exemplarischen Dimension der geschilderten Erfahrungen. Von anderen spätmittelalterlichen Dichtern (François Villon, Charles d'Orléans) unterscheide sich Oswalds negative Beispieldichtung eben dadurch, dass sie immer auch als Selbstdarstellung konzipiert sei, als poetische Stilisierung seiner persönlichen Erfahrungs- und Gefühlswelt. Oswald operiere zwar mit Topoi und Klischees des höfischen Minnesangs, doch breche, indem er den Genuss liebender Vereinigung thematisiere, mit „dieser realistisch-sinnlichen Erfüllung [...] eine neue Ebene der Wirklichkeitsspiegelung in die poetische Darstellung" (S. 72). Diese 'Duplizität der Wirklichkeitsdarstellung' erkennt Hartmann auch in der Beschreibung der Gefangenschaft, denn man beginne sich zu fragen, „ob Gottes Sündenstrafe der einzige und reale Grund für Oswalds Gefangenschaft in der Gewalt seiner ehemaligen Geliebten gewesen sein kann". Sie wertet die Liedaussage als 'Wunschvorstellung' und den Verweis auf das Unrecht seiner Kerkermeister als Teil der bislang ausgesparten Wirklichkeit, die „nun aber die sorgsam konstruierten Fiktionen des Liedes endgültig in Frage zu stellen scheint" (S. 77). Da die 'Hausmannin' von Oswald für die 'Drahtzieherin' der historischen Gefangenschaft gehalten werden konnte, sie als Werkzeug der herzoglichen Gewalt fungierte und sie im Lied als Werkzeug Gottes dargestellt werde, so schrumpfe das, was zunächst als die auffälligste Diskrepanz zwischen dichterischer Fiktion und erlebter Wirklichkeit erscheine, auf die notwendige Diskrepanz, die bei jeglicher Umwandlung von Wirklichkeitsmaterial zu Dichtungsstoff enstehe.

Diese exemplarische Dimension der Selbstdarstellung präge vergleichbar auch die Lieder Kl. 2-4. Bei Kl. 5, 6 und 7 kehre sich der 'Mechanismus der Bedeutungsübertragung' um, hier werde Sinnliches durch Geistiges beseelt, das Gefangenschaftserlebnis verdichte sich zu einem Mittel persönlicher Identitätsfindung, die beiden Perspektiven der äußeren und inneren Gefangenschaft vereinten sich zu einem Selbstportrait authentischer Individualität, das allerdings nicht renaissancehaft positiv gefärbt sei, sondern ausschließlich von negativen Erfahrungen. Mit diesem Ergebnis konstatiert Hartmann eine 'Evolution der Selbstdarstellungsformen', die in einem, wenn auch von negativem Bewusstsein erfüllten, Bildnis unverwechselbarer Individualität mündeten.

4.3 Poetische Stilisierung

In eine enge **literarische Traditionslinie** der mittelalterlichen Liebeslyrik versuchte Jutta Goheen 1984 das Werk Oswalds einzubinden. Sie stellt die Kontinuität literarischer Tradition anhand inhaltlicher Themenbereiche heraus (Natur-, Herz-, und Frauenbild). Sie hebt die jeweils typischen Attribute hervor, betont die Variationsbreite der einzelnen Bilder innerhalb der Konvention, neben die die Einbringung unverbrauchter Bilder oder eine Umkehrung des traditionellen Deutungsschematismus treten könne. Für Oswalds Lieder konstatiert Goheen, dass er die im Naturbild angelegte Jahresbeschreibung sehr detailreich, doch immer noch im summierenden Reihungsstil entfalte, wenngleich mit größerer Lebendigkeit als seine Vorgänger. Bei der Herzmetaphorik gebe es keine Besonderheit Oswalds. Die Vielfalt der Frauenrollen sei bei ihm größer als in Liedern seiner Vorgänger und Zeitgenossen, er beziehe einen weit größeren Kreis der Standes- und Geschlechtsrollen ein. Oswald, der sich noch zur Vorrangigkeit eines aristokratischen weiblichen Ideals bekenne, sei besonders an der Schönheitsbeschreibung interessiert, wobei er den Rahmen der mittelalterlichen Gepflogenheiten nicht durchbreche, sondern ihn mit Einzelheiten der körperlichen Erscheinung erweitere. Es zeige sich, dass ein entscheidender Bruch mit der Tradition nicht zu finden sei: „Bemerkenswerte Eigenart seiner Figuren ist, daß Oswald Nuancen der Frauenschönheit gelingen, die herzhaft deftige Sinnlichkeit, erwählt ideale Form, zierlich feine Anmut, berückende Macht sexueller Anziehungskraft betonen" (S. 184).

Eine in der Forschung fast nicht rezipierte Arbeit ist die Dissertation von Veronika Speckhart-Imser. Sie stellt den gesamten Komplex der **Liebesdichtung** Oswalds vor, indem sie 'Liebeslieder der höfischen Tradition', 'Liebeslieder mit Nennung Margarethes', 'Marienlieder' und 'Liebeslieder des außerhöfischen und bäuerlichen Bereichs' unterscheidet und jedes Lied einzelnen Liedtypen (Tagelied, 'Frühlingsliebeslieder' etc.) zuordnet und seinen Inhalt zusammenfasst. Mögliche Verbindungen zu anderen spätmittelalterlichen Autoren (Mönch von Salzburg, Hugo von Montfort, Johann von Bopfingen, Eberhard von Cersne, Muskatblut und Hans Heselloher) deutet sie kurz an. Einzeln interpretiert Speckhart-Imser das Dialoglied Kl. 56, das Neujahrliebeslied Kl. 61, das Marienlied Kl. 12, das 'bäuerliche' Tagelied Kl. 48 und das Werbungsgespräch Kl. 82. Jeweils stellt sie die inhaltlichen Merkmale heraus und unterstreicht Parallelen zur höfischen Tradition wie zur zeitgenössischen Lyrik. Diese Vergleiche führen zu dem Schluss, dass es Oswald gelungen sei, „in seinen Liebesliedern fast alle seiner Zeit bekannten Traditionen mittelalterlicher Liebesdichtung aufzugreifen und weiterzuverarbeiten. Nicht so sehr in der Neuschöpfung, sondern vielmehr in der kunstvollen Variation bereits bekannter literarischer Themen, Motive und Formen besteht die große Leistung Oswalds" (S. 224).

Eine programmatisch ausgerichtete Interpretation legte Dagmar Hirschberg am Beispiel des Tagelieds Kl. 33 vor. Sie problematisiert die **Kontinuität literarischer Konvention** im Werk Oswalds mit der Frage, ob sich über eine biographische Stilisierung ein Gattungstypus auflöse, wie dies in der Forschung konstatiert wird. Sie analysiert detailliert die drei Liedstrophen und gelangt zu dem Ergebnis, die

4. Forschungsgeschichte

biographische Konkretisierung – die Minnepartnerin als Ehefrau – bringe die exemplarischen Minnerollen neu zur Geltung. Zum einen erscheine das Eheverhältnis stilisiert als Minneverhältnis im Medium der Minnerollen, wodurch es an deren Orientierungsleistung Anteil gewinne, zum anderen würden die Minnenormen ihre Bezeichnungsfähigkeit erweisen, könnten sie auf ihre biographische Realität hin expliziert werden: „Für den Kreis derjenigen, denen die Minne ein verbindliches Deutungsmuster ihrer ständischen Identität ist, wächst der Identifikationswert der literarischen Rollen, wenn sie mit den Namen Gret und Oswald konkret werden" (S. 383). Das als Oswald-Ich identifizierte Ich stelle sich in der traditionellen Ich-Rolle der Minnekanzone dar, zugleich spreche es als Minnesänger, der sich als Regisseur des Liedes, dessen heterogene Elemente er komponiert, für alle erkennbar zeige. Oswald sprenge, indem er von direkter sexueller Betätigung spreche, die im Minne- und auch im Tagelied gezogenen Grenzen. Dennoch realisiere sich das Tagelied, denn in den letzten vier Versen, die in die Konventionen und auf die Sprachebene hoher Minne zurückführten, verkünde der Minnesänger den Wert *freude*, der zugleich das ersehnte Glück der Vereinigung für das Minnepaar bedeute und Programmwort für das gruppenspezifische Selbstverständnis sei. Die Etablierung dieses Wertes sei die artistische Leistung des Minnesängers, der nicht nur souverän mit Darstellungstypen experimentiere, sondern über die biographische Konkretisierung das Rollenspiel artistisch diskutiere und als kompetente Inszenierungsinstanz den Liedvorgang bestimme. Im artistischen Experiment diene die **biographische Konkretisierung** einzig funktional der artistischen Diskussionsleistung: sie „zeigt nicht an, daß Minnelyrik an ihrem Ende angekommen ist, die biographische Konkretisierung bedeutet vielmehr, daß der Sänger neue konstruktive Möglichkeiten im experimentellen Umgang mit verschiedenen Liedtypen, mit der Gattung Minnesang gewinnt" (S. 387).

Eine sehr ähnliche, funktionale Deutung der biographischen Konkretisierung haben Dagmar Hirschberg und Hedda Ragotzky gemeinsam für Kl. 1 und 18 vorgestellt. Sie interpretieren beide Lieder detailgenau, um zu klären, „an welcher Stelle des Liedes der Autor auf seine Erfahrung rekurriert, wie er diese Erfahrung mit den literarischen Aussagemustern verbindet und was das für die Aussage des Liedes bedeutet". Jeweils werde eine **Minnediskussion** vorgeführt, wobei das Neue in der biographischen Konkretisierung zu sehen sei. Die biographische Realität der Gefangenschaft werde in Kl. 1 funktional bezogen auf die Minnediskussion zur Verbürgung der Authentizität der *laid*-Erfahrung. Auch in Kl. 18 sei das Ich vom Rollen-Ich des klassischen Minnesangs her zu verstehen, unterscheide sich von diesem – wie in Kl. 1 – durch seine biographische Kontur, die keinen Selbstwert habe, vielmehr funktional auf die Minnediskussion bezogen bleibe und das Minneprogramm konkretisiere. Hirschberg/Ragotzky schließen, dass die biographischen Konkretisierungen allgemein in den Liedern Oswalds funktional auf das Hauptthema Minne bezogen blieben und kein persönliches Bekenntnis seien, sie von daher auch nicht gewertet werden dürften „als Ausdruck einer neuen, schon

4.3 Poetische Stilisierung

fast modern wirkenden Ich-Erfahrung [...], die das Ende der Gattung Minnelied signalisieren soll" (S. 112).

Einen wichtigen Beitrag zum Verhältnis von 'Historizität' und 'Fiktionalität' leistete Wilfried Wittstruck mit seiner breit angelegten Studie über den **Namengebrauch** in der deutschen Lyrik des Spätmittelalters, in der die Lieder Oswalds besondere Berücksichtigung finden. Für Oswalds Namenstilistik gelte, dass nicht die Einspielung von Realität in die Poesie durch Namen seine besondere künstlerische Leistung sei, hier sei er kein 'Neuerer'. Hingegen sei die Auswahl Oswalds bemerkenswert, denn er verwende nicht die Namen bedeutender und angesehener Persönlichkeiten aus dem politischen oder familiären Umfeld, sondern zumeist die von 'Randfiguren'. So unterschlage Oswald, abgesehen von Margarethe und den Brüdern, die Familie ebenso wie Fehdegegner (Hans Frey, Neithart) und Parteigänger, die Starkenberger, sowie die Namen wichtiger tirolischer Adelsfamilien.

Fiktionale Namen gebrauche Oswald eher stereotyp; er greife bei der Benennung von Bauern, Mägden, Tänzerinnen auf bekannt typisierende Namen zurück, ohne sich sehr um Abwechslung zu bemühen. Auch bei eigenen Neuschöpfungen sei er nicht erfindungsreich, hierbei nicht einmal an lautmalerischer oder klangsymbolischer Wirkung interessiert. Die eine stil- und formbestimmende Rolle spielenden Toponyme seien wie die Personenbenennung einer 'realistischen' Darstellung verpflichtet. Oswald vermittle „ein geographisches Bild, das ihm selbst vertraut war und das er bei seinem Auditorium als bekannt voraussetzen durfte" (S. 210). Wie bei den 'Vorläufern' stellt Wittstruck auch bei Oswald einen niedrigen Namengehalt in Liedern der hohen Minne fest, hingegen sei die Häufung fiktionaler Personennamen erwartungsgemäß das auffälligste Merkmal von Liedern der niederen Minne, in die zugleich die reale geographische Umgebung eingebunden werde. Im Fall der 'Hausmannin-Lieder' werde der Name nur in Kl. 26 direkt erwähnt, für Kl. 55, 59, 60 und 102 lasse sich das Autobiographische oder der Grad der Stilisierung nicht exakt bestimmen, die Literarisierung stehe im Vordergrund, doch seien die eingestreuten historischen Namen 'schillernde Realitätsbruchstücke'. Die Namensnennung in den Liedern an die Ehefrau (vgl. auch Kap. 4.4) habe eine zweifache funktionale Bestimmung. Sie richte sich zum einen direkt an die Lebensgefährtin und diene der Individualisierung und Realitätsbekräftigung des dargestellten Liebesverhältnisses beim Vortrag im engeren Familien- und Freundeskreis, zum anderen entwickele die Preisgabe des Namens einen rezeptionsästhetisch reizvollen Antagonismus zwischen dem überindividuell und schematisch nach den Schönheits- und Tugendkatalogen mittelalterlicher Frauenpreislieder gestalteten Bild und der wirklichen Person in der außerliterarischen Welt. Für die geistliche Lyrik befindet Wittstruck, dass Oswald einerseits das Konzept einer überindividuellen geistlichen Reflexion unter Reduzierung des Nameninventars auf singuläre biblische Namen beachte, andererseits „die nachdrückliche Besetzung der Position des sprechenden Ichs mit dem historisch-biographischen Sänger-Ich" (S. 299) verfolge. Der Hintergrund für Oswalds Eigennennungen sei im Memoria-Denken zu suchen, das sich bei ihm mit einem fundierten Selbstver-

4. Forschungsgeschichte

ständnis als Autor paare. In der moralisch-ethischen Lyrik bedinge der lehrhafte Impetus einen weitgehenden Verzicht auf die Erwähnung historisch-realer Anthroponyme und Toponyme bzw. dienten sie dazu, Autoritäten, Vorbilder und Exempelfiguren zu benennen oder zu typisieren. Für die historisch-politische Lyrik sei die Namensnennung ein gattungsspezifisches Kennzeichen: sämtliche Namen würden Individualisierungsaufgaben übernehmen, der Namensträger sei als historisches Einzelwesen fixiert.

Die Funktionen der Eigennamen in Oswalds Lyrik seien Identifizierung, Charakterisierung, Typisierung und die Testimonialfunktion. Bei der Nennung authentischer Personen fungierten die Namen als Unterscheidungsmittel, gerade für historisch-politische Themen werde das Herausheben einzelner Namenträger von der Gattungszielsetzung der Berichterstattung her notwendig. In satirisch-didaktischen Texten trete oft die Unterscheidungsfunktion eines Namens hinter seine Charakterisierungsfunktion zurück, der Informationsgehalt über Handlungsweisen und Charakter des Namenträgers werde durch die Etymologie entschlüsselt. Typisierungsfunktion kennzeichne vor allem geläufige 'Allerweltsnamen'. Namen von Autoritäten und Gewährsmännern seien in ihrer Testimonialfunktion stark typisierend. Diminutivische Namen gehörten bei Oswald zu den dominierenden künstlerischen Mitteln, mit denen er die Ausdruckskraft von Personennamen steuere, als Mittel der Polemik und Ironie, zur Typisierung und als Ausdruck der Vertraulichkeit.

Wittstruck unterstreicht die Breite von Namenkatalogen in ihren **rhetorischen Funktionen** der *amplificatio, percursio* und *evidentia* generell in spätmittelalterlicher Lyrik und bei Oswald (vgl. auch Kap. 5.1). Im Falle Oswalds seien sie ein aussagekräftiges Zeugnis für eine umsichtige lyrische Produktionsweise und eine überlegte Rezeption rhetorischer Prinzipien, wohl auch für eine gewisse rhetorisch-poetische Schulung. Die Kataloge seien nicht aus Selbstzweck um der Reihung willen oder aus praktischen Erwägungen (Wissensvermittlung) zusammengestellt, vielmehr ließen sie, weil sie in engem Konnex zum Inhaltsgefüge des umrahmenden Kontextes stünden und ästhetisch wirkungsvoll darauf abgestimmt seien, immer die **Poetisierungstendenz** des Autors erkennen.

Wittstrucks Untersuchung zeigt detailliert und umfassend, dass Oswald nicht Neues in die poetische Namenverwendung einbringt, allerdings die Literarizität von Namen erheblich potenziert; nur insofern nimmt er unter den mittelalterlichen Lyrikern eine souveräne Sonderstellung ein, „als seine literarischen Vorläufer und Zeitgenossen die Möglichkeiten der poetischen Namenverwendung nicht so vielfältig, originell und konsequent ausnutzen" (S. 474).

Der Einordnung Oswalds in die Tradition mittelhochdeutscher Lyrik, die weitgehend die jüngeren Arbeiten zur poetischen Stilisierung beschäftigt, wollte Albrecht Classen mit seinen Überlegungen *Zur Rezeption norditalienischer Kultur des Trecento im Werk Oswalds* recht apodiktisch einen engen Zusammenhang mit der **italienischen Lyrik** entgegenstellen. Zu Recht skizziert er mögliche Verbin-

4.3 Poetische Stilisierung

dungslinien Oswalds zu Italien und der italienischen Literatur, wie sie in der Forschung schon länger vermutet wurden, z.b. durch Francesco Delbono. Daneben glaubt Classen für einige Lieder (Kl. 18, 33, 44, 69, 83, 85) nicht nur formale, stilistische und inhaltliche Gemeinsamkeiten feststellen zu können, sondern erklärt sie regelrecht zu unmittelbaren Adaptationen Oswalds. Die aufgezeigten Gemeinsamkeiten sind hingegen sehr punktuell und finden sich ebenso z.b. in der deutschsprachigen Tradition. Die betont herausgestellte biographische Nähe Oswalds zu Italien wird so zum ausschließlichen und spekulativen Axiom einer rigorosen literarhistorischen Setzung.

Die literarische Stilisierung in den Liedern lässt sich anders verstehen: Sie dokumentieren Oswalds Interesse an **artistischer Variation und Komplexität** unterschiedlicher Liedtypen, denen zugleich ein dezidiert **performativer Charakter** eignet (Spicker 1993). Dies verdeutlicht die programmatische Analyse des 'Schlagers' Kl. 21. Das Lied ist charakterisiert durch Gattungssignale verschiedener Typen und eine große artistische Vielfalt. Seine punktuelle Heterogenität bindet es additiv ein in eine sinnlich ausgeprägte 'Großform' aus Neidhart-Anklängen und Elementen der Tannhäuser-Leichs. Diese Heterogenität 'zitiert' Elemente des Mailieds, der Werbungskanzone, des Reiselieds, des Namenkatalogs, des Kinderliedes. Oswald mischt die unterschiedlichen Liedgenres nicht nur, er thematisiert dies zudem im Lied selbst, im Aufgreifen und der Gegenüberstellung von 'höfischem' und 'sinnlich-ländlichem' Register. Die parodistische Spannung der oppositionellen Vielfalt erlangt in ihrer Variation eine neue ästhetische Qualität, artistischen Eigenwert. Das Lied ist ein hochkomplexes virtuoses Spiel, das in einer klanglich-sinnlichen Engführung kulminiert. Das Lob des natürlich-ungekünstelt Sinnlichen, das sich durch das gesamte Lied dem gekünstelt-'höfisch' Artifiziellen entgegenstellt, gelingt Oswald im rhetorischen Preis der Einfachheit, indem er diese Sinnlichkeit selbst artistisch-rhetorisch höchst kunstfertig ausformt: Der 'natürliche' Ausdruck klanglich-erotischer Sinnlichkeit wird vorgeführt im komplex-artistischen Konglomerat.

Diese artistische Vielfalt ist ein Spiel des Autors mit literarischen Formen, das sich eben als literarische Stilisierung, als Ausweis der Kennerschaft Oswalds verstehen lässt. Er demonstriert Artistik, führt sie regelrecht vor. Dabei impliziert die artistische Vielfalt eine dezidierte Formsymbolik, die in ihrer dynamischen Zuspitzung 'Sinnhaftigkeit' erlangt, 'Sinn', der eben nicht in der Addition der vielfältigen Elemente liegt, sondern der als artistisches Gebrauchsmuster wohl erst in der literarischen Inszenierung, in der jeweiligen pragmatischen Umsetzung, also in der Aufführung aufgeht. Die raffinierte Formsymbolik des Liedes 'reflektiert' dabei das adäquate Verständnis des Publikums der literarischen Inszenierung und scheint es gleichzeitig einzuklagen. In der poetischen Steigerung artistischer Vielfalt erstellt sich eine **Gebrauchsbrillanz**, die möglicherweise auf eine Selbststilisierung von Literatur-Kennern verweist, obgleich sie sich – aufgrund fehlender Belege – nicht unmittelbar fassen lässt.

4. Forschungsgeschichte

Ir alten weib ist in seiner artistischen Virtuosität nicht untypisch für einen großen Teil der Lieder Oswalds. Diese Virtuosität hat in ihrer spezifisch klanglichen Ausprägung Parallelen vor allem in Tanz- und Frühlingsliedern neidhartscher Provenienz. Darüber hinaus lässt sich das artistische Verfahren betonter Literarizität richtungweisend für eine große Zahl von Oswalds Liedern verstehen: es findet sich in der 'klassischen' Kanzone, in Tageliedern, in Neujahrsliedern, in geistlichen Liedern, in der gesamten Breite der Typenvielfalt, vielleicht mit Abstrichen bei den sog. Reiseliedern. Mit der Fülle der artistischen Mittel thematisieren sie die eigene Literarizität. Nicht nur in der Vielfalt umfassenden Gestaltung einzelner Liedtypen (vgl. Kap. 5.3), sondern auch in der je unterschiedlichen Inszenierung artistischer Überhöhung kann also literarische Gebrauchsbrillanz vorgeführt und zugleich 'reflektiert' werden.

Oswalds Lieder sind meistenteils nicht auf die Vermittlung wichtiger Inhalte oder Informationen angelegt, sondern auf die Vorführung ihrer **Literarizität**. Im Inszenierungsgeschehen markieren sie ein offensichtlich funktionierendes Sprachhandeln, sie sind integrativer Bestandteil einer exklusiven Spielform, die wechselseitig die artistische Kompetenz von Sänger wie Rezipienten einklagt und herausstellt. Diese Spielform dient der Repräsentation und Unterhaltung, damit einher zur Affirmation eines adligen Selbstverständnisses und Gruppenbestätigung. In diese adlige Selbststilisierung bindet sich der Autor/Sänger Oswald ein. Allerdings ist der gesellschaftlich-topische Bezugsrahmen des Sprachhandelns im Aufführungsgeschehen auch bei ihm in den meisten Fällen nur sehr allgemein bestimmbar, wenngleich konstitutiv für die Lieder.

Oswald ist darum bemüht, eine möglichst **große Variationsvielfalt** lyrisch-musikalischer Gestaltung zu erweisen. Die literarisch-künstlerische Breite Oswalds ist umfassend, gerade auf diese Weise fungiert sie als Ausweis artistischer Meisterschaft. Die jeweilige Gebrauchsbrillanz der Lieder korrespondiert mit ihrer Sammlung in den Handschriften A und B. Sie sind zumindest potentiell angelegt als Gebrauchshandschriften (vgl. Kap. 2.1; Spicker 1997). Oswalds *buch* halten jeweils – im Gegensatz etwa zur Prachthandschrift Hugos oder der Kompilation von *chanson* und *dit* bei Guillaume de Machaut – an der *oral performance* fest. 'Autorisiert' sind bei ihm Codices der Aufführungskunst, die unterschiedliche Parameter einer 'Partitur' transportieren, das heißt: sie fingieren im schriftlichen Überlieferungsmodus **Performanz**.

Dass die Performanz für Oswald den Fluchtpunkt seiner Kunst und Kunstausübung bildet, zeigen die Anlage der Handschriften, die Miniatur in A als Sängerdarstellung, die Zusprechungen in der zeitgenössischen Rezeption, daneben die Thematisierung des sängerischen Tuns in den Liedern, in der er seine Kompetenz für höfische Unterhaltungskunst unterstreicht (Spicker 1997).

Bestätigt wurde dieser Befund (2004) durch André Schnyder. In seiner umfassenden Monographie zum geistlichen Tagelied bezieht er auch Oswald ein. Für dessen geistliche Tagelieder gelte, dass sie von der Frömmigkeit ihres Urhebers

Zeugnis ablegen und ihn mit unterschiedlichen Mitteln als Persönlichkeit in den Vordergrund rücken. Schnyder sichtet die Lieder Kl. 34, 40 und 118 dahingehend, wie in ihnen Performanz artikuliert wird. Er gelangt zu dem Fazit: „Auch fürs geistliche Tagelied gilt somit: der Dichter spricht, singt, predigt, posaunt; seine Tagelieder sollen vorab ins Ohr, nicht durchs Auge gehen" (S. 462).

4.4 Ein forschungsgeschichtliches Paradigma: 'Ehelieder'

Teile des Werks Oswalds beziehen sich auf seine Ehefrau Margarethe von Schwangau, bestimmte Lieder gehören zusammen und bilden einen literarischen Typus 'Ehelied', so lautet eine in der Forschung weit verbreitete Annahme. Dies ist der Fall, obwohl schon vor Jahrzehnten aufgrund kritischer Sichtung älterer Positionen der mögliche interpretatorische Wert einer Zusammenstellung dieser Lieder relativiert wurde. Besonders wurde darauf verwiesen, dass sich ihnen einerseits wenig Biographisches entnehmen lasse (Müller 1969, S. 230f.), andererseits sie insgesamt sehr heterogen seien und ihre Bedeutung als Liedgruppe sich erst noch erweisen müsse (Röll 1981, S. 78f.). Diese skeptischen Hinweise haben nicht sehr gefruchtet, denn in der literarhistorischen Einordnung wird zwar die hohe Konventionalität gerade dieser Liedgruppe vermerkt, doch zugleich betont, dass, wenn auch mit Hugo von Montfort ein Vorläufer benannt werden könne, sie etwas Ungewohntes und Besonderes darstellten und sich hierin eine Tendenz zur Überwindung traditioneller Liebeslyrik zeige. Diese Einordnung prägt weite Teile der jüngeren Literaturgeschichtsschreibung. Sie reicht von der lakonischen Bemerkung, Margarethe werde auf verschiedenen Stilebenen im Lied gefeiert (Wehrli 1980, S. 748), über die Feststellung, sie tauche als *Gret* in vielen Liedern auf, in denen Oswald sich selbst und seine Lebensumstände zum Gegenstand mache (Cramer 1990, S. 62), bis zum Verweis auf so 'ungewöhnliche Schöpfungen wie die Ehelieder', in denen Liebesverlangen, Liebeserfüllung und sexuelle Not unverhüllt ausgesprochen würden (Röll 1991, S. 29). Verwundert es nicht, in älteren **autobiographisch orientierten Untersuchungen** ohne weitere begriffliche Reflexion Überlegungen „Zu den Ehelieder Oswalds von Wolkenstein" zu finden (Schwarke 1949, S. 140ff.), ist es doch erstaunlich, in welcher Intensität immer wieder Lieder unter der Rubrizierung 'Ehelieder' analysiert und interpretiert werden. Abgesehen von beiläufigen Erwähnungen in Literaturgeschichten, Lexika, Handbüchern o.ä. finden 'Ehelieder' mannigfach Beachtung in Aufsätzen oder Monographien. Indessen herrscht Uneinigkeit schon darüber, welche Lieder überhaupt hinzugehören, erst recht über die (literar)historische Wertung des Typus. Im Folgenden werden Überlegungen aufgegriffen (Spicker 1996/1997) und bis zum heutigen Forschungsstand fortgeführt, die skizzieren, welche **Fragestellungen und Aussagemöglichkeiten** am Begriff 'Ehelied' entwickelt werden, wie ein Typus konstatiert und wie mit ihm argumentiert wird, und die Schwierigkeiten sollen

4. Forschungsgeschichte

aufgezeigt werden, die sich ergeben, wenn ohne weiteres literarische und biographische Aussage in eins gesetzt werden.

In zwölf Liedern (Kl. 19, 28, 33, 48, 67, 68, 69, 70, 71, 75, 77, 97) nennt Oswald eine Form des Namens Margarete, meistens *Gret* oder *Gredel*, und in einem bzw. zwei weiteren Liedern (Kl. 87 und ggf. 119) wird über die Buchstaben *M* bzw. *G* möglicherweise auf den Namen verwiesen. Trotz aller Mahnung ist man allzu gern bereit, den Namen mit der realen Person ohne Differenzierung zu identifizieren. Ausklammern aus dem Kontext 'Ehelied', weil eindeutig anders bezogen, lassen sich die „schöne Margarith" in Kl. 19,154, gemeint ist Margareta von Prades, und die beiden Namensnennungen Margret(h) in den Kalendermerkgedichten (Kl. 28,39 und 67,40). Nur in einem einzigen der restlichen Fälle wird der Name nicht mit Margarete von Schwangau in Verbindung gesetzt: bei *Maredel*, dem lieben *Gredel* aus der Tagelied-Parodie Kl. 48. Das bäuerliche Milieu des Liedes scheint auch im parodistischen Vorgehen kein Spiel mit der Ehefrau zuzulassen, wie dies etwa für Kl. 75 geltend gemacht wird, sondern der Name wird als ein in Tirol beliebter und bei Oswalds bäuerlichen Zeitgenossen häufig nachweisbarer eingebracht (Okken/Mück 1981, S. 114). *Gret* hat hier offensichtlich die Funktion, den literarischen Typus 'Bauernlied' aufzuzeigen und möglicherweise gleichzeitig die bäuerliche Gesellschaft negativ zu bewerten (Okken/Mück 1981, S. 114; Wittstruck 1987, S. 330f.). Vereinzelt findet sich die Vorsicht, den Namen *Gret* nicht in jedem Fall auf Margarete zu beziehen: Im Kanon *Her wiert, uns dürstet* (Kl. 70) werde *Gretel* zufällig neben anderen Magd- und Bauernnamen genannt, woraus geschlossen werden könne, das Lied müsse vor Oswalds Heirat entstanden sein (Jones 1973, S. 60). Zwar wird hier wiederum biographisch abgeleitet, doch ist der extreme umgekehrte Schluss, im Lied unmittelbar die Ehefrau zu erkennen, weitaus rigider, erscheint es doch dann „als die poetische Umschreibung der ersten (sic!) Hochzeitsnacht und der Entjungferung seiner Frau" (Classen 1988/89, S. 457). Die restlichen neun Lieder mit Namensnennung bzw. Namenskürzel werden gewöhnlich auf Margarete von Schwangau bezogen, hervorgehoben als Margareten-Lieder, als Lieder an die eigene Ehefrau und als Lieder der ehelichen Liebe. Allerdings werden nicht nur Lieder, die eine Namenform 'Gret' nennen, mit Margarete in Verbindung gebracht. Weitere 20 Lieder werden mehr oder weniger häufig in diesen Kontext gestellt (Kl. 12, 18, 43, 56, 57, 58, 61, 62, 63, 64, 65, 66, 78, 80, 83, 88, 96, 107, 110, 120). Kriterien für diese Zuordnung und ihre funktionale Einordnung werden im Weiteren gesichtet.

Im Gegensatz zu Hugo von Montfort äußert sich Oswald überhaupt nicht im positiven Sinn über Ehe und die Ehefrau. Nur in drei 'Ausnahmefällen' ist die Ehe ein Liedmotiv. Diese werden, weil sie negativ ausgerichtet sind, in der Regel nicht konkret auf Margarete bezogen, sondern als literarische Stilisierung gefasst. Ehe und Ehefrau kommen bei ihm nur vor als persönliches Joch bzw. als keifende Mutter in der Tradition des *übelen wîp* (Kl. 44) oder als vermeintlicher Grund für des Sängers Isolation auf *hohen berg*, hier freilich namentlich dingfest gemacht: *das macht ain weib under einem dach / von Swangau, der ich bin* (Kl. 104,66ff.).

4.4 'Ehelieder'

Für beide Lieder hat man die Topik des Sprechgestus erkannt (Müller 1968a; Müller 1968b; Schwob 1980/1981), später den Konnex mit einem französischen Liedtypus (Spicker 1997), in ihnen aber auch einen wahrheitsgetreuen Hinweis auf Margaretes 'energischen Charakter' (Schwob 1980/81, S. 96) oder ihre 'starke Persönlichkeit' (Classen 1988/1989, S. 42) ausgemacht. Kritik an der Ehe oder an Margarete will man hierin nicht sehen: das Frauenbild resultiere aus einer persönlichen Frustration Oswalds, eine Beurteilung der Ehe sei „im Grunde gar nicht thematisiert worden" (Classen 1988/1989, S. 463), oder man begründet die Stillage mit dem Alter Oswalds, diesem wären zur Entstehungszeit der beiden Lieder derb-sinnliche Liebeslieder nicht mehr angemessen gewesen (Joschko 1985, S. 136). In einem weiteren Fall verweist Oswald ausdrücklich auf die Ehe, in Kl. 18 wird der *elichen hort* (V. 100) befürchtet und *elicher weibe bellen* (V. 104). Sind hier die Ehepläne mit negativen Vorzeichen besetzt, so hat man versucht, die Divergenz von Aussage und Entstehung wohl zur Zeit der Heirat mit Margarete dem literarischen Typus abzuleiten (Müller 1968a, S. 37), oder versucht, dies als Aussage des um Margarete werbenden Oswald zu deuten, der bislang das 'strenge Regiment einer Ehefrau' gefürchtet habe und den 'jetzt' Margarete erfreue (Pörnbacher 1980, S. 7).

Daneben stehen Lieder, die zwar die Ehe und die Ehefrau nicht als solche benennen, die dennoch der **lebensweltlichen ehelichen Situation** zumindest zugeordnet werden. Da der unmittelbare Konnex zwischen realer Person und literarischem Personal nicht auf der Textebene gegeben ist, müssen **externe Informationen** als Deutungshilfen eingebracht werden. Am leichtesten fällt dies naturgemäß bei den schon angeführten Liedern mit Namensnennung. Vorsichtige Deutungsversuche verweisen darauf, daß Margarete zur *Gret* werde, Oswald besinge sie in äußerst konventionellen wie in leidenschaftlichen und ausgelassenen Liedern (Wachinger 1980, S. 106f.), er mache sie durch ihren Namen oder dessen Anfangsbuchstaben kenntlich (Robertshaw 1983, S. 165). Indem er, im Gegensatz zur im Spätmittelalter üblichen Verschlüsselung mit Initialen, den vollen Namen angebe, werde „eine konkrete Deutung auf eine Person in seiner Umgebung möglich" (Speckhart-Imser 184, S. 52f.). Oswald scheue nicht nur „keine Mühe, seiner 'Gret' huldigende Lieder zu widmen" (Ute M. Schwob 1989, S. 315), die Lieder seien nicht nur an Margarete gerichtet (Wachinger 1978, Sp. 153), sondern er besinge „seine (Ehe)Frau" (Joschko 1988a, S. 200). Damit ist die Gleichsetzung der *Gret* in den Liedern mit Margarete von Schwangau vollzogen, damit zugleich der argumentative Schritt von der Einordnung von Liedern mit Namensnennung als Margaretenlieder zu Eheliedern. Mit dem Terminus verändert sich die Sichtweise: Die Lieder werden nicht mehr nur zeitlich und situativ in das Eheleben eingebettet, sondern werden zu Liedern der Ehe, ohne diese direkt zu thematisieren. Besonnene Argumentation verweist zwar auf die Konventionalität und die traditionelle Motivik des Minnesangs, so dass die Margaretenlieder, eben weil keine Preisung der Ehe erfolge, ohne „Namensnennung nicht leicht von anderen Liebesgedichten Oswalds zu trennen" seien, gleichwohl wird an der Fixierung 'Ehelied' festgehalten, weil

4. Forschungsgeschichte

in den Liedern Oswalds Ehefrau noch seine Geliebte bleiben könne, „er selber als Ehemann zugleich auch Minnesänger", mit der allgemeinen, und interpretatorisch vorsichtigen Schlussfolgerung, dass weitere Lieder an die Ehefrau gerichtet sein könnten (Robertshaw 1983, S. 174f.). Dies überstrapaziert die Kategorie 'Ehelied' noch nicht allzu weit, solange herausgestellt wird: ein „'Ehelied' war damals offensichtlich kein vorgegebener Liedtypus mit eigenen Konventionen, und auch Oswalds Margaretenlieder folgen keineswegs einem einheitlichen Schema" (ebd.). Differenziert hat man z.B. nach dem „Grad der Personalisierung" in drei Untergruppen: 'konventionelle Lieder mit Namennennung' (Kl. 69, 75, 119), 'konventionelle Lieder mit personalisiertem Inhalt' (Kl. 68, 71, 87, 97, 110) und 'Lieder der ehelichen Liebe' (Kl. 33, 77) (ebd.) oder über die Unterteilung in Typen wie Preislieder (Kl. 68, 69, 87, 110), Sehnsuchtslieder (Kl. 97), Lieder über Dienst- und Treueversicherung (Kl. 77, 119), Liebesgruß (Kl. 33), Neujahrslieder (Kl. 71) und Tanz- und Frühlingslieder (Kl. 75) (Wittstruck 1987, S. 226). Trotz anderslautenden Behauptungen, dass diese Lieder nämlich die erste zahlenmäßig belangvolle Ehelied-Gruppe der deutschen Literaturgeschichte ausmachen (Lomnitzer 1984, S. 117) oder sogar nicht nur in Oswalds Werk, sondern im spätmittelalterlichen deutschen Liedschaffen überhaupt literarische Höhepunkte markieren sollten (Pörnbacher 1980, S. 1), erlangen sie Einheitlichkeit nicht über Themen und Formen. Geschlossenheit als Gruppe erstellt sich ausschließlich, wenn biographische Bezüge hergestellt werden. Aber auch diese unterlaufen die eigene Argumentation, denn will man etwa für Werbelieder wie Kl. 69 und 119 ausdrücklich die inhaltliche Aussage nicht als literarische Fiktion begreifen, muss konzediert werden, dass es nicht legitim scheint, die „Margarethen-Gedichte uneingeschränkt als Ehe-Lieder einzustufen" (Wittstruck 1987, S. 283).

Neben dem namentlichen Bezug auf Margarete wird als ein weiteres hervorstechendes Merkmal der Eheliedgruppe betont, dass Oswald sich und seine Frau mit Selbstironie und Pikanterie in Szene setze (Wachinger 1980, S. 106f.). Die Direktheit des sinnlichen Ausdrucks sei das heute Verblüffende (Baasch/Nürnberger 1986, S. 263), ja die eigene Sinnlichkeit spiele die Hauptrolle und so werde der adlige Frauenpreis zum 'persönlichen Bekenntnislied' (Kokott 1982, S. 96). Die Thematisierung sinnlicher Freude in einigen Liedern wird indessen in einer weitergehenden Argumentationslinie – und in einem Zirkelschluss – wieder zur Aussagemöglichkeit über und für andere Lieder: Oswald stelle hier harmonisch sinnliche Liebeserlebnisse innerhalb der Ehe dar „mit einem deutlichen Verweis auf die eigene emanzipierte Auffassung von Sexualität", Oswald bekenne sich hiermit „zur Liebe als Form der Daseinsverwirklichung" (Joschko 1988b, S. 39).

Mit dieser Wertung kann dann nahezu jedes Lied, das, in welcher Form auch immer, eine positive Liebesbeziehung äußert, zum konkret biographisch gefassten Ehelied werden. Dies führt aber auch dazu – und hierüber herrscht in der Forschung nahezu Einigkeit –, dass den oben angeführten Stellen, die auf die Ehe negativierend Bezug nehmen, keine Aussagekraft über die 'reale' Ehe Oswalds und Margaretes zugesprochen wird, sondern diese werden als literarische Formeln ge-

4.4 'Ehelieder'

wertet und verstanden (ebd.), eben weil sie sich dem konstruierten Bild der glücklichen Ehe entgegenstellen. Im Extrem führt dieses Konstrukt einer glücklichen Ehe zur Postulierung eines 'ganzen Corpus Ehelieder', das in einem inneren thematischen und chronologischen Zusammenhang miteinander stehe (Classen 1988/1989, S. 453), denn die Lieder erwiesen sich als erstaunlich emotionale und 'objektive' Spiegelbilder einer weitgehend auf Gleichheit und gegenseitiger Anerkennung beruhenden Liebesehe (ebd., S. 464).

Diese **Ineinssetzung von Literatur und Leben** führt dazu, dass eine große Zahl von sehr heterogenen Liebesliedern der Gruppe subsumiert wird. Da die Ehe nun eben nicht ausdrückliches Thema der Lieder ist, wird über einzelne Wendungen auf die spezifische Artikulation einer gegenseitigen Liebe, die eine enge und von daher eheliche Beziehung signalisiere, geschlossen, sogar auf ein innovatives Liebeskonzept, „das sich nur innerhalb der Ehe verwirklichen kann/soll" (ebd., S. 446). Minne werde als 'Liebe in der eigenen Ehe' regelrecht vorgeführt, das eigene Intimleben in den Liedern sukzessive entblößt. Projektionen von moderner Eheliebe und Verquickung von mitunter auch biographisch konkretisierten Rollen mit den realen Personen führen dazu, die Lieder geradezu als einen Ehediskurs zu verstehen. Erst die Setzung, die eigene Ehe sei Thema dieser Lieder, bei gleichzeitiger Beibehaltung der typischen Darstellungsform des traditionellen Minnediskurses, lässt dann „auf einige Umschichtungen im Verhältnis von Ehe- und Minnediskurs schließen", was gleichzeitig eher verwundere, denn „bis ins 15.-16. Jahrhundert hinein galt Minne als zentrales literarisches Darstellungsmittel adeligen Selbstverständnisses und konnte sich auch gegenüber städtisch-bürgerlicher Ehedichtung behaupten" (Schnell 1994, S. 114).

Besonders hervorgehoben wird die Kombination aus sinnlicher Lebens- und Liebesfreude mit **biographischer Konkretisierung**, die in Kl. 75 und 77 neben *Gret* auch den Kosenamen *Ösli* einbezieht; beide Lieder sind jeweils als ein 'Höhepunkt der Ehelieder' aufgefasst worden (Kokott 1982, S. 97; Schwarke 1949, S. 151), und ihre Interpretation spiegelt *in nuce* die Forschungslage. Für das Frühlings- und Liebeslied Kl. 75 mit „Geplansche und Gerangel im traditionellen Maienbad" (Kühn 1977, S. 270) ist eher erstaunt gefragt worden: „Wie soll man das denn auffassen? Sollen Oswald und seine Frau wirklich an einer Frühlingsorgie teilgenommen haben?" (Robertshaw 1983, S. 168f.) und die Antwort darin gesehen, Oswald habe ein Lied seines jungen Ehestandes dörperlich stilisiert (Mohr 1969, S. 205). Nur einmal wird erwogen, *Gredli* meine möglicherweise nicht die Ehefrau Margarete (Kühn 1977, S. 269f.), im übrigen wird das Maienbad als 'konkrete Eheszene' aufgefasst (Kokott 1982, S. 98), man treffe „die beiden beim Bad im Freien" (Schwob 1977, S. 149), Oswald beschreibe offen 'Unterwasserspiele' mit Margarete, die 'auf Inhalt und Zustand der Liebesbeziehung des Ehepaares schließen' lasse (Joschko 1985, S. 134; 1988a, S. 35f. und 1988b, S. 200). Auch im Dialoglied *Simm Gredlin, Gret* (Kl. 77) bringe Oswald in breitem Umfang die eigene Sinnlichkeit ein und stelle den Ehepartner ungeniert und bar jeder fiktionalen Distanz als Lustobjekt vor (Lomnitzer 1984, S. 117). Daneben werden im Dialog eine „verspielte Wechselrede" (Schwob 1977, S.

4. Forschungsgeschichte

log eine „verspielte Wechselrede" (Schwob 1977, S. 149), eine Ausgewogenheit von Inhalt und künstlerischer Form, die wie ein Spiegel die Harmonie zwischen den Liebenden widerscheinen lasse (Pörnbacher 1980, S. 12) oder „konventionelle Phrasen mit zärtlichen und erotischen Tönen", die ein „wohl spielerisches, aber doch individuelles Zeugnis des ehelichen Glücks" ablegen (Robertshaw 1983, S. 172), erkannt. Im Dialog versicherten sich Oswald und Margarete gegenseitige Treue und „betonen ihre glücklichen sexuellen Beziehungen" (Joschko 1985, S. 134 und 1988b, S. 35), oder die *treu stetikait* (V. 5) wird direkt als 'eheliche Treue' gedeutet (Kühn 1977, S. 273). Oswalds Verse könnten aber auch als „exhibitionistische Äußerungen" aufgefaßt werden (Kokott 1982, S. 98), das Lied sei eine Art Privatdichtung und der Versuch, ältere, traditionelle Vorstellungen von Liebeslyrik der Lächerlichkeit preiszugeben (Classen 1990, S. 167f.). Das Lied ermögliche uns offensichtlich, am intimen Leben Oswalds und Margaretes teilzunehmen, betonten die 'liebenden Partner' doch „ihren Wunsch, sich auch körperlich nahe zu sein" (Wittstruck 1987, S. 284), ja im Vergleich zu anderen Liedern intensiviere Oswald den privaten und intimen Tonfall noch etwas, was mit der doch recht skurrilen Folgerung verbunden wird: „Die voyeuristische Perspektive erlaubt uns, ohne weiteres an dem heimlichen Gespräch teilzunehmen und zu beobachten, wie sie Zärtlichkeiten austauschen und sich Versprechungen für später geben" (Classen 1988/1989, S. 459).

Die weithin biographische Auslegung der 'Ehelieder' bestimmt auch ihre **Datierung**. In der Begegnung mit Margarete und in den ersten glücklichen Ehejahren nach der Heirat (wohl 1417) liege die Inspiration Oswalds zu Liedern, „die den Eindruck von einem harmonischen, sinnlich erfüllten Liebes- und Eheleben hinterlassen" (Joschko 1985, S 134; ähnlich Pörnbacher 1989, S. 12). Mit dieser Annahme ist mutmaßlich der *terminus post quem* für die Entstehung der Lieder fixiert, die Margarete kenntlich machen. Eine Entwicklung innerhalb einer speziellen Gruppe oder gar des Gesamtwerks lässt sich ihnen nicht ablesen.

Ebensowenig lassen sich spezifische **Aufführungskontexte** anders als spekulativ erschließen. Sowohl hinsichtlich der Tendenz zur 'Personalisierung' als auch zu der einer 'Sexualisierung', in der jeweilig oder zugleich das Hauptmerkmal der 'Ehelieder' zu sehen sei, meint man, auf einen eher 'privaten' Rezeptionsrahmen zu stoßen. Gerechnet wird mit einem überwiegenden Hausgebrauch oder einem 'zumindest engeren Publikumskreis' (Lomnitzer 1984, S. 115), den man im Umfeld der Familie und der Freunde zu suchen habe (Wittstruck 1987, S. 284). Beim Vortrag diene die Namensnennung der Individualisierung und Realitätsbekräftigung des dargestellten Liebesverhältnisses: „Stolz stellt Wolkenstein seine 'Eroberung' Margarethe als die ihm zugesprochene bzw. mit ihm verheiratete Gattin vor, meldet mit ihrer namentlichen Erwähnung einen 'Besitzanspruch' an und erklärt die Rechtmäßigkeit der Verbindung." Überdies seien die Lieder an die Gattin direkt „adressiert", es wende sich „die direkte Apostrophe an die Lebensgefährtin, zärtlich um Aufmerksamkeit bittend" (ebd.). Andererseits wird erwogen, Oswald huldige seiner Frau in der Öffentlichkeit (Classen 1990, S. 165), oder er besinge

4.4 'Ehelieder'

sie vor Zuhörern, wobei sie anwesend sei oder zumindest als Person bekannt, und sich der „Dichter [...] auch in der Ehe als der Frauenheld [präsentiert], als der er sich in einer Männergesellschaft gerne gesehen wissen möchte" (Kokott 1982, S. 97).

Ist die Annahme, Oswald habe gemeinsam mit Margarete auf Hauenstein am Kachelofen die Lieder vorgetragen, eher singulär, obgleich sie sich als logische Konsequenz einer Dissoziierung von literarischer Stilisierung und sozial-höfischer Gebrauchsfunktion ergeben kann (M. E. Müller 1984/1985), glaubt man doch sicher sein zu können, dass Margarete zumindest beim Vortrag der Dialoglieder Kl. 43 und 62 aktiv mit aufgetreten ist und den weiblichen Part übernommen hat. Das Neujahrslied Kl. 71 hätten die Eheleute als zweistimmigen Kanon musikalisch selbst aufgeführt, offenbar *de facto* am Neujahrstag mit dem Ziel „auf Erneuerung einer andauernden Liebesbeziehung innerhalb der Ehe" (Joschko 1988a, S. 200; ähnlich Classen 1990, S. 166). Und auch für die 'freizügigen' Lieder rechnet man mit Margarete als Sangespartnerin Oswalds, allerdings mit der Einschränkung, dass dies, weil es sich um eine Männerphantasie handele, nur im vertrauten engen Kreis erfolgt sein könne (Kokott 1982, S. 98).

Dass gerade die 'sexualisierten' Lieder auf einen intimeren, vertrauten Kreis verwiesen, weil die Rollenträger unbezweifelbar mit dem Ehepaar Oswald und Margarete zu identifizieren seien, entspricht hingegen eher der modernen Dichotomie von Sexualität und Öffentlichkeit als der literarhistorischen Verortung eines Liedgenres. So ist denn auch danach gefragt worden, ob der 'derbere Herrenspaß', neben dem Hausgebrauch und über die „adelige Nonchalance" hinaus, nicht auch daraufhin abzuschätzen sei, „welcher konkrete Stellenwert der Verbindung der Privatisierung mit der Sexualisierung auf der von exklusiver Unterhaltung bis zur Kategorie bewußter Animierdichtung reichenden Funktionsskala zugekommen sein mag" (Lomnitzer 1984, S. 118). Als Pendelbewegung ist die Beantwortung dieser Frage wiederum extrem ausgeschlagen: Nicht nur wird überrascht vermerkt, dass weder die beiden Protagonisten noch das Publikum am Liebesspiel als konkreter Eheszene Anstoß genommen haben (Kokott 1982, S. 98), sondern die Lieder dienten der „unverhohlenen Feier des Eros" als einem wichtigen Moment der Selbstdarstellung, indem man den Eindruck erwecke, man entspreche bestimmten Vorstellungen sozialer Identifikation. Die Affirmation des Erotischen, die Ersetzung der *zuht* durch Lebensfreude verlange nach einem Milieu, in dem Oswald dies habe anbringen können, und ein solches Milieu habe er auf dem Konzil in Konstanz gefunden (Rohrbach 1986, S. 356ff.). Das potentielle Publikum könne aber auch allgemein bestimmt werden als dasjenige des Minnesangs, in dem sich ein adlig-exklusives Selbstverständnis und Selbstgefühl als Gruppe artikuliere (Hirschberg 1985, S. 386).

Die differierenden und zum Teil **konträren Funktionszuordnungen** lassen sich im Einzelnen wohl kaum erhärten, in erster Linie, weil Informationen über konkrete Aufführungskontexte fehlen. Allerdings: Festhalten lässt sich, dass es offensicht-

4. Forschungsgeschichte

lich nicht um die Etablierung eines neuen, festen Liedtypus geht. Die Lieder differieren zu sehr, als dass sie eine „neue Poetologie" und „eine innovative lyrische Gattung" ausmachten, einen „Neuanfang in der deutschen Kultur- und Mentalitätsgeschichte" (so Classen 1988/1989, S. 449 und S. 463) markieren sie nicht. Oswalds Lieder nehmen Anteil am höfisch-volkssprachlichen Diskurs über Liebe, Erotik und Sexualität mit seinen breit gefächerten Ausdrucksformen. Die vertraute germanistische Trennung für die mittelalterliche Literatur, die die Liebe der Poesie und die Ehe dem Traktat zuweist, lässt sich zwar so rigide nicht aufrechterhalten. Bereits im 12./13. Jahrhundert vermischen sich Minne- und Ehediskurs, sie „befinden sich in einer diskursiven Auseinandersetzung miteinander" (Schnell 1994, S. 90). Eine solche Auseinandersetzung freilich lässt Oswald außer Acht, das Thema 'Ehe' bringt er nicht ein in seine unterschiedlichen literarischen Inszenierungen von Liebe und Liebesfreude. Und will man im Werk Oswalds einen Durchbruch zur Neuzeit, gar zur 'Moderne' erkennen anhand der Gestaltung von 'Erleben und Glück seiner Ehe' (Beyschlag 1970, S. 37), so gelingt gerade dies nicht, Oswald schreibt weder eine Ehelehre wie Albrecht von Eyb noch Ehepreislieder wie die im 16. Jahrhundert überaus populären des Thüringers Ludwig Helmbold.

Der Terminus 'Ehelied' benennt ein **Paradigma interpretatorischen Vorgehens**, nicht eine Gemeinsamkeit bestimmter Lieder Oswalds. Axiomatisch gesetzt, lenkt er oftmals in Bahnen, die die Lieder selbst nicht vorgeben. Seine Festschreibung liegt offensichtlich in der Suggestion, in 'Ehelieder' würden traditionelle literarische Möglichkeiten überwunden. Doch bilden die unter diesem Begriff subsumierten Lieder keine Eigenständigkeit, finden keine typologische Einheitlichkeit. Dies ist in methodisch reflexiver Annäherung in die Diskussion eingebracht worden mit der Betonung gerade der Verschiedenheit der sogenannten Margaretenlieder, die hingegen als solche eine zusammengehörige Gruppe ausmachten. Gewertet hat man dies positiv als Experiment mit dem mittelalterlichen Liebeslied (Robertshaw 1983, S. 172) oder eher relativierend vermerkt, dass Oswald in ihnen „lediglich mit verschiedenen literarischen Typen variiert" (Speckart-Imser 1984, S. 53). Es lässt sich freilich darüber hinaus fragen, ob eine biographische Konkretisierung als alleiniges Merkmal ausreicht, eine spezifische Liedgruppe zu bilden.

Bestätigt wird dieser Befund jüngst durch eine Studie (Helmkamp 2003), die sich ausgreifend mit den 'Ehelieder' auseinandersetzt, sie (Kl. 33, 48, 68, 69, 70, 71, 75, 77, 87, 97 und 104) einzeln kurz interpretiert und unter dem Aspekt der 'Relation von Genre und Gender' erneut ihre Gattungszugehörigkeit befragt. Das Fazit lautet, dass diese Lieder kein Grundmuster ausbildeten, um eine eigenständige Gattung zu begründen, sie weisen „unter genrespezifischen Gesichtspunkten erhebliche Differenzen auf und bilden kein eigenständiges Corpus" (ebd., S. 207).

Der Verzicht auf die gattungstypologische Zuordnung 'Ehelied' bedeutet allerdings nicht zwangsläufig auch die Abkehr von einer biographisch ausgerichteten Vermischung von Literatur und Leben. So nimmt Sieglinde Hartmann die im

4.4 'Ehelieder'

März 2004 uraufgeführte Oper (vgl. Kap. 3.2) zum Anlass, danach zu fragen, ob Oswalds Ehefrau auch als seine Geliebte bezeichnet werden dürfe. Sie interpretiert die Tagelieder Kl. 17 und 33 und das Duett Kl. 77, indem lyrisches Ich und die 'angesprochene Geliebte' mit Oswald und Margarete in eins gesetzt werden und erkennt in ihnen die 'neue' Liebesauffassung einer harmonischen Einheit von Leib und Seele. Abgeleitet wird sodann, dass die von Oswald oft thematisierte Freude am Liebesspiel nicht aus äußerlichen Reizen erwachse, sondern „aus dem Glücksgefühl innerer Übereinstimmung und Zusammengehörigkeit" (Hartmann 2005, S. 361). Gerichtet seien Oswalds Liebeslieder an Margarete, kenntlich gemacht über Koseformen oder Namensinitialien (Kl. 33, 68, 69, 71, 75, 77, 97, 110). Womit das althergebrachte Kriterium (vgl. oben S. 54f.) restituiert ist.

Oswalds Werk kennzeichnet eine große **Typenvielfalt**. Innerhalb einzelner Typen durchspielt er mit unterschiedlichen artistischen Mitteln die jeweiligen Möglichkeiten, d.h. neben die große Typenvielfalt tritt die Breite der Variation innerhalb eines Typus (vgl. unten Kap. 5.3). Die namentliche Konkretisierung bildet dabei eine Möglichkeit der Modulation. Welche Funktion die Namensanspielung übernimmt, kann je nach Lied und je nach Gebrauchszusammenhang divergieren. So kann die Namensnennung *Gret* im erotisch-sexualisierten Kontext typisierende Signalfunktion übernehmen, daneben im möglicherweise unterschiedlichen Gebrauch auch z.B. biographische oder komisierende Anspielung auf Margarete sein. Rückschlüsse auf konkrete Gebrauchsfunktionen, bestimmte Aufführungskontexte oder unterschiedliche Rezipientenkreise über einzelne Konkretisierungen oder Gattungselemente lassen sich hierbei nur spekulativ ziehen: die literarische Gestaltung einzelner Typen zeigt dies nicht an. Selbst die freizügige Thematisierung von Sexualität mit Betonung der Gegenseitigkeit der Lust verweist auf unterschiedliche, problemlos nebeneinander stehende *modi dicendi*, nicht auf verschiedene soziale Gebrauchssituationen. Die namentliche Konkretisierung scheint eine Möglichkeit innerhalb einer **Vielzahl artistischer Mittel** im Durchspielen einer möglichst umfassenden **Typenvariation** zu sein, das heisst sie wird funktional in unterschiedliche Typenausformungen integriert, ohne dass sie Eigenbedeutung erlangt. Dies ist wohl naheliegender als die Umkehrung, sie diene primär der biographischen Aussprache. Denn hierfür muss angenommen werden, die Selbstaussprache sei für ihre Umsetzung angewiesen auf 'poetische Lizenzen', eben auf bestimmte literarische Typen, und das Genre werde zum Mittel, die Person und das private Anliegen des Dichters ins rechte Licht zu rücken.

4. Forschungsgeschichte

Zusammenfassung

Seit dem 19. Jahrhundert werden Lieder Oswalds in einer großen Zahl von Gesamt- und Auswahlausgaben ediert, daneben werden sie häufig übersetzt. Gerade in jüngster Zeit hat sich das Interesse an Neueditionen und Übersetzungen wieder verstärkt.

Oswalds poetisch-artistische Sprachbehandlung und seine Form-, Reim- und Klangartistik beschäftigt die Forschung seit den Anfängen. Immer noch ist dieses Feld nicht ausreichend analysiert, es ist erstaunlich wenig betreten. Für jeden Fall seines Spielens mit der Klangseite der Sprache bedürfte es einer eigenen präzisen Beschreibung.

Besonders wichtig für die interpretatorische Auseinandersetzung mit Oswalds Liedern ist das Feld der 'poetischen Stilisierung'. Das Verhältnis von 'Dichtung' und 'Wahrheit' bildet die Grundlage der Auseinandersetzung seit den 60er Jahren des 20. Jahrhunderts mit zwei Polen, einerseits die dichterische Selbstaussage, andererseits der literarisch-poetische Ausdruck.

Am Beispiel der sog. Ehelieder zeigt sich, wie oftmals interpretatorisch ein Liedtypus fokussiert wird, der im eigentlichen Sinne gar nicht existiert. Die namentliche Konkretisierung (*Gret* o.ä.) wird in unterschiedlichen Typenausformungen einbezogen, ohne Eigenbedeutung zu erlangen.

5. Die Lieder

5.1 Sprache und Formen

Die Sprachformen der Lieder variieren in den Handschriften A, B und c, weil die klösterlichen Schreiber nicht unbedingt aus Oswalds Heimat stammten und weil sie eine tradierte Schreibsprache nutzten. Oswald selbst orientiert sich in der Regel an einer **bairisch-österreichischen Literatursprache**. Mit ihr greift er auf **traditionelle Wendungen und konventionelle Stilistika** zurück, er kennt durchaus einen rhetorisch stilisierten 'hohen' Ton, auch den schweren Schmuck des Geblümten Stils. Oswald durchbricht diese sprachliche Ebene aber auch gerne. Er bezieht häufig **fremdsprachliche Textbrocken** ein, z.B. um Lokalkolorit zu vergegenwärtigen, oder er verwendet einzelne **Dialektmerkmale** zur Kennzeichnung z.B. der Vertrautheit mit dem Heidelberger Hof oder zur Charakterisierung einzelner Personen wie die eines eher tolpatschigen bäuerlichen Liebeswerbers (vgl. unten S. 141f. und S. 171f.). In zwei Fällen gestaltet er Lieder, indem er sie aus **verschiedenen Sprachen** zusammensetzt (vgl. Kap. 5.3.4). Bei zwei Liedern verwendet Oswald durchgängig eine andere Sprache: Kl. 90 in Hs. A (B enthält eine hochdeutsche Version) und Kl. 96 – inhaltlich eher belanglos – werden als 'flämische' oder 'pseudo-flämische' Transpositionen aufgefasst. Eine allzu genaue dialektale Zuweisung ist sicher nicht möglich, doch bemüht sich Oswald, die Sprache jenseits der Lautverschiebungslinie hörbar zu machen.

Eine sehr häufig von Oswald verwendete Form bilden **asyndetische Reihungen**. Sie werden oft genutzt, um Klangeindrücke miteinander zu koppeln und zu verdichten. Eine besondere und von Oswald vielfach eingesetzte 'Klangspielerei' sind **Namenkataloge**. Vor allem die Namen fremder Städte und Länder werden gereiht in geographischen Registern, in nicht weniger als 17 Liedern rekurriert Oswald auf dieses Gestaltungsmittel. Sie vollziehen nicht in erster Linie räumliche oder zeitliche Abfolgen nach, sondern Oswald versucht, mit ihnen die rhetorische Tradition des Registers zu überbieten. Zudem macht sich gerade in den breit entfalteten Registern ihre akustische Tendenz fast selbständig, die Anordnung „folgt den Gesetzen des Wohlklangs" und der „Lust an der Klangschönheit der Namen" (Moser 1969a, S. 180f.). Die geographischen Register sollten nicht auf ihren biographischen Zeugniswert reduziert werden, ihr Schwerpunkt liegt markant auf ihrer rhetorisch-artistischen Seite.

Wie im Fall der asyndetischen Reihungen und insbesondere der Kataloge besticht allgemein die **Klangqualität** im Sprachgebrauch Oswalds. Schlagreime und Reimhäufungen sind ein zentrales Moment vieler Lieder. Sie reichen bis hin zu einer annähernden Verselbständigung des lautlichen Aspekts der Sprache, so z.B. über

5. Die Lieder

'reine' Lautmalerei (Kl. 50, vgl. S. 159f.) oder im 'verabsolutierten' Sprachspiel (Kl. 21, vgl. S. 163ff.). **Reimtechnik** vermag andererseits auch dazu dienen, die inhaltlich-thematische Seite der Lieder gewissermaßen zu kommentieren. Oswald verschränkt hierzu sehr häufig Strophenschlüsse per **Kornreim**, daneben auch verschiedene Verse von Strophen. Extrem spielt Oswald auch dieses Mittel durch: Kl. 64 (vgl. S. 175f.) ist vollständig durchgereimt, jeder der fünf Endreime kehrt in jeder der drei Strophen des Liedes wieder, zudem korrespondieren die Strophen aufgrund zweier identischer Binnenreime jeweils im zweiten und dritten Vers.

> **Weiterführende Literatur:** Beyrich 1910, Moser 1969a, Müller 1968a, Röll 1981, Schatz 1930, Spicker 2000, Türler 1920, Wachinger 1977, 1984/85, 1987, Wittstruck 1987.

5.2 Die musikalische Seite

Bis auf die beiden Reimpaarreden Kl. 67 und 112 verfasste Oswald ausnahmslos Lieder, er verbindet also nahezu durchgängig, wie in der traditionellen adligen Kunstausübung üblich, Text und Musik. Zusammen mit dem sog. Mönch von Salzburg gehört er zu den ersten deutschsprachigen Künstlern, die auch polyphone, mehrstimmige Lieder im Repertoire haben. Allerdings überwiegt die Zahl der einstimmigen Lieder deutlich.

Was für die poetisch-dichterische Seite der Lieder Oswalds und sein Aufgreifen der unterschiedlichen Typen gilt (vgl. unten), das gilt auch für ihre musikalische Seite: Oswald variiert virtuos vorhandenes Formelmaterial, er erweitert oder fügt Muster zusammen. Dem Musiker Oswald steht eine **Vielfalt von musikalischen Registern** zur Verfügung, was wohl bedeutet, dass „ihm die elementaren Grundlagen der mittelalterlichen Musiklehre vertraut waren" (Berger; Tomasek 1996/1997, S. 175).

Die **einstimmigen Lieder** gestaltet Oswald überwiegend als traditionelle Kanzonen, das heißt sie sind dreiteilig, aufgeteilt in einen Aufgesang aus zwei in der Regel metrisch-musikalisch gleichförmigen Stollen und einem eigenständigen dritten Teil, dem Abgesang. 16 Lieder, meistens Liebeslieder, haben einen Refrain. Einige Töne verwendet Oswald für mehrere Lieder, variiert aber auch hierbei z.B. durch Weglassen oder Hinzufügen von Bauelementen. In einigen Fällen korrespondieren Text und Melodie, die Melodie hebt z.B. ein Wort oder eine Phrase besonders hervor. Es sind allerdings nur punktuelle Übereinstimmungen, die Lieder werden hierdurch wohl nicht zu 'Individualliedern'.

Polyphone Lieder finden sich zwei-, drei- und (in wenigen Fällen) vierstimmig. Auch bei ihnen zeigt sich eine außergewöhnliche **Vielfalt musikalischer Formen**,

5.2 Die musikalische Seite

z.B. durch die Art der 'Besetzung' der Stimmen (u.a. vokal/instrumental; Stimmen simultan/sukzessiv). Besonders interessant sind die in den Handschriften mit *fuga* gekennzeichneten Kanons. Für seine mehrstimmigen Lieder greift Oswald häufig auf romanische Vorlagen zurück. In den letzten Jahren wurden immer mehr Lieder Oswalds als **Kontrafakturen** erkannt, meistens als musikalisch-metrische Adaptation mit deutscher Neutextierung. Oft hat Oswalds die Stimmenzahl seiner Vorlage reduziert. Dies hat zu der Frage geführt, ob überhaupt als 'Komponist' bezeichnet werden sollte, zumal sich mittlerweile auch ein einstimmiges Lied (Kl.100, vgl. unten S. 156f.) als Kontrafaktur erwiesen hat. Die Einschätzung von Oswalds **musikalischer Kompetenz** divergiert erheblich: Sie reicht von der extremen Formulierung „ein Komponist war er ganz sicher nicht" (Böhm 2001) oder der Schlussfolgerung aus der Stimmenreduktion in den Adaptationen, er sei an der komplexen Mehrstimmigkeit desinteressiert gewesen (Timm 1972), über die Zusprechung, in den eigenständigen Adaptationen fremder Vorlagen komme ein gezielter Wille des Dichterkomponisten zum Ausdruck (Hausner 1984/1985), bis hin zu der Wertung, Oswald gestalte äußerst bewusst mit musikalischen Mitteln auf subtile und kunstvolle Weise (Berger; Tomasek 1996/1997), ihm war der Stand der Musiktheorie seiner Zeit geläufig, und er beherrschte das Gestaltungsinstrumentarium seiner Zeit virtuos (Loenertz 2003). Musikalische Kenntnisse, die Oswald auch selbst in den Liedern thematisiert, könnte er auf seinen Reisen erworben haben, natürlich auch während des Konstanzer Konzils und im Kontakt mit dem Kloster Neustift. Die Adaptationen der französischen und italienischen Vorlagen erfolgten hingegen in erster Linie über schriftliche Quellen, die im (süd)deutschen Raum überliefert wurden.

Gerade für die musikalische Seite der Lieder ist es wichtig, sie nicht nur über den Weg der Editionen zu rezipieren, sondern sie auch ohrenfällig wirken zu lassen. Oswalds Lieder sind mittlerweile vielfach eingespielt, reichliches Anschauungsmaterial für Untersuchung und Unterricht steht bereit, „das die verschiedenen Aufführungsmöglichkeiten demonstriert und die wesentliche musikalische Seite dieser Lyrik in sinnfälliges Hörerlebnis überführt" (Melkert; Schubert 1999, S. 437).

Frühe **Einspielungen** wurden vorgestellt und kritisch überprüft durch H. Lomnitzer und S. Beyschlag, eine Übersicht der neueren Einspielungen geben H. Melkert und M.J. Schubert, der diese nochmals aktualisiert hat. Insgesamt sind in ungefähr 170 Aufnahmen ca. 60 Lieder Oswalds enthalten, also ungefähr die Hälfte. Im Hinblick auf die (noch) nicht eingespielten Lieder fällt auf, dass auch eine Reihe mehrstimmiger Lieder dazu gehört (Kl. 37, 38, 62, 68, 75, 77, 78, 79, 88, 94). Natürlich gibt es besonders beliebte Stücke, so das Trinklied Kl. 70, *Der mai mit lieber zal* Kl. 50, das berühmte Kl. 18 *Es fügt sich* und Kl. 101 *Wach auff, mein hort*. Zehn Einspielungen sind reine Oswald-Sammlungen. Bedauerlich ist, dass mitunter Realisationen voneinander kopiert werden, und damit auch Fehler (vgl. Melkert; Schubert 1999). Als Umsetzungen besonderer Hörerlebnisse seien folgende Aufnahmen hervorgehoben: Unter dem programmatischen Titel *Frölich Geschray so well wir machen* veröffentlichte 1978 die Gruppe 'Bärengässlin' zwölf Stücke mit einem recht weiten Interpretationsspielraum, es dominiert ein eher spielmännisches Aufführungsideal. Stärker an einer präzisen Artikulation der Texte ist das 'Ensemble für frühe Musik Augsburg' 1988 interessiert. Es zeigt eine große Stilbreite und verbindet Freude am Spiel mit technischer Brillanz und Notentreue. *Knightly Passions – The Songs of Oswald von Wolkenstein* vom 'New London Consort' und Philip Pickett erschien 1996, ihr Schwerpunkt liegt auf den mehrstimmigen Liedern. Das Notenmaterial wird sehr frei ausgedeutet, doch bietet die Platte „mit einer großen Zahl schöner und gekonnter Interpretationen einen Hörgenuß" (Melkert; Schubert 1999, S. 445). Eine sehr interessante Zusammenstellung bietet die CD *Wolkenstein* des 'ensemble alta musica' aus dem Jahr 2002. Die Auswahl präsentiert viele der musikalischen Stilrichtungen Oswalds, neben Liedern und Adaptationen Oswalds enthält sie auch 'Originalversionen' der Vorläufer und Instrumentalfassungen.

Weiterführende Literatur: Berger; Tomasek 1996/1997, Beyschlag 1968, Böhm 2001, Hausner 1984/1985, Loenertz 2003, Lomnitzer 1980, Melkert; Schubert 1999, Pelnar 1978, 1981, Röll 1981, Salmen 1978, Schubert 2001/2002, Stäblein 1972, Strohm 1993, Timm 1974, Wachinger 1987, Welker 1990/91, Wendler 1963.

5.3 Liedtypen: Vielfalt und Variation

Die beiden von Oswald selbst in Auftrag gegebenen Handschriften A und B belegen das Interesse des Autors an der vollständigen Kompilation von 'Gesammelten Werken' (vgl. Kap. 2.1), sie belegen ebenso sein Bemühen – vergleichbar mit dem Œuvre, das dem sog. Mönch von Salzburg zugesprochen wird –, umfassend die mittelalterlichen Liedtypen literarisch zu gestalten. Oswald greift auf fast alle Formen und Inhalte traditioneller Lyrik zurück, sein Werk zeichnet sich geradezu aus durch einen **Drang zur lyrischen Vollständigkeit**. Gleichzeitig rezipiert er 'neue' Muster und Liedtypen z.B. aus der Romania. Darüber hinaus sind die Lieder einzelner Typen darauf angelegt, ein möglichst breites **Variationsspektrum** des jeweiligen Typus abzudecken, das heißt, innerhalb einzelner Typen durchspielt er mit unterschiedlichen artistischen und rhetorischen Mitteln unterschiedliche poetische Gestaltungsmöglichkeiten. Unter diesen Aspekten wird im Folgenden das Liedœuvre vorgestellt. Die Zuordnung eines Liedes zu einem bestimmten Typus weist hierbei einen eher heuristischen Charakter auf in den durchaus häufigen Fällen, in denen Oswald Merkmale unterschiedlicher Liedtypen mischt oder sie bis hin zu 'Gattungskonglomeraten' miteinander verwebt.

5.3.1 Körperbeschreibungslieder

Als eine **typenbezogene Reihe** haben die Körperbeschreibungslieder in der Forschung nur unzureichend Beachtung gefunden, sie werden in der Regel anderen Liedtypen zugerechnet, z.b. den sogenannten 'Eheliedern' (vgl. oben Kap. 4.4). In insgesamt sieben Liedern (Kl. 45, 58, 61, 63, 87, 110, 120) setzt Oswald das topische Muster der *personarum descriptio a corpore* entweder extensiv um oder sie sind *in toto* als solche konzipiert.

Die Beschreibung des (schönen) Körpers hat eine lange Tradition in der mittelalterlichen Lyrik. Herausragende Beispiele finden sich bei Walther von der Vogelweide, der in seinem Lied *Si wundervol gemachet wîp* (L. 53,25) bereits mit der *descriptio*-Topik kunstfertig spielt, und gleich dreifach ambitioniert ausgeführt beim Tannhäuser. In der spätmittelalterlichen Lyrik gehört die Körperbeschreibung nach dem rhetorischen Muster, entsprechend den mittellateinischen Poetiken, vom Scheitel bis zur Sohle, zum literarischen Standard. Oswalds Reihe kann in diesem Kontext sicherlich als ein Kulminationspunkt gelten.

In jeder Ausformung folgt Oswald eng dem *descriptio*-Muster. Im Lied Kl. 58 wird das Auf und Ab der *gesellschafft* der Geliebten mit den Monaten des Jahres parallelisiert. Die Herbst- und Wintermonate werden mit der Abkehr ihrer Gunst verbunden. Die (Liebes-)Glück bringenden Frühlings- und Sommermonate Mai bis August verknüpft Oswald mit der Preisung des schönen Körpers in der traditionellen 'Machart', also von oben nach unten beginnend mit dem Haar.

Diesem Muster folgen ebenso traditionsgemäß Kl. 61 und Kl. 63. Kl. 61 ist durchgängig als Körperbeschreibungslied gestaltet. Es setzt ein mit einem Neujahrsgruß an die *frau* (vgl. unten S. 174), das lyrische Ich versichert ihr in der Terminologie höfischer Minne *stet* und *treu* in ihrem *dienst*. Sodann amplifiziert Oswald die Körperbeschreibungstopik: Die einzelnen Körperteile werden nicht nur benannt, sondern jeweils positiv attribuiert: das Haar z.B. ist zugleich *raid, krispel, krumpel, krinnen, / krauss, güldlocht, gel durch flocket* (V. 10f.) Detailliert wird der gesamte Körper beschrieben, ausgeklammert wird auch nicht *ain volkomen reuch* und das straffe Gesäß. In der dritten Strophe verbindet sich mit dem allgemeinen Lob des Körpers der Liebsten, der *nach maisterlichem sitten*, also vollkommen, geformt ist, adlige *zucht* und *tugent*. Das Lied, dessen Strophen über den Kornreim der Schlussverse verzahnt werden, beginnt und endet mit der direkten Anrede der Geliebten. Sie bildet den Rahmen für die ausführliche *descriptio*, der Eigenständigkeit als Lied zukommt. Nicht von ungefähr wird die direkte Anrede im summierenden 'Fazit' abgelöst durch die Verwendung der dritten Person: *ir zarter leib* (V. 23) verknüpft mit dem Lob *an allen tadel ist si vein* (V. 28).

5. Die Lieder

Auch Kl. 63 ist als Ganzes ein Körperbeschreibungslied. Der Schönheitspreis folgt dem üblichen Schema und wird mit der Wirkung der körperlichen Vorzüge auf das Sänger-Ich verbunden. Der Gestus ist der herkömmliche:

Wol mich an we der lieben stund,
do mich ain pöschelochter mund
an lacht mit wunniklichem smiel,
und sich ain röselochter triel
von ander spielt, die höch zu tal
mit zendlin weiss, geschaiden smal;
Darob zwai prawne öglin klar
schälklichen spilen her und tar
von plick zu plick scharpf mit gewalt,
schriems über ain näslin wolgestalt.
(Vv. 1-10)

Des Sängers Raisonnement *wie si wol hab die rechten mass* (V. 35) reicht bis *auf den füss* (V. 34) und endet mit dem Wunsch nach körperlicher Vereinigung:

ich wolt mich dannocht mit der rainen
schier verainen, an vermainen
umb die zainen zu ir lainen
mit leib, hend, füssen und gepaincn.
(Vv. 45ff.)

Ebenfalls in Kl. 87 und Kl. 110 wird das traditionelle Beschreibungsmuster in 'meisterlicher' rhetorischer Überhöhung gestaltet. Allerdings wird das topische Schema jeweils offensichtlich **biographisch konkretisiert**. In Kl. 87 spricht der eingehende Schönheitspreis *ein ausserweltes M* (V. 33) an, in Kl. 110 wird die Herkunft der Schönen festgehalten: *ain rotter mund / von Swaben her* (V. 7f.) und sie wird als eine *stolze Swäbin* (V. 10) bezeichnet. Diese Konkretisierungen – in der Forschung zumeist direkt auf Margarethe von Schwangau bezogen – bringen indessen keine Individualisierung mit sich, sondern stellen sich als variierende Ergänzung in die Reihe der topischen *descriptio*-Lieder. Individuelle Beschreibungsmerkmale tauchen nicht auf in der Variation mit dem Muster, auch nicht durch die ausdrückliche Würdigung des trefflichen, weil runden Hinterteils: Gelobt wird *ain dicken sitz* der Schönen, *keif, rund verwelbt, schon underspreutzt* (Kl. 110, 19f.) oder es wird ihre 'Qualität' unterstrichen: *gross undersetzt, mit gedrolter zal / mit herter mass besessen* (Kl. 61, 20f.). Auch dieses Merkmal erscheint nur auf den ersten Blick, wie vermutet, unkonventionell, es signalisiert keine punktuelle individuelle Beschreibung. Es gehört vielmehr zur musterhaften Beschreibungskunst, wie etwa schon bei Tannhäuser ist es Bestandteil des topischen Arsenals.

Die literarhistorische Forschung hat diese Lieder fast ausschließlich unter zwei Aspekten betrachtet. Man hat gefragt, ob sich (auch) in ihnen 'renaissancehafte Züge' erkennen lassen, Oswald sozusagen über das Mittelalter hinausgeht, was

5.3.1 Körperbeschreibungslieder

aufgrund des topischen Sprechens ausgeschlossen werden kann. Vordringlich interessiert es andererseits, die gepriesene Dame namentlich zu benennen. Bereits im 19. Jahrhundert hat man von diesen Liedern eine 'bildschöne Jungfrau der Erstlingsliebe' abgeleitet und dann – wegen der unterschiedlichen Darstellung in diesen Liedern und Liedern des *übelen-wîp*-Typus – gleich zwei Ehefrauen vermutet. Ein solcher biographischer Ansatz verstellt nach wie vor den Blick auf die literarische Qualität dieser Lieder, weil sie unmittelbar personalisiert und darüber hinaus zu einem Typus 'Ehelieder' umgedeutet werden. Es ist hingegen auch nicht nötig, mit unterschiedlichen Adressatinnen zu rechnen, weil diese sich sonst ob der Wiederholung gelangweilt hätten.

Oswald formt das Körperbeschreibungsmuster in einem Spektrum, das nicht unterschiedliche 'Objekte' preist, sondern eine **poetisch-virtuose Kette** inszeniert. Vergleichbar insbesondere dem Tagelied oder dem Geistlichen Lied zeigt sich seine Kunstfertigkeit im Variieren, Erweitern und Zusammenfügen von etablierten Mustern. Die Bandbreite der Modifikation reicht von der einfachen Ausformung über die Überbietung traditioneller Rhetorik, ornamentaler Ausschmückung z.B. mit Kornreimen oder 'personalen' Konkretisierungen bis hin zur parodistischen Verfremdung des Topos. Diese lotet Oswald in Kl. 45 aus, indem er, natürlich eng am Muster orientiert, die Topik umkehrt, die Hässlichkeit der *dieren* thematisiert, und sie als Höhepunkt eines Schimpf-*crescendos* auf Überlingen während des Konzils einbringt, eine Beschreibung, die auffallend an diejenige Mätzlis in Wittenwilers 'Ring' erinnert:

Zwai brüstlin als ain fledermaus
trüg si vor an irs herzen paus,
ir kratzen, zaus
vil mangen tett erschrecken.
Zwai smale füsslin als ain schilt
trait si in braiten schühen,
darob zwai bainlin, klain gedilt,
recht als ain dicke bühen.
ir ermlin, hendlin sind gevilt,
weiss als ain swarze rühen.
(Vv. 69-78).

Wie bewusst Oswald mit der Beschreibungstopik umgeht, verdeutlicht das nur in A überlieferte dreistimmige Lied Kl. 120. Wie in Kl. 61 und Kl. 110 weisen die Schlussverse der Strophen Kornreime auf, abgesehen davon ist es recht einfach gestaltet. Besonderes Interesse verdient es allerdings, weil Oswald hier das rhetorische Muster nicht nur anwendet, sondern er die Beschreibungstechnik selbst, wie schon Walther, gleichzeitig thematisiert. Er deckt sozusagen das poetische Verfahren der Beschreibungskunst auf und stellt ihre **Kunstfertigkeit** heraus:

Freu dich, du weltlich creatuer
das dir nach maisterlicher kür

> *gemessen ist rain all dein figur,*
> *verglanzt ze tal nach der mensur*
> *an tadel, adel krefftiklich dar inn verslossen.*
> [...]
> *Ain höbtlin klain, dez nam ich war,*
> *dar auff krawss, plank, krumliert das har,*
> *zwi smale pra, die euglein klar,*
> *ain mundlein rubein, roslein var,*
> *nass, kinn und kel, das vell blaich, weis mit wenglin prinnen;*
> *die tinnen sinnen volgestrakt,*
> *von jungen jaren dar inn verstrakt.*
> *dankh hab ain man, der es schon wurcht an smerzen.*
> (Vv. 1-5; 9-16).

Weiterführende Literatur: H. Brinkmann 1928, Spicker 1996/1997, 2000, Tervooren 1988.

5.3.2 Trinklieder

Einen interessanten Liedtypus bilden die oftmals als wenig 'hochrangig' eingeschätzten Trinklieder. Sie sind, weil ihre **klanglich-musikalische Seite** hervorsticht, bereits vielfach künstlerisch rezipiert und eingespielt.

Der Eingangsvers von Kl. 54 lässt sich geradezu programmatisch als Zielvorgabe sowohl des Liedes wie des Typus verstehen: *Frölich geschrai so well wir machen, lachen.* In bäuerlicher Szenerie – die Namen *Hainzel* und *Jäckel* aktualisieren die Neidhart-Tradition, Steinmars 'Gegengesang' klingt an – werden Wein und Sinnesfreude ungezwungen 'herbeizitiert', die in keiner Weise relativierte Lust am sexuellen Begehren spricht *des maiers dieren* unverblümt aus:

> *„mach lanck, geselle mein, hab immer danck,*
> *dein gesangk*
> *und getranck*
> *und süsser winckenwanck*
> *pringt mir freuden vil."*
> *„Smutz", sprach mein fraue, „nu welcher fidelt mir neur auf meinem saittenspil?"*
> [...]
> *so kom, Jäckline,*
> *trauter socie,*
> *ler mich das A B C,*

5.3.2 Trinklieder

und tü mir doch nicht we!
ite, venite!"
(Vv. 8-12; 18-22).

Oswald inszeniert eine ausgelassene Lustfreude. Der lateinische Liedschluss, der den raschen Liebhaberwechsel nochmals 'gelehrt' komisiert, stellt das Lied in den Kontext zweisprachiger Lieddichtung, die zumindest seit den *Carmina Burana* der Scholarendichtung sexuelle Lust und Zechthematik verbindet. Kl. 54 ist nicht so sehr ein kulturhistorisches Zeugnis für extensives Fressen und Saufen im Spätmittelalter, das pointiert besungen wird, sondern eher sprachlich-klangliches Spiel mit dem Genre. Dieser Befund findet seine Entsprechung auf der musikalischen Ebene des Liedes. Es handelt sich um eine Kontrafaktur des Rondeaus 'Qui contre fortune'. Oswalds Umsetzung ist in A dreistimmig, in B zweistimmig notiert. Es ist in der Forschung hingegen hinterfragt worden, ob die polyphone Gestaltung Oswalds eigene Leistung ist (vgl. Kap. 5.2). Die moderne musikalische Resonanz ist dessen ungeachtet sehr groß, gleich achtfach ist es aufgenommen.

Ein ähnlicher Hit in der aktuellen musikalischen Rezeption ist der dreistimmige Kanon Kl. 70. Er setzt ein mit dem topischen Aufruf an den *wiert*, Wein aufzutragen. Die sechs Strophen sind im Ganzen durch imperativische Wendungen, die Wein, Sexualität und Tanz 'einfordern', geprägt. Die Aussage des Liedes ist sehr gedrängt, es dominieren Wortwiederholungen (*ju haig haig! ju haig haig! ju haig haig!*) und eine große Zahl von bäuerlichen Namen. Bereits hierdurch erlangt es auf der textlichen Seite eine große **rhythmische und klangliche Verdichtung**. Diese wird geradezu übersteigert in der musikalischen Umsetzung. Der vermeintlich grobianische Inhalt tritt hinter den Klangreiz zurück. Die drei Stimmen setzen jeweils beim Beginn des dreifachen Kreuzreims der sechszeiligen Strophen ein, so dass nur die beiden ersten Zeilen deutlich zu verstehen sind. Ansonsten werden die Zeilen gleichzeitig gesungen, bei drei Stimmen ist es kaum mehr möglich, den Text zu verstehen, höchstens in Versatzstücken, wenn z.B. *nu schenk ein, pring her wein, trag auf wein* parallel erklingt und in einzelnen Ausrufen: Klang und Musik gewinnen Eigenwert. Resonanz hat das Lied nicht nur bei heutigen Liedermachern, sondern bereits Mitte des 15. Jahrhunderts gefunden. Außerhalb der 'Haushandschriften' ist die erste Strophe im Zusammenhang mit Martinsliedern im cgm 715 überliefert. Im Register dort ist der zutreffende Titel vermerkt: *Ein rädel von wirtten*.

Ähnlich 'funktioniert' das ebenfalls als *fuga* gekennzeichnete Kl. 72. Inhaltlich eher belanglos, werden Minne und Wein miteinander gekoppelt, für beides die materielle Grundlage beklagt: *Die minne füget niemand, / wer da nicht enha*t (V. 1f.) und *Der wirt will uns nicht borgen* (V. 11). Es endet recht deutlich und in Reminiszenz an Steinmar:

ich schob und klob
dasselbig bloch von ander doch,
ich armer knab!

5. Die Lieder

sich hob das stro,
der stadel ward schütten
und rütten den iren slaier ab.
(Vv. 34-39).

In diesem Kanon erzeugt erst die **Stimmenführung** „den eigentlichen Clou der Aussage" (Beyschlag 1968, S. 81). Die zweite Stimme setzt am Ende des dritten Verses ein, wie bei Kl. 70 endet sie gleichzeitig mit der ersten Stimme, das heißt, sie 'übernimmt' die Verse 1-5, während die erste Stimme parallel die Verse 4-10 vorträgt. Am Ende der Verse 6 bzw. 3 ergibt sich ein gemeinsamer Ruhepunkt beider Stimmen, die anschließend in einem Hoquetus, die Melodie aufteilend, versetzt wieder einsetzen. Die Strophen sind also deutlich zweigeteilt, denn nur der erste Strophenteil wird wiederholt. Die Zweiteilung spiegelt sich auch im Reimbau, denn die schließenden Reime der Verse drei und sechs korrespondieren jeweils. Durch diese Form der *fuga* entsteht zudem in jeder Strophe eine (zusätzliche) inhaltliche Realisation, in der jeweils in einem neuen Satz die Gesamtaussage der Strophe komprimiert erscheint. Zum Beispiel wird in der zweiten der Satz gebildet: *nu schellt umb gelt frau, knecht, diern ...o welt*, ein Klangbild, das den gut verständlichen, weil zunächst einstimmig vorgetragenen Eingangssatz: *Der wiert will uns nicht borgen* unterstreicht.

Kl. 84 ist ein zweistimmiges Lied, das ebenfalls mehrfach eingespielt wurde. Diese 'Lobeshymne auf den Wein' ist klanglich-musikalisch nicht so extrem verdichtet wie Kl. 70 und 72, hier steht die **komisierte Verbindung** von rauschhafter Trunkenheit und sexueller Lust im Vordergrund. Das Lied setzt ein mit der Aufforderung *Wol auff, wir wellen slauffen*. Sie wird begründet mit der Warnung, nicht zu spät zu 'agieren', denn sonst bestehe die Gefahr, dass *laien, münch und pfaffen / zu unsern weiben staffen* (V. 6f.). In der zweiten Strophe wird erneut Wein eingefordert, trotz der möglichen Folgen, dass er die *schincken* lähmt und *wir ze bette hincken* (V. 15). In der mittleren Strophe wird zu Vorsicht beim Gehen gemahnt, um *wencken* zu vermeiden (V. 17), und der Wirt wird zum Mittrinken aufgefordert. Die vierte Strophe mahnt wiederum zur Vorsicht:

Her tragt den fürsten leise,
da mit er uns nicht felle
auff gottes ertereich!
sein lob ich immer breise,
er macht uns freuden reich.
(Vv. 25-29).

In der Schlussstrophe wird die Absicht, *slauffen well wir walzen* (V. 28), erneut aufgegriffen. Dies wird verbunden mit der Frage nach dem *hausdierelin, ob es gebettet sei* (V. 35), und der Androhung womöglich sexueller 'Strafen' für falsches Kochen.

Man hat für dieses Lied – wie für die Trinklieder generell – einen 'realen' Hintergrund als Entstehungsanlass vermutet, hier die Erfahrung einer 'Serie von Trinkorgien'. Besondere Deutungsversuche hat der in der vierten Strophe angesprochene *fürst* hervorgerufen. Er ist als Verweis auf eine Verlagerung der Trink-Szenerie in die 'obere' Gesellschaftsschicht verstanden worden, in der ebenfalls Fressen, Saufen und Huren zum 'animalisch triebgebundenen Menschen in seiner Freizeitgestaltung' gehören. Vor allem ist die Forschung bemüht, diesen Fürsten konkret zu fassen. Spekuliert wird auf Herzog Friedrich von Tirol, daneben König Sigismund und besonders Pfalzgraf Ludwig. Oswald habe das Lied bei einem Aufenthalt in Heidelberg geschrieben. Er thematisiere eine Sauferei außerhalb des Schlosses mit dem gichtkranken Ludwig, der deshalb getragen werden musste, und Oswald habe mit der Übernachtung im Schlafzimmer des Pfalzgrafen eine einmalige Auszeichnung erhalten. Das **klangvolle Lied** lässt sich allerdings nur unzureichend auf eine solche einmalige Situation beziehen. Vor allem ist es äußerst hypothetisch, den *fürsten* als Person zu verstehen. Sehr viel textnäher ist es, den Terminus als hyperbolische Titulierung des Weins aufzufassen. Die Metaphorik des Liedes ist durchgängig pointiert und komisiert, sie bedient das gängige Muster des Typus. Als solches hat es in der Mitte des 15. Jahrhunderts gleich zweifach Anklang gefunden: Es wurde in 'Fichards Liederhandschrift', die verschollen ist, und in das 'Augsburger Liederbuch' von 1454 (Bayerische Staatsbibliothek cgm 379) aufgenommen.

Der Trinklied-Typus verbindet traditionell Wein mit Liebesfreude (und Gesang). Die 'inhaltliche' Ausgelassenheit, ihr rauschhaftes Moment und ihre Sinneslust setzt Oswald in komplexe (und durchaus auch komplizierte) **artistisch-musikalische Gestaltungsformen** um. Diese sind kaum darauf angelegt, im Kneipenmilieu oder in berauschten Stammtisch-Männerrunden zum Mitsingen zu animieren. Ihre künstlerische Aufführung ist auf stimmlich und musikalisch kompetente Künstler angewiesen und einen entsprechend adäquaten Rezeptionsrahmen. Einen solchen könnte Oswald durchaus am Heidelberger Hof gefunden haben, natürlich auch während des Konzils und auf den Reisen, vielleicht auch in Brixen oder Neustift.

Weiterführende Literatur: Beyschlag 1968, Frenzel 1968, Hausner 1984/1985, Okken; Mück 1981, Moser 1969a, Pelnar 1981, Schwanholz 1985, Wachinger 1977, Welker 1987.

5.3.3 Pastourellen

Zweifach setzt Oswald deutliche Anklänge an den romanischen (und mittellateinischen) Typus der Pastourelle um. Vor ihm wurde dieser Typus in deutscher Sprache vor allem bei Neidhart und in der Neidhart-Tradition, insgesamt allerdings nur

5. Die Lieder

spärlich, aufgegriffen. Die Pastourelle erlaubt, Sexuelles direkt auszusprechen. Das inhaltliche Schema umfasst das Treffen eines Mannes (oft höheren Standes) mit einem Landmädchen in der freien Natur und seiner Werbung um ihre Liebesgunst. Sein Erfolg oder auch sein Nicht-Erfolg trotz heftigen Bemühens wird variiert, was natürlich auch einen besonderen Reiz des Typus ausmacht.

Kl. 83 ist als '**Bergwaldpastourelle**' bezeichnet worden. Die Szenerie ist im Frühling angesiedelt *auf sticklem berg in wilder höch* (V. 2), wo das Ich auf eine *jetterin* trifft, die nicht nur *junck, frisch, frei, früt* (V. 1) ist, sondern auch *freud und hohen müt* (V. 3) verschafft. Oswald kombiniert also Adjektive der Vitalität mit Termini des traditionellen Minnesangs. Sodann legt sich das Ich wie ein Fuchs jagend auf die Lauer, *bis das ich ir die preun ermauss* (V. 10). Durch die Metapher (*preun*) wird bereits hier klar, dass das Lied recht eindeutig Zweideutiges ausspricht. Es folgt ein Refrain, ein Schönheitspreis, der ein topischer Bestandteil des Pastourellen-Typus ist. Oswald beginnt ihn traditionell, sodann dreht er die Reihenfolge des Musters um (Beschreibung von oben nach unten; vgl. Kap. 5.3.1), 'verniedlicht' es mit Diminutiven und endet 'oben' mit der Verkehrung des Lobs:

> *Ir rotter mund von adels grund*
> *ist rain versüsst gar zuckerlich;*
> *füsslin klaine, weiss ir baine,*
> *brüstlin herte; wort, geferte*
> *verget sich biergisch, waidelich.*
> (Vv. 13-17).

In den beiden folgenden Strophen verkettet Oswald die Bildbereiche des Vogelfangens und des Vögelns. In einer laubbedeckten Hütte als Versteck wird nach Amsel und Drossel gejagd mit Hilfe eines – doppelsinnigen – *kloben* (V. 21). Die Hütte wird konkret geortet: *ze öbrist auf dem Lenebach* (V. 20). Der Liedtypus ist per se offen für realistische Details; auch wenn der Name *Lenebach* keine genaue örtliche Fixierung zulässt, die (Tiroler) Bergwelt ist benannt. Die *freuden* (V. 26) des Vogelfangs und des Liebesspiels steigern sich bis zur Vertauschung der Rollen. Die *jetterin* ist gelehrig und übernimmt den aktiven Part; Oswald zitiert mit dem Motiv der 'unersättlichen Verführten' ein weiteres Element des Typus:

> *Das si mir all mein kunst abstilt,*
> *was ich zu voglen han gelert;*
> *von irem kloben mich bevilt,*
> *des gümpels er zu dick begert.*
> *das macht die hütten krachen*
> *von solchen sachen.*
> (Vv. 34-39).

Auch in Kl. 76 gestaltet Oswald ein **metaphorisches Spiel mit ländlicher und sexueller Doppeldeutigkeit**, bäuerlich-landwirtschaftliche Termini werden erotisch 'aufgeladen'. Das Gattungsschema scheint verwendet, weil es die geistreiche Schilderung der körperlichen Vereinigung ermöglicht, denn Oswald konzentriert

5.3.3 Pastourellen

sich fast ausschließlich auf das Liebesspiel. Er greift hiermit insbesondere eine Entwicklung der Neidhart-Tradition auf, die sich auch noch in Pastourellen des 16. Jahrhunderts fortsetzt.

Bereits mit dem Liedeinsatz der ersten vier Verse wird das erotische Spiel signalisiert:

> *Ain graserin durch külen tau*
> *mit weissen, blossen füsslin zart*
> *hat mich erfreut in grüner au;*
> *das macht ir sichel brawn gehart*
> (Vv. 1-4).

Mit der *graserin* wird – parallel zur *jetterin* in Kl. 83 – ein Landmädchen vorgestellt, das mit einem besonderen, 'braunen' Attribut ausgestattet ist. In Kl. 76 ist mit der braun behaarten Sichel offensichtlich ein Dechiffrierungszeichen gesetzt, im Folgenden changiert das Lied fast ununterscheidbar zwischen Sachbezogenheit und sexueller Assoziation. In einer ländlichen Szenerie, die nicht in eine bestimmte Landschaft eingebettet ist, trifft das männliche Ich, das nicht ständisch oder sonstwie näher bestimmt wird, auf das Mädchen, hilft ihr einerseits beim Einzäunen und Grasmähen, andererseits ergibt sich ein für beide Seiten lustvolles Liebeserlebnis. Doppeldeutig ist in der ersten Strophe die Rede vom *gattern rucken* (V. 5) und vom Einfügen des Zapfens (V. 6), auch unter dem *gensel* (V. 9) lässt sich dann Verschiedenes vorstellen. In der zweiten Strophe wird dies fortgeführt mit den Motiven des Zäunens, des Gras-Aufhäufens und dem recht eindeutigen: *mein häcklin klein hett ich ir vor / embor zu dienst gewetzet* (V. 14f.). Der Schlussdialog formuliert Klartext: „*zuck nicht, mein schatz!*" „*Simm nain ich, lieber Jensel!*" (V. 18). Der Name ist hierbei wohl als Kosename zu verstehen, nicht als parodistischer Gebrauch eines Bauernnamens im Gattungskontext. Die dritte Strophe wiederholt die Motive des Jätens und Zäunens. Wie in Kl. 83 ist das Mädchen unersättlich, hinzu kommen der Rosenkranz als Lohn und die (topische) Bemühung um den Flachs:

> „*swenzel, renzel mir den flachs!*
> *treut in, wiltu, das er wachs!*"
> „*herz liebe gans, wie schön ist dir dein grensel.*"
> (Vv. 25-27).

Oswald inszeniert mit der komplexen Verschränkung der Metaphernbereiche eine raffinierte Durchführung des Typus. Die Strophen sind durch Kornreim 'sprechend' miteinander verbunden (*gensel, Jensel, grensel*). Die Komposition ist zweistimmig. Dies passt auffallend zur Pastourelle, die im 14. Jahrhundert in erster Linie als romanischer Liedtypus existiert und den Oswald adaptiert. Hierauf könnte er mit seinem **polyphonen Liedsatz** aufmerksam machen, denn indem er sich musikalisch „einer Satzform bedient, die gerade für den Bereich der Romania äußerst charakteristisch ist, fügt er [...] gleichsam einen poetologischen Kommentar hinsichtlich der Gattungsgenese bei" (Hausner 1984/1985, S. 71).

Das Lied wurde in den letzten Jahren einige Male eingespielt. Es wurde auch schon im Mittelalter rezipiert. Zusammen mit Kl. 21 wurde es in den *Neidhart Fuchs* aufgenommen und somit mehrfach gedruckt. Allerdings ist der Text von Kl. 76 erheblich verändert, es handelt sich quasi um eine Kontrafaktur.

Wann und für welches Publikum Oswald seine Pastourellen schrieb, ist unbestimmt. Wie im Hinblick auf die Trinklieder sollte man freilich nicht so sehr mit eher derben Männerrunden rechnen, sondern mit literarischen Connaisseuren, zu denen natürlich auch Frauen gehören. Die freizügige erotisch-sexuelle Thematik des Typus sollte man nicht aus heutiger Sicht wertend belasten, weder als „emanzipierte Sexualauffassung" noch als „obszön". Vielmehr sollte man ihre poetische Lizenz ausmachen im Rahmen des *genre objectif* und der *contre-textes*.

> **Weiterführende Literatur:** S. Brinkmann 1985, Hausner 1985/1985, Kossak; Stockhorst 1999, Locher 1995, Müller 1993, Okken; Mück 1981, Petzsch 1968, Wittstruck 1987, Wolf 1991.

5.3.4 Sprachmischungslieder

In zwei Fällen gestaltet Oswald Lieder vielsprachig, Kl. 69 und Kl. 119. Es handelt sich um Lieder mit **konventioneller Liebesthematik**, in denen der Name *Margaritha*, *Griet* bzw. *Gret* genannt wird oder über den Buchstaben G möglicherweise auf ihn angespielt wird. Kl. 69 ist in allen drei 'Haushandschriften' überliefert. Die erste Strophe lautet:

> *Do fraig amors,*
> *adiuva me!*
> *ma lot, mein ors,*
> *na moi sercce,*
> *rennt mit gedanck,*
> *frau, puräti.*
> *Eck lopp, ick slapp,*
> *vel quo vado,*
> *wesegg mein krap*
> *ne dirs dobro.*
> *iu gslaff ee franck*
> *merschi vois gri.*
> (Vv. 1-12).

5.3.4 Sprachmischungslieder

Oswald verwendet sieben Sprachen. Sie werden alle jeweils in den sechszeiligen Halbstrophen aufgegriffen, wobei jede mit einer anderen der sechs Fremdsprachen einsetzt. Im Refrain thematisiert Oswald die Sprachen und damit einher sein artistisches Vorgehen:

> *Teutsch, welschisch mach!*
> *franzoisch wach!*
> *ungrischen lach!*
> *brot windisch bach!*
> *flemming so krach!*
> *latein die sibend sprach.*
> (Vv. 13-18).

Dem Lied angehängt ist in allen drei Überlieferungsträgern eine glossierende *Exposicio*, wobei in A zusätzlich über der jeweiligen Zeile notiert ist, um welche Sprache es sich handelt.

Kl. 119 ist nur in A überliefert. Die drei Strophen mischen jeweils in ihrer ersten Hälfte sechs Sprachen, die in der zweiten paraphrasiert werden. Die Sprachenfolge ist hier strenger geregelt, denn die drei Strophen weisen die gleiche Sprachenfolge auf. Beide Lieder dürften weniger aufgrund ihres Inhalts als aufgrund ihrer Sprachform interessiert haben. Der Reiz hat wohl darin bestanden, das **Prinzip der Sprachmischung** zu durchschauen und die Stimmigkeit des Kunststücks nachzuvollziehen. Oswald weist ja im Refrain von Kl. 69 ausdrücklich auf das Spiel mit der Sprachmischung hin, die in der spätmittelalterlichen Lyrik keine singuläre Erscheinung ist. Ihm ist es offensichtlich darum gegangen, „sich selbst als welt- und spracherfahrenen Tausendsassa zu präsentieren […] im Sinne einer Selbststilisierung des sprechenden Ich" (Wachinger 1977, S. 295).

Weiterführende Literatur: Marold 1926, Robertshaw 1983, Röll 1981, Wachinger 1977.

5.3.5 Cisioiani

Den mnemotechnischen Typus 'Kalendermerkgedicht' gestaltet Oswald in einer Reimpaarrede und in einem Lied. Er textet **Heiligenkalender mit einer sehr großen Namensdichte**, das heißt, offensichtlich ist Oswald bestrebt, möglichst viele Heilige zu reihen. Im Register der Handschrift A, in der die Texte hintereinander stehen, werden die *Cisioiani* (benannt nach Christi Beschneidungsfest am 1. Januar) geschieden in *gesprochen* (Kl. 67) und *gesungen* (Kl. 28). In A ist eine ältere Bearbeitung von Kl. 28 getilgt, wohl um Platz für eine bessere Version zu schaffen. Oswald hat sich also gleich dreimal an diesem Typus versucht.

5. Die Lieder

Im Lied wird die Namensdichte nochmals potenziert. In A ist es in zwei Spalten notiert, mit je einem Wort pro Zeile, was jeweils einem Tag entspricht. Die Na-

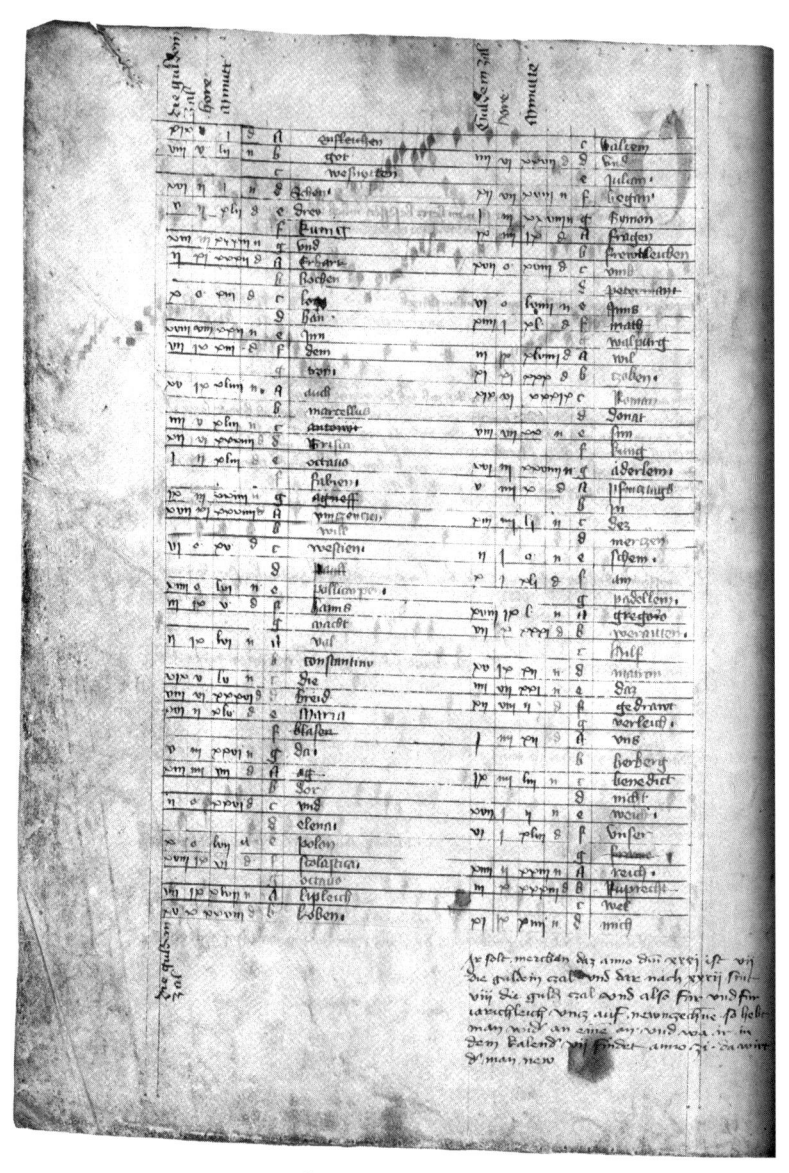

Abb. 7: Handschrift A, fol. 25ᵛ

5.3.5 Cisioiani

men sind teilweise verändert, abgekürzt oder umgeformt, offensichtlich aus poetisch-metrischen Gründen, was der Tradition entspricht. Oswald geht darüber hinaus, er zählt nicht nur auf, sondern nutzt Assoziationsmöglichkeiten. Dies lässt sich am Vers 67 verdeutlichen: *Cant frölich sola Barbara*. Diese 'Dezemberzeile' beginnt mit dem abgekürzten Namen der heiligen Kandida, einer Märtyrerin. Es folgt das Adjektiv *frölich* als Füllwort, sodann für den 3. Dezember der Name des Priesters und Einsiedlers Sola und für den 4. Dezember Barbara aus Nikodemia, die zu den 14 Nothelfern gezählt wird. Neben der Fixierung der ersten Monatstage erlaubt der Vers eine zweite Deutungsmöglichkeit. *Cant* lässt sich vom lateinischen Imperativ *cantare* ableiten, *sola* lässt sich auflösen als Notenangabe *sol* und *la* (wie im Lied Kl. 26, 127: *wir müssen singen fa, sol, la*). Der Vers hat dann die Bedeutung: Singe fröhlich 'sol, la', Barbara. In A ist der Cisioianus Kl. 28 gekoppelt mit zusätzlichen Angaben und einer Art 'Gebrauchsanweisung'. Vor den einzelnen Zeilen stehen 3 Zahlen, die vor jeder Spalte bezeichnet werden: Die Goldene Zahl, die Stunden und die Minuten eines Neumondkalenders. Daneben findet sich jeweils ein Wochentagsbuchstabe. Angaben zur Benutzung des Kalenders werden auf fol. 25^v und fol. 26^r am unteren Rand vermerkt: *Ir solt merchen daz anno domini XXXI ist VII die guldein czal vnd dar nach XXXII sind VIII die guld. Czal vnd also fur vnd fur iarichleich vncz auf newnczechene so hebt man wider an einen an. Vnd wa ir in dem kalender VII findet anno 31. da wirt der man new.* Oswald gibt ein Berechnungsbeispiel: *Item ob ir welt wissen wen die vasenacht ist so merchet den nachsten newen manen nach dem liechtmesses tag vnd der nächste mittich dar nach ist der aschermittich.* Die Angaben zum Neumond sind also wichtig, um mit ihrer Hilfe die beweglichen kirchlichen Feiertage zu berechnen. Der astronomische Teil hat eine Gültigkeitsdauer von 19 Jahren, von 1421 bis 1439.

Oswald übernahm offensichtlich in seinem *Cisioianus* mit dem Einbezug des **Neumondkalenders** die 'Weltneuheit' des Johannes de Gamundia, der seinen Kalender für die Jahre 1421-39 in Wien entwickelte und mit dem Oswalds nahezu völlig übereinstimmt. Oswalds Lied ist zugleich eine der gelungensten Umsetzungen des Typus und er nimmt eine Sonderstellung unter den Verfassern von *Cisioiani* ein. Seine poetische Leistung besteht in der Umformung von Festnamen aus Kalendarien des Erzbistums Salzburg und seiner Suffragane, daneben deutet das verwendete Material auf den Mönch von Salzburg und Heinrich den Teichner. Die Festnamen sind bei ihm zahlreicher als in allen übrigen bekannten Kalendergedichten, zudem bietet er sie eben auf eine ungemein interessante Art, so dass „diese beiden Gedichte nicht nur zu den sachlich sondern auch formal besten Werken dieser Literaturform" zählen (W. Marold). Oswald hat sich also in herausragender Weise an dieser formal schwierigen, wenn auch literarisch nicht allzu ernsthaften Materie versucht. Interesse hat er damit schon früh gefunden: Kl. 67 ist bereits 1428, also noch vor der Kompilation von Handschrift B, im Cgm 3897 gestreut überliefert. Verbunden ist der Eintrag der Rede mit einem offensichtlich anerkennenden Verweis auf den Autor: *den kalender hat von newen dingen gemacht der Edel*

77

Oswald von Wolkenstain. Entscheiden lässt sich hingegen nicht, ob das Interesse sich eher aus pragmatischen Erwägungen ableitet oder eher durch eine Änderung der Gebrauchsform, nämlich weg von der mittelalterlichen Liedform zum tabellarisch aufgeschriebenen Kalender. Oswalds *Cisioiani* bergen in jedem Fall über ihren Nützlichkeitsaspekt hinaus eine Menge Sprachwitz.

Weiterführende Literatur: Kersken 1975, Marold 1926, Röll 1981.

5.3.6 Tagelieder

In der mittelalterlichen Liebeslyrik, die im deutschsprachigen wie im romanischen Raum weitgehend von der Werbungskanzone geprägt wird, bildet das Tagelied eine sehr prägnante Untergattung. In der mittelhochdeutschen Lyrik ist sie sogar die erfolgreichste. Der Liedtypus Tagelied ist fest umrissen, das Inventar begrenzt: Ein Ritter hat mit einer Dame heimlich eine Liebesnacht verbracht. Im Morgengrauen, das oft durch einen Wächter oder Vogelgesang angekündigt wird, muss sich das Paar trennen. Diese Trennung, die eindringlich beklagt wird, und oftmals eine letzte 'Umarmung' bilden den konstanten Inhalt. Der Typus etabliert sich schon früh im deutschen Sang. Bereits Wolfram von Eschenbach setzt ihn mehrfach um und durchspielt seine Möglichkeiten in einer **Variationsreihe**.

Oswald ist derjenige Autor mittelalterlicher Liebeslyrik, der sich am häufigsten an diesem Typus versucht hat. Je nach Zählung lassen sich ihm mindestens 13 Lieder zurechnen (Kl. 16, 17, 20, 33, 34, 40, 48, 49, 53, 62, 101, 107, 121, evtl. 118). Oswald stellt also ein Spektrum auf, in dem er die **Bandbreite des Typus** umfassend variiert. Er nutzt dabei sowohl unterschiedliche Gestaltungsmöglichkeiten innerhalb des standardisierten Genres als auch Kombinationen mit anderen Liedtypen. Oswalds Tagelieder dokumentieren offensichtlich die Absicht, die Gattungsmöglichkeit des Typus auffallend breit oder gar vollständig auszuprobieren bzw. aufzuzeigen. Die Tagelieder spiegeln demnach als Reihe das wider, was auch die Vielfalt seines Werks allgemein auszeichnet: den artistisch-spielerischen Drang zur lyrischen Vollständigkeit.

Als ein sehr frühes Lied ist Kl. 16 häufig charakterisiert worden, weil es eng dem **traditionellen Motivrahmen** folgt. Es ist allerdings reine Spekulation, dass ein Schema zunächst 'konservativ' aufgegriffen und es erst im Folgenden variiert wird. Der Tagelied-Typus war mit Sicherheit sowohl dem Autor als auch seinem Publikum bekannt, mit Gattungserwartungen und -kenntnissen konnte Oswald von der ersten Umsetzung des Typus an rechnen, das heißt, er musste nicht erst das Schema einüben oder bekanntmachen.

5.3.6 Tagelieder

Das Lied setzt ein mit einer Wächterstrophe:

> *„Ich spür ain lufft aus külem tufft,*
> *das mich wol dunckt in meiner vernunft*
> *wie er genennet, kennet sei nordorste.*
> *Ich wachter sag: mich prüfft, der tag*
> *uns künftig sei aus vinsterm hag;*
> *ich sich, vergich die morgenrot her glosten.*
> *Die voglin klingen überal,*
> *galander, lerchen, zeisel, droschel, nachtigal,*
> *auf perg, in tal hat sich ir gesangk erschellet.*
> *Leit iemant hie in güter acht,*
> *der sich in freuden hat geniet die langen nacht,*
> *derselb betracht, das er sich mer gesellet."*
> (Vv. 1-12).

Die Motive sind alle gängig, nur der eingangs als Tagesbote fungierende Wind, der namentlich konkretisiert wird, ist wenig verbreitet, von Oswald freilich mehrfach aufgenommen. Morgenröte und – hier asyndetisch gereiht – Vogelgesang sind traditionell, ebenso die in einer *Repetitio* folgende Klage der Liebenden über den anbrechenden Tag (Ritter und Dame werden allerdings 'verjüngt'):

> *Die junckfrau hett verslaffen,*
> *der knab wacht lützel bas,*
> *si rüfften baide waffen*
> *all über des tages hass.*
> *das freulin schalt in sere:*
> *„her tag, ir künnt nicht ere*
> *bewaren inn der mass."*
> (Vv. 13-19).

Die beiden folgenden Strophen gehören der topischen, in einem Wechsel konstruierten, **Ausweitung der Klage** über den Tagesanbruch und die bevorstehende Trennung. Die letzte *Repetitio* legt Oswald, trotz des Schlussverses, recht heiter dem jungen Mann in den Mund und es kommt zu einer, ebenfalls traditionellen, nochmaligen Liebesvereinigung:

> *Mein freudenmacherinne,*
> *meins herzen zucker nar,*
> *du hast mir herz und sinne*
> *benomen sunder gar."*
> *si fiengen sich zesamen*
> *mit armen blanck umbvangen.*
> *„mein lieb, dahin ich far."*
> (Vv. 51-75).

5. Die Lieder

Das Windmotiv amplifiziert Oswald in Kl. 20, das ansonsten den 'klassischen' Handlungsablauf des Typus (Tagesanbruch, Erwachen, Klage, nochmaliges Zusammensein) übernimmt. Es ist mit 111 Versen sein längstes Tagelied und deutlich rhetorisiert mit virtuosen Reimhäufungen. In ihm wird der Wind nicht nur benannt, sondern sein Weg detailliert und geographisch geradezu auffallend kenntnisreich im ersten Stollen nachvollzogen:

> *Es seustt dort her von orient*
> *der wind, levant ist er genent;*
> *durch India er wol erkent,*
> *in Suria ist er behend,*
> *zu Kriechen er nit widerwent,*
> *durch Barbaria das gelent*
> *Granaten hat er bald errent,*
> *Portugal, Ispanie erbrent.*
> *überall die werlt von ort zu end*
> *regniert der edel element;*
> *der tag in hat zu bott gesennt,*
> *der nach im durch das firmament*
> *schon dringt zu widerstreit ponent.*
> (Vv. 1-13).

Der *wind von orient* (V. 19) wird auch in Kl. 49 als Morgenmotiv neben Wächterruf und Vogelgesang eingebracht. Inhaltlich ist das Lied weitgehend traditionell ausgerichtet: Mit drei Figuren, Tagesanbruch, Weckruf, Klage – *sennliche klag! mordlicher tag* (V. 26) – übernimmt es die wesentlichen Elemente des Typus. Etwas ungewöhnlich ist die lautmalerische Wiedergabe des Hornrufs des Wächters: *aahü, aahü, her gat des tages schein* (V. 6) und die Aufzählung verschiedener Vogelarten, die mit einem 'Kuckuckskind' endet:

> *die voglin klingen in dem hard,*
> *amsel, droschel, der vinck,*
> *und ain ziselin, das nennet sich guggukh.*
> (Vv. 10-13).

Das in den Ausgaben irritierend zweistrophig wiedergegebene Lied ist formal sehr interessant. Die Melodie verdeutlicht, dass Oswald die drei Rollen verteilt auf zwei Stimmen gestaltet, die nicht nacheinander, sondern zugleich gesungen werden und nicht immer klar zugeordnet werden können. Hierdurch entsteht ein einstrophiges Duett, in dem die Stimmen eher neben- als zueinander agieren. Das heißt, Oswalds Interesse gilt weniger dem (bekannten) Inhalt, sondern der **klanglich-musikalischen Formung**.

Dieser zugespitzte klangliche Aspekt dominiert auch Kl. 53. Das Lied ist eine **zweistimmige Kontrafaktur** des dreistimmigen, anonym überlieferten Rondeaus 'En tres doulz flans' aus dem 14. Jahrhundert. Oswald spielt hier mit dem Typus, indem er die Situation des Tagesanbruchs aufgreift, sie allerdings von der Tage-

5.3.6 Tagelieder

lied-Szenerie mit ihren typischen Momenten (Wächter, Klage) weg entwickelt und mit Elementen des Tanzlieds und Motiven der Körperbeschreibung verwebt. Jede der drei Strophen setzt ein mit einer asyndetischen Reihung. Die erste beginnt:

> *Frölich, zärtlich, lieplich und klärlich, lustlich, stille, leise,*
> *in senfter, süsser, keuscher, sainer weise*
> *wach, du minnikliches, schönes weib,*
> *reck, streck, breis dein zarten, stolzen leib!*
> (Vv. 1-4).

Die folgenden Aufforderungen an die Schöne sind geradezu abgestanden, vor allem die Verbindung von Tanz mit dem topischen Kranzflechten. Der herkömmliche Inhalt wird aufgefangen über das sehr raffinierte Reimschema und der klanglichen Akkumulation. Die zweite Strophe formuliert ein ebenso klangspielerisch gereihtes Lob der Lippen bzw. des Mundes, *pars pro toto* werden Elemente des Schönheitspreises aufgegriffen:

> *Lünzlot, münzlot, künzlot und zisplot, wisplot freundlich sprachen*
> *auss waidelichen, güten, rainen sachen*
> *sol dein pöschelochter, rotter mund,*
> *der ser mein herz lieplich hat erzunt*
> *Und mich fürwar tausent mal erweckt,*
> *freuntlichen erschreckt*
> *auss slauffes träm, so ich ergäm*
> *ain so wolgezierte, rotte, enge spalt,*
> *lächerlich gestalt,*
> *zendlin weiss dorin gezalt,*
> *trielisch, mielisch, vöslocht, röslocht,*
> *hel zu vleiss*
> *waidelich gemalt.*
> (Vv. 14-26).

Die Schlussstrophe ist konjunktivisch verfasst, in ihr kulminiert Oswalds „Wachtraum der Phantasie" (F. G. Benta):

> *Wolt si, solt si, tät si und käm si, näm si meinem herzen*
> *den senikleichen, grossen, herten smerzen*
> (V. 27f.).

Die träumerisch ersehnte Liebesfreude ist voller erfüllter Sinnlichkeit, die natürlich auch sprachspielerisch umgesetzt ist:

> *mund mündlin gekusst,*
> *zung an zünglin, brüstlin an brust,*
> *bauch an beuchlin, rauch an reuchlin,*
> *snel zu fleiss*
> *allzeit frisch getusst.*
> (Vv. 35-39).

5. Die Lieder

Die Dimunitivformen für die weiblichen 'Merkmale' (im gesamten Lied), die asyndetischen Reihungen, die häufigen Alliterationen und die raffinierten Reimschemata der einzelnen Strophen, die zudem über Kornreim des jeweils 12. Verses verbunden werden, machen das Lied selbst zu einem wohlgelungenen klangspielerischen **Ausdruck der Sinnlichkeit**, die es inhaltlich thematisiert. Die Melodie verstärkt dies, indem der sprunghafte Rhythmus des Diskants auf die Tanzmotivik deutlich verweist: „Im Verein mit der getragenen gehaltenen Tenorstimme, die der einsamen Grundsituation des lyrischen Ichs unmittelbar adäquat ist, ergibt sich mithin eine musikalische Struktur, die dem gattungskontaminierenden Charakter des Textes genau entspricht" (Hausner 1984/1985, S. 70).

Demgegenüber ist Kl. 33 eher textlich ausgerichtet. Das einstimmige Lied ist ein 'Nachtlied', das teilweise wörtliche Übereinstimmungen mit einem Lied (dem sog. 'Nachthorn') des Mönchs von Salzburg aufweist. Es ist die Sehnsuchtsklage eines Liebenden eben mit der **Umkehrung** von Tageliedmotiven:

> *Ain tunckle farb von occident*
> *mich senlichen erschrecket*
> (V. 1f.).

Es setzt ein als ein 'Antitagelied' mit der Beschreibung der Abenddämmerung. Den Gestus des Typus behält Oswald bei, allerdings sind es hier nicht Liebende, die morgens klagen, weil sie sich trennen müssen, sondern das einsame lyrische Ich beklagt nächtens seine sexuelle Not:

> *Wenn ich mein hort an seinem ort nicht vind all dort,*
> *wie oft ich nach im greiffe,*
> *So ist neur, ach, mit ungemach seur in den tach,*
> *Als ob mich brenn der reiffe.*
> *und winden, binden sunder sail*
> *tüt si mich dann gen tage.*
> *Ir mund all stund weckt mit die gail*
> *mit seniklicher klage.*
> (Vv. 17-24).

In der dritten Strophe wird die Adressatin der Liebesnot namentlich konkretisiert: *liebe Gret* (V. 25). Ihr *zarter leib* zeigtigt Wirkung, denn er bedingt, dass dem lyrischen Ich das *herz durchgeet* (V. 27) und es sich die Nacht eben mit *seniklicher klage* (V. 24) vertreibt. Ausdrücklich wird konstatiert: *das sing ich unverborgen* (V. 28). Diese 'Klage' formuliert – wie oft auch im traditionellen Tagelied – die nochmalige Liebesvereinigung, hier natürlich in der gedanklichen Projektion. Der 'höchste schatz' wird aufgefordert, der Bedrängung durch den *ratz* (V. 29) – eine Sexualmetapher für den Penis –, entgegenzuwirken *damit das bettlin krache* (V. 32). Erreicht wird hierüber geradezu höfische Freude:

> *Die freud geud ich auf hohem stül,*
> *wenn das mein herz bedencket,*

5.3.6 Tagelieder

Das mich hoflich mein schöner bül
gen tag freuntlichen schrencket.
(Vv. 33-36).

Das Besondere des Liedes besteht in der Umkehrung der traditionellen Tageliedsituation, der 'Vereinsamung' des männlichen Ich und der namentlichen Benennung der Geliebten. *Gret* wird, wie in Kap. 4.4 dargelegt, in der Forschung durchweg unmittelbar auf Margarethe von Schwangau bezogen, Oswald bringe sie ein als seine Ehefrau in den geschilderten Kontext. Damit äußere er in diesem Lied eine persönliche Erfahrung, Oswald schneide Gattungsreste auf das eigene Erleben zu oder er zeige sich 'hemmungslos offen' in den intimsten persönlichen Dingen. Demgegenüber wurde die biographische Konkretisierung der Ehefrau funktional gedeutet im Sinne eines Gattungsexperiments, das den traditionellen Typus für ein adliges Publikum revitalisiere. *Gret* wird in Kl. 33 freilich nicht als Ehefrau thematisiert (vgl. Kap. 4.4), sondern als *bül* (V. 35). Oswalds Modulation des 'Nachtlieds' unterstreicht die für das Tagelied wesentliche Konstellation von 'privater', heimlicher Situation und dem öffentlichen Reden/Singen darüber, das er zudem mit 'höfischer' Terminologie (*freud, hoflich*) verbindet. Indem er die Szenerie als Wunschtraum des klagenden Ich gestaltet, dessen Adressatin einerseits mit vollkommen allgemeinen Attributen ausgestattet ist (*ermlein weiss und hendlin gleiss* V. 5), andererseits mit dem Eigennamen angesprochen wird, realisiert er das Lied gewissermaßen als einen **poetologischen Kommentar** des Typus.

Wie vor ihm bereits Steinmar und der Mönch von Salzburg verfasst Oswald mit Kl. 48 eine Tagelied-**Parodie**, in der die traditionelle Tagelied-Szenerie des höfischen 'Modells' in ein bäuerliches Milieu verlagert wird. Das Lied ist ein Dialog zwischen einer Bäuerin und einer Magd Gret (wobei der Name in diesem Kontext von der Forschung nicht auf Margarete von Schwangau bezogen wird). Die Bäuerin übernimmt die Wächterfunktion, fordert die Magd mit einer Sexualmetapher auf, das Stelldichein mit ihrem Liebhaber zu beenden:

„*Stand auff, Maredel! liebes Gredel, zeuch die rüben auss!*
zünt ein! setz zü flaisch und kraut! eil, bis klüg!
get, ir faule tasch! die schüssel wasch!
wer bett, Chünzel knecht der dieren flecht?
auss dem haus, ir verleuchter dieb!"
(Vv. 1-5).

Die Antwort erfolgt ablehnend mit Verweis auf den noch nicht erfolgten Tagesanbruch: *ich enmag, wann es ist ferre gen dem tag* (V. 6) und der Aufforderung an den geliebten Chünzel zu bleiben. Im Weiteren wird das Wechselspiel fortgesetzt. Gret wird zu unterschiedlichen 'bäuerlichen' Tätigkeiten gemahnt: *louff gen stadel, süch die nadel, nim den rechen mit* (V. 14) oder *spinn, ker, dich ner* (V. 28), daneben soll sie sich um ihren Ruf sorgen und von ihrem Liebhaber lassen, nicht ohne einen Eigennutzen für die Sprecherin: *der Cünz bleib mir* (V. 16). Die Antworten der Magd sind diesem Ansinnen abhold. Sie weist es schroff mit dem schönen Vers zurück: *arbait ist ain mort* (V. 12) und beharrt, formuliert mit konventionellen höfischen Sprachfloskeln – *wer [...] wennt mir meinen ungemach* (V. 19) oder *phlicht trag ich* (V. 35) – auf den Freudenspender *aus dem edlen Zillerstal* (V. 26): *sein leib pringt freuden vil, darnach sich sennt mein gier* (V. 37).

Man hat vermutet, Oswald habe mit diesem Lied polemisch die Triebbessenheit der bäuerlichen Figuren entlarven wollen. Die parodistische Verlagerung der Szenerie hat allerdings wohl eher komisierende Funktion, nicht nur über den Gegensatz von höfischer Folie und bäuerlichem Milieu, sondern auch über die teils unsinnigen Befehle (die Nadel im Heustadel zu suchen) und die erotisch-sexuell aufgeladenen konventionellen Sprachformen. Literarhistorisch steht Oswald mit seinem Dialog in der Tradition der neidhartschen Sommerlieder, in denen zwischen Mutter und liebesgieriger Tochter gestritten wird.

Besondere Bedeutung hat Kl. 48 aufgrund der textlichen Verbindung mit seiner **musikalischen Seite**. Das Duett ist in A vierstimmig mit zwei Instrumentalstimmen verzeichnet, B hat nur die beiden Gesangsstimmen *Tenor* und *Discantus*. Diese sind in beiden Handschriften – anders als in fast allen Ausgaben – so angeordnet, dass sich ein simultan erklingender Dialog ergibt. Ohne inhaltlichen Bezug kontrafaziert Oswald das anonym überlieferte Rondeau 'Jour a jour la vie' wahrscheinlich nach einer textlosen Vorlage, denn „die Klangeffekte, die sich durch die Korrespondenz der Diskant/Tenor-Texte ergeben, vermitteln den Eindruck einer vollkommen neuen Komposition" (Timm 1972, S. 140). Beide Stimmen bilden eine Kanzonenstrophe (AAB), die jeweils in sich selbst reimen, daneben auch untereinander Reimbezüge haben. Der *Discantus* übernimmt die Magd-Stimme, der *Tenor* die Bäuerin. Beide Stimmen setzen gleichzeitig ein und enden auch zugleich, das heißt, Bäuerin und Magd sprechen im Duett gleichzeitig. So entsteht eine Wechselrede, deren Aussagebezug geradezu zwingend ist wie im Fall der Eingangsverse: *Stand auff, Maredel* vs. *Frau, ich enmag* oder indem der Weisung *spinn ker* (V. 28) der Vers *spinnen, keren mag ich nicht* (v. 34) korrespondiert. Das Duett bezeichnet hier also nicht nur die Form eines gemeinsamen Musizierens, sondern „hat zugleich die Funktion für die Aussage des Gedichtes, indem es dessen Mit-, Gegen- und Ineinandersprechen stilisierend verwirklicht" (Beyschlag 1968, S. 97). Für den Vortrag des Liedes bewirkt dies – was auch die zahlreichen Einspielungen ohrenfällig machen – eine **stimmlich-musikalische Überlagerung**, in der inhaltlich nur einzelne Versatzstücke verständlich sind, oder die Stimmen werden zum Beispiel wiederholt aufgegriffen und dabei einzeln hervorgehoben. Für dieses artistische Vorgehen scheint sich der sehr feste Gattungstypus mit seinen bekannten Standards, auch in seiner parodistischen Umkehrung, geradezu anzubieten. Wörtliche Anklänge an Oswalds Lied finden sich bemerkenswerterweise in einem 1544 gedruckten Quodlibet; sie stammen entweder aus einer Vorlage, die auch Oswald bearbeitet hat, oder sie sind direkte Nachklänge seines Liedes.

Die Lieder Kl. 62, 101, 107 und 121 sind alle recht eng dem **klassischen Muster** verhaftet. Kl. 101 verdient besondere Beachtung, denn es gehört zu den im Mittel-

5.3.6 Tagelieder

alter erfolgreichsten Oswalds. Das Lied ist eine dreistrophige Wechselrede von Mann und Frau, 'objektive' Elemente oder Wächter etc. fehlen. Entgegen der Tradition übernimmt der Mann die Weckfunktion bei Tagesanbruch:

> *Wach auff, mein hort! es leucht dort her*
> *von orient der liechte tag.*
> *[...]*
> *ich fürcht ain kurzlich tagen.*
> (Vv. 1f., 6).

Dei Frau antwortet klagend *unweiplich* (V. 12) *das mort, des ich nicht ger* (V. 7), indem sie den einsetzenden Vogelgesang anführt. Der Mann artikuliert abschließend nochmals den Abschiedsschmerz mit traditionellen Flosken: *Mit urlob fort!* (V.13); *mich schaiden macht verzagen* (V. 18).

Das Lied ist inhaltlich also nicht sonderlich originell, weist allerdings formal einige Besonderheiten auf. Oswald, der die Technik des **Kornreims** häufig nutzt, setzt hier Reimbindungen auffällig stark ein. So sind die Strophenanfänge durch Kornreime aufeinander bezogen: *Wach auff, mein hort* (V. 1) – *Ich klag das mort* (V. 7) – *Mit urlob fort* (V. 13). Kornreime sind auch die Endreime der Eingangsverse, des jeweils zweiten und sechsten Verses. Insbesondere die Schlussverse der Strophen führen zu einer vergleichbaren Reihe wie die Stropheneingänge: *ich fürcht ain kurzlich tagen* (V. 6) – *unweiplich müss ich klagen* (V. 12) – *mich schaiden macht verzagen* (V. 18). Oswald gestaltet mit seinen Reimverzahnungen quasi engeführte Substrate der topischen Tagelied-Klage.

Kl. 101 hat einen gemeinsamen Teilvers mit einem Lied (dem 'taghorn') des Mönchs von Salzburg: *blick durch die braw* (V. 3). Von einer direkten Abhängigkeit lässt sich hier nur vermutlich sprechen. Überlieferungsgeschichtlich interessant ist die **Rezeption** des Liedes im Lochamer Liederbuch J (ca. 1455) und im Rostocker Liederbuch N (1465-1487). Es ist in ihnen jeweils mit einstimmiger Melodie und instrumentalem Vorspiel bezeugt. Sie sind Dokumente einer zeitlich und räumlich recht weit entfernten Rezeption Oswalds (vgl. Kap. 3.2), zumal N eine zweite Aufzeichnung aufweist, die nur die Melodie der Tenor-Stimme bietet, die in J und einigen anderen Handschriften als Grundstimme eines Orgelstückes Verwendung findet. In beiden Handschriften erfolgt die Überlieferung anonym. Jeweils ist das Lied zu einem Monolog umgestaltet und die Reimbindungen sind teilweise aufgehoben. In J ist eine Strophe hinzugefügt, ein Neujahrswunsch. Auch für diese Versionen lässt sich durchaus – entgegen früherer Meinung – mit der Autorschaft Oswalds rechnen.

Weiterführende Literatur: Backes 1992, Banta 1967, Beyschlag 1968, Goheen 1989, Hausner 1984/1985, Hirschberg 1985, Holznagel; Möller 2003, Jones 1971, Müller 1971, 1978, Pelnar 1982, Petzsch 1964, 1982/1983, Rohrbach 1986, Speckenbach 2000, Timm 1972, Treichler 1968.

5.3.6.1 Geistliche Tagelieder

Geistliche Tagelieder, die in der Regel nur den Weckruf des Wächtes übernehmen, sind seit dem 13. Jahrhundert in der deutschsprachigen Lyrik etabliert. Im Spätmittelalter gestalten sie z.b. auch der Mönch von Salzburg, Hugo von Montfort und Peter von Arberg. Oswalds Lieder Kl. 34, 40 und 118 sowie Kl. 2 in Anklängen lassen sich dem Typus zurechnen. Im Vergleich mit der Zahl der weltlichen Tagelieder und auch im Blick auf weitere Typenformungen (z.b. Weihnachts-, Passions- oder Ostertagelied) ist die Variationsbreite hier nicht sonderlich groß, gleichwohl setzt Oswald die Tradition sehr eigenwillig um.

Kl. 34 gehört zu den am häufigsten interpretierten Tageliedern, wohl weil es **Elemente verschiedener Traditionslinien** vermengt. Es beginnt mit einem ‚geblümten', komplizierten Tageliedeingang:

Es leucht durch graw die vein lasur
durchsichtiklich gesprenget;
Blick durch die braw, rain creatur,
mit aller zier gemenget.
(Vv. 1-4).

Oswald greift auch in diesem Lied (wie in Kl. 101) die ungewöhnliche Formel *blick durch die braw* auf. Bereits der fünfte Vers lässt einen versierten Rezipienten bemerken, dass das Lied ein geistliches **Marienlied** ist, denn die Metapher *breislicher jan* – wörtl.: preiswertes Garbenfeld – (V. 5) lässt sich nur mit marianischen Traditionen verbinden. Unzweifelhaft wird der Marien-Bezug allerdings erst in Vers 21/22:

Dient schon der kron, die uns gebar
ain sun keuschlich zu freuden.

Bis dahin (und auch im Weiteren) gestaltet Oswald den Lobpreis Mariens mit erotischen Formeln des Minnedienstes im Kontext des Tagesanbruchs:

An tadels mail ist si so gail, wurd mir zu tail
von ir ain freuntlich grüssel,
So wer mein swer mit ringer wag
volkomenlich gescheiden
[...]
Die mich erlöst, teglichen tröst; si ist die höchst
in meines herzen kloster.
Ir leib so zart ist unverschart.
(Vv. 6-10; 29-32).

Die im Tagesanbruch besonders aufscheinende und erklingende Natur (Strophe 2) bzw. ihre gesamten Elemente, Schätze, Kräfte (Strophe 3) und *aubenteuer* (V. 27)

5.3.6.1 Geistliche Tagelieder

werden Maria unterstellt, sie verherrlichen die Gottesmutter. Diese vermag kein Mensch hinreichend zu *blasnieren* (V. 6), also im Sinne der Heraldik zu beschreiben und zu erläutern. Sie wird hier indes vom lyrischen Ich körperlich mit erotischen Implikationen 'geschaut'. In den Schlussversen des Liedes, einer Fürbitte an Maria, verdichtet Oswald dies in einem auffälligen Bild:

wenn sich mein houpt wirt sencken
gen deinem veinen mündlin rot,
so tü mich, lieb, bedencken!
(Vv. 34-36).

Oswald verknüpft in Kl. 34 den Marienpreis mit erotischen Konnotationen. Die **Verbindung von erotischer Bildlichkeit und geistlicher Bedeutung** ist eine traditionelle, sie rekurriert auf das Hohelied und seine mittelalterlichen Auslegungen. Bei Oswald wird allerdings nicht das Liebeswerben Gottes um Maria thematisiert, sondern, indem er Tageliedmotive im monologischen Sehnsuchtslied formt, wird das 'persönliche' Verhältnis zwischen lyrischem Ich und der Gottesmutter erotisiert. Mit diesem 'Typenexperiment' hat Oswald wahrscheinlich Grenzen überschritten: „Ob Oswald im literarischen Spiel mit Gattungsreminiszenzen die Grenzen des Statthaften in artistischer Frivolität bewußt verletzen wollte oder ob er […] als theologisch ungelehrter Dichter, sich nur von seinen Assoziationen treiben ließ, damit aber einem latent-unbewußten Zug zeitgenössischer Marienverehrung Gestalt verliehen hat, brauchen wir nicht zu entscheiden" (Wachinger 2001, S 117).

Auf ähnliche Weise mischt Oswald Gattungselemente in Kl. 40, das ebenfalls das Verhältnis zu Maria erotisch 'aufgeladen' thematisiert. Die **geistliche Dimension** des Liedes wurde allerdings erst in den letzten Jahren durch M. Schiendorfers Interpretation erkannt.

Das dreistrophige Lied mit Refrain kombiniert die Tagelied-Situation des Tagesanbruchs mit Motiven des Mailieds. Zunächst erfolgt ein Weckruf an die Geliebte, der bereits den Mai und den Wächter als 'Merker' einbezieht:

Erwach an schrick, vil schönes weib,
der nie geleicht kain ierdisch laib
mit aller hendlin visament,
des freu dich loblich heuer.
Blick durch des maien obedach
und tröst mich, lieb, für ungemach;
wenn man den hohen tag erkennt,
so kom mir, frau, zu steuer,
Das ich des wachters nicht engellt
und von im bleib still unvermellt
(Vv. 1-10).

5. Die Lieder

Die *Repeticio* richtet sich an alle mit imperativischen Aufforderungen im Kontext des aufblühenden Mais:

> *Auff, jung und alt! Ir macht eu kün*
> *und gailt eu gen des maien grün,*
> *der sich erglennz lustlich ze blüeen*
> *uber alle farbe gërwe.*
> *Poliert eu klärlich, weib und man,*
> *das wir den maien nicht verlän;*
> *mit dem wir sollen hoh erstän*
> *gar wunniklich an hërwe.*
> (Vv. 16-24).

In der zweiten Strophe imaginiert das lyrische Ich den Vogelsang, der *in meinem houbt* (V. 26) erklingt und *mein herz erwecket* (V. 28). Die Geliebte wird als *ausserweltes ain* (V. 29), *höchster gral* (V. 31), *du minniklich* (V. 34) sowie *freulin klar* (V. 38) bezeichnet, das Ich äußert die Hoffnung, von ihr nicht verlassen zu werden, ist es doch ihr *stëter diener ewiklich* (V. 34). In der Schlussstrophe wird das Bild des drängenden Tagesanbruchs nochmals intensiviert. Es verbindet sich mit dem Motiv des treuen Wächters, dem wir *so wol bevolhen sind, / mit grosser leib, recht als ain kind* (V. 44f.). Das Lied endet mit einer Bitte an die Geliebte:

> *Hilf, schatz, das ich dein schön gestallt*
> *kurzlich sëh in des maien wald*
> *mit freuden bei dem hochsten pawm,*
> *der sich grünlich tett neuen.*
> (Vv. 53-56).

Die Rolle des Wächters ist in diesem Lied, analog der Tradition des (weltlichen) Tagelieds, ambivalent: Er ist einerseits bedrohlich, andererseits fürsorglich. Merkwürdig ist, dass neben der Geliebten in der ersten Strophe eine zweite Frau Eingang findet, die Gefahr für das Ich mit sich bringt:

> *dorumb ob ich zu lang geblennt*
> *wird in verslauffner scheuer*
> *Bei ainer, der ich nacht und tag*
> *günstlich, mit gütem herzen, pflag,*
> *ind die mich zölich nach ir zennt*
> *durch sorgklich abenteuer.*
> (Vv. 11-16).

Das Lied wurde lange als Verbindung von weltlichem Tagelied und Mailied verstanden. Dabei mussten Brüche und Unwägbarkeiten in Kauf genommen werden, denn die ambivalente Rolle des Wächters war nicht eindeutig zu interpretieren, ebensowenig das Bild des Mais in der ersten Strophe und in den abschließenden Versen, sowie das der 'anderen' Frau. Kl. 40 erschließt sich über seine Schlussverse: In ihnen greift Oswald auf das **Motiv des geistlichen Maibaums** zurück. Das Bild findet sich literarisch erstmalig in Seuses *Vita*, im weiteren Spätmittelalter wurde es populär. Oswald unterstreicht mit dem Motiv die geistliche Lesart des Liedes. In diesem Zusammenhang lässt sich der Mai mit dem Kreuz Christi bzw. dem Baum des neuen Lebens konnotieren: „Dieser *maien* ist es, für den wir uns – wie es im Refrain heißt – freudig bereithalten sollen. Er ist es, der […] in wonnevollem Blühen alle Farben weit überstrahlt. Und von ihm, dem Gekreuzigten, dürfen wir uns nicht abwenden, wenn wir denn mit ihm dereinst auferstehen sollen" (Schiendorfer 1996/1997, S. 192). Oswalds Geliebte in diesem Lied ist also Maria, die von ihrem Thron durch *des maien obedach*, durch die Laubkrone des in den Himmel hinaufragenden Maibaums auf ihren Diener hinabblickt. Bei diesem höchsten Baum, der sich (durch Christi Heilstat) *grünlich* erneuert hat, das Kreuz, will das Ich seine himmlische Geliebte treffen. Entsprechend ist die 'andere' Frau als 'Frau Welt' zu verstehen. Die Situation des Tagesanbruchs, die Formel: *Die zeit dringt her* (V. 499) und der Wächter, verstanden als Christus mit richterlicher Gewalt und als fürsorglicher Christus, verweisen auf den Tag des Jüngsten Gerichts, das *schidlich streuen* (V. 52). Die Aufforderung im Refrain an alle Menschen: *Poliert eu klärlich* meint entsprechend die bußfertige Vorbereitung auf den Jüngsten Tag.

Kl. 118 ist möglicherweise das späteste erhaltene Lied Oswalds. Es ist nicht in A verzeichnet und in B als letztes Stück eingetragen nach einem auf 1438 datierten Text. In beiden Überlieferungsträgern fehlen zwei Verse des fünfstrophigen Liedes, wobei das letzte Wort *pran* als Kornreim für eine weitere Strophe notiert sein könnte. Es handelt sich um ein **geistliches Wecklied** mit Sündenmahnung.

In jeder Strophe ertönt eingangs ein Weckruf. Zunächst erfolgt er 'kollektiv':

Wol auf und wacht,
acht, ser betracht
den tag, die nacht
eur fräveleiche sünde,
das sich die selbig nicht erzünde
tiefflich in der helle gründe.
(Vv. 1-6).

Neben dem Wächterruf könnte hier die ausdrückliche temporale Unterscheidung (Tag und Nacht) eine Gattungsreminiszenz bilden. Der Ruf zu Beginn der zweiten Strophe ist 'individualisierter':

Gesell, dich weck,
reck ranslich streck
dich auf und schreck
den, der uns neur will verhetzen
(Vv. 14-17).

In den drei folgenden Strophen wird der Mahnruf in seinem performativen Charakter, seinen Höreranreden, jeweils selbst thematisiert: *Los, hor! Mein don* (V. 27), *Ir horcht mich ain* (V. 40) und *Vernempt mein schal* (V. 53). Mit den Weck-

5. Die Lieder

rufen – und damit verbunden der Wächterfigur – wird zur reuevollen Umkehr aufgefordert, so im Kampf gegen den Teufel (Strophen 1 und 2) und in der Mahnung an Christi Passion (Strophe 3). Die Strophen 4 und 5 stellen den Wächter in seiner Funktion als Mahner und geistliche Instanz selbst in den Mittelpunkt. In der Schlussstrophe wird dann der mit persönlicher Sorge begründete Mahnruf als Singen, das überall vernommen werden soll, akzentuiert:

Vernempt mein schal,
hal überal,
auf perg, in tal,
durch meines herzen schreien.
(Vv. 53-56).

Zuvor erhält das Verhältnis zwischen Wächter und Adressaten eine besondere Wertigkeit, denn zum einen erscheinen die Rezipienten als zu 'träge', zum anderen wird die Instanz des Mahners besonders hervorgehoben und namentlich beglaubigt:

Ir horcht mich sain,
rain ich eu main.
neur ja und nain
beschaid ich uns der mëre
getreulichen an gevëre.
unsre wort, werck und gepäre
mich Wolckenstainer verseret,
dorumb das sich tëglich meret
alles, das die werlt enteret.
(Vv. 39-48).

Oswald reiht sich mit der **Namensnennung**, die das konventionelle Schema des Typus durchbricht, in die Tradition der lehrhaften Dichtung; er wendet sich als Mahner an die (adligen) Mitmenschen, die er zu sittlicher Lebensführung und gottgefälligem Verhalten auffordert. Die Namensnennung ist in diesem Kontext Teil des förmlich-objektiven Tons. Es könnte natürlich sein, dass Oswald ganz bewusst jeweils ein Lied mit didaktisch motivierter Selbstnennung an den Beginn und das Ende der Sammlungen rückte: Kl. 118 korrespondiert in B mit Kl. 1, dem Beginn der Handschrift, das ebenfalls eine Selbstnennung aufweist (A endet mit Kl. 111, die nach Oswalds Tod geschriebene Handschrift c mit Kl. 112, beide Texte ebenfalls mit Namensnennung).

Weiterführende Literatur: Derron; Schnyder 2000, Hartmann 1984/1985, Müller 1978, Röll 1981, Schiendorfer 1996/1997, Schnyder 1998, 2004, Spechtler 1978, Treichler 1968, Wachinger 2001, Wittstruck 1987.

5.3.7 Geistliche Lieder

Sehr viele Lieder Oswalds sind geistlich ausgerichtet. Es sind – die Zählungen und Zuschreibungen divergieren aufgrund fließender Übergänge zu anderen Liedtypen erheblich – über 32, es lässt sich also über ein Viertel des Gesamtwerks dem Geistlichen Lied zuordnen. Da Geistliches und Weltliches im mittelalterlichen Denken keinen unüberbrückbaren Gegensatz ausmachen, ist es überflüssig zu fragen, warum Oswald sich überhaupt mit geistlichen Vorstellungen auseinandergesetzt hat. Gleichwohl wird diese Frage recht häufig mit dem relativierenden Impetus gestellt, dass man nicht umhin komme, sich mit diesen Liedern zu beschäftigen. Diese Sichtweise, die aus der heutigen Vorliebe für die eher 'welthaltigen' Lieder resultiert, dürfte einer der Gründe dafür sein, dass die geistlichen Lieder, sofern sie nicht unter der Rubrizierung 'Gefangenschaftslieder' biographisch gesichtet werden, bis heute oftmals nur beiläufig oder als randständig behandelt werden.

Wie im Gesamtœuvre und z.B. beim Tagelied sticht auch beim Geistlichen Lied das **breite Spektrum der Formen und Themen** hervor. Dieses Interesse an der Variation findet sich ebenfalls in einzelnen 'Untergruppen' wieder, so vor allem bei den Marienliedern. Die geistlichen Lieder lassen sich nach unterschiedlichen Gesichtspunkten gruppieren (F. V. Spechtler 1978, S182f.): So unterscheiden sich von der Funktion des lyrischen Ichs her Lieder, in denen im 'autobiographischen' Kontext geistliche Elemente eine jeweils unterschiedliche Rolle spielen, von jenen, die in geistlichen Liedtraditionen stehen. Eine weitere Ordnungsmöglichkeit ist die nach den jeweils zentralen 'Personen' (Gott/Christus, Maria, Heilige) oder man differenziert nach den entsprechenden Festen des Kirchenjahres (Weihnachten, Ostern), auch wenn eine enge Verbindung zur Liturgie in Oswalds Liedern nur beschränkt feststellbar ist. Eine allzu feste Gruppierung wird der angesprochenen Vielfalt der Themen und Motive allerdings nicht gerecht.

Wie sehr ein dezidiert **literarischer Charakter** (auch) in den geistlichen Liedern überwiegt, zeigen die Lieder Kl. 14 und 15. Die Texte stimmen in A und B sehr genau überein. Kl. 14 ist überschrieben mit *Benedicite*, Kl. 15 mit *Gracias*. Diese Überschriften signalisieren die Tradition, in der die Lieder stehen: Der recht häufig überlieferte liturgische, klösterliche 'Tischsegen' des Mönchs von Salzburg wird in den Handschriften oftmals zweigeteilt in ein Bittgebet vor dem Essen und ein Dankgebet nach dem Essen, die Liedteile werden bezeichnet als *Das Benedicite* und *Das Gracias*. Auffällig ist, dass diese genauen Bezeichnungen für das Lied bzw. den Liedteil korrekt bei Oswald nur die späte Handschrift c aufweist. Oswald formt aus dem zweigeteilten Tischsegen zwei einzelne Lieder. Die Überschriften werden jeweils in den Text einmontiert: Kl. 14 endet mit *Amen, benedicite* (V. 18), Kl. 15 hat den Vers: *des sing wir deo gracias* (V. 22). Oswald verwendet in beiden Liedern eher ungewöhnliche Metaphern und Fremdwörter zur rhetorischen

Ausschmückung: In Kl. 14 führt er das Bild *selbdritt ain* (V. 5) an, er zitiert *kyrieleison* (V. 12), daneben greift er auf Elemente zurück, die nicht im unmittelbaren Kontext des Tischsegens stehen. So verweist er auf Christi Geburt und Erlösung (V. 3ff.), auf Gottes Unendlichkeit: *Der immer lebt an end, / ie was an anefangk* (V. 6f.), auf die menschliche Schwachheit (V. 9f.) und auf Maria (V. 11). Diese Textelemente aus anderen geistlichen Kontexten 'überhöhen' und überlagern in weiten Teilen den Bezug zum Tischsegen. In Kl. 15 geht er sogar fast ganz verloren. Auch hier verwendet Oswald schmückende Fremdwörter mit *Alpha et O* (V. 3) und *trinitat* (V. 18). Vor allem gestaltet er einen Marienpreis, der in der gesanglichen Fürbitte kulminiert:

> *So ist es laider vil ze spät.*
> *ich rüff in engstlicher wat:*
> *hilf, mait, mit ganzer trinitat,*
> *und las uns nicht der helle vas!*
> *so bistus, frau, der ich genas;*
> *des sing wir deo gracias.*
> (V. 17-22).

Die pragmatische Textvorlage dient Oswald also dazu, zwei Lieder zu verfassen, in denen die Traditionslinie erkennbar bleibt, die gleichzeitig über die Verbindung mit weiteren geistlichen Motiven und Themen eine **neue literarische Qualität** erlangen. Der gebrauchsfunktionale Zusammenhang des Segens geht bei diesem Verfahren weitgehend verloren.

Die Trinität wird auch in Kl. 29 angerufen, einem gebethaften Lied:

> *Der himel fürst uns heut bewar,*
> *got und sein liebe mütter klar,*
> *die engel schar und all gotes heilgen werde.*
> (Vv. 1-3).

Die Erlösungstat Christi wird in der mittleren der drei Strophen zentral akzentuiert. Der Segen des *altissimus* (V. 13) wird erfleht, damit verbunden wird *der minniklichen fluss* (V. 14), also Christi Blut, *den Longinus mit seinem spiess hett funden* (V. 15). Oswald nennt den nur in den Apokryphen überlieferten Namen (wie in Kl. 111,19), der durch die Legende in der *Legenda aurea* des Jacobus de Voragine verbreitet war, und reiht konkretisiert die Leiden Christi: *sper, kron, nagel drei* […], *die heilgen fünf wunden* und *bitters gallen getranck* (Vv. 16; 18f.). Besonderes Interesse verdient das Lied aufgrund einer **Umarbeitung** von A nach B. In der Version in A wird die Ich-Form verwendet, in B konsequent die Wir-Form. Die Änderung dürfte wohl auf Oswald selbst zurückgehen. Wahrscheinlich liegt ihr kein geänderter Aufführungskontext zugrunde, sondern die Bemühung des Autors, das geistliche Lied 'ins Allgemeine' zu wenden, „damit deutlicher ins Allgemeingültige der Wir-Form, wie dies geistliche Lieder sehr häufig zeigen" (Spechtler 1974, S. 278).

5.3.7 Geistliche Lieder

Kl. 31 ist ein umfassender, **rhetorisch 'aufgeladener' Gottespreis**. Anaphorisch listet Oswald Gottesattribute in rühmenden Relativsätzen, die erst nach 32 Versen in einem Hauptsatz münden und mit einer Fürbitte an die Gottesmutter abgeschlossen werden:

> *Der oben swebt und niden hebt,*
> *der vor und hinden, neben strebt*
> *und ewig lebt, ie was an anefange,*
> *Der alt, der jung, und der von sprung*
> *trilitzscht gefasst in ainlitz zung*
> *an misshellung mit unbegriffner strange,*
> *[…]*
> *der geb mir rat, das ich im also dancke,*
> *Da mit ich all mein veind verpaw*
> *baid hie und dort, das mich ir kainer nicht verhau.*
> *o keuschlich frau, dein hilf mir dorzu schrancke!*
> (Vv. 1-6; 33-36).

Zweifach gestaltet Oswald Lieder, die **Christi Geburt** thematisieren. Kl. 35 hat dieselbe Melodie wie das geistliche Marientagelied Kl. 34 und das weltliche Tagelied der sexuellen Not Kl. 33 (vgl. oben S. 82f.). In der ersten Strophe wird von der *neuen mēr* in Suria berichtet, *wie das an swēr geboren wēr / ain sun von rainer maide* (V. 5). Dieses Wunder wird mit der Reaktion des Teufels verbunden, der, bezeugt durch die Erzählung der Altvordern, *durch zornes laide* eine *klufft* brach *zu Bethlaheme ob der grufft* (V. 8ff.). Die Authentizität des Geschehens beglaubigt das Ich selbst: *die spalt hab ich gesehen* (V. 12). Mit dem Verweis auf die Augenzeugenschaft ist möglicherweise ein autobiographischer Bezug gegeben (Oswalds Pilgerreise ins Heilige Land), im Kontext des Liedes hat er vor allem die Funktion, die Wahrheit der Aussage zu verstärken. Die beiden folgenden Strophen sind kein Bericht, sondern Zwiesprache des Ichs mit Gott. Das Ich stellt in seinen Anreden die Allmacht Gottes heraus, die in einem Hilfeflehen enden: *hilf an dem letzten schaiden* (V. 36). Zentriert sind die Anreden um die Gottesmutter und die Geburt Christi. Sie wird konkretisiert eingebunden, die *ellend herberg* (V. 22) wird genannt und – in Anlehnung an die apokryphe legendenhafte Tradition – das Bild der Krippe aktualisiert:

> *Ain ochs dem esel, tierlich sipp,*
> *mit freuntschafft tet begegen,*
> *Vor den mit fesel stünd ain kripp,*
> *dorinn müsst si dich legen*
> (Vv. 24-27).

Im Gegensatz zu dieser konkretisierten Szenerie ist das Verhältnis des Gottessohnes zu seiner Mutter derart inniglich, dass der Autor, der sich namentlich individuell nennt, sich für unfähig erklärt, es zu fassen:

5. Die Lieder

> *si hat den rüff,*
> *du seist ir kind, sun güter,*
> *Freuntlich verraint, das ich Wolkenstein*
> *die lieb nicht kann beklaiden.*
> (Vv. 31-34).

Das mit der **Namensnennung** verbundene Eingeständnis dichterischer Unzulänglichkeit leitet sich hier wohl nicht aus der Tradition religiöser Devotionsformeln ab, sondern reicht in das Formel- und Topoirepertoire der heidnisch-antiken Rhetorik zurück. Der Autor, der seine eigene Schwäche bekundet und sich dabei namentlich erwähnt, stellt sich dem Urteil des Rezipienten. Sein vermeintlich 'bescheidenes' Anliegen ist durchaus selbstbewusst, er fordert eine Entscheidung für oder gegen sein Werk und sich selbst. Die Ausrichtung der Aussage in Kl. 35 ist ambivalent: Der berichtende Einleitungsteil wendet sich an eine Zuhörerschaft, die Anreden der zweiten und dritten Strophe an Gott. Diese Ambivalenz ist auch der entscheidende Impuls für die Namensnennung: „Das Eingeständnis, ihm fehle die dem Thema gerecht werdende Wohlredenheit, richtet der Sänger an das Publikum, an die christliche Gemeinde, der er sich selbst zugehörig fühlt und für die er dichtend tätig geworden ist, und im gleichen Moment an seinen Schöpfer. Es spiegelt sich in dieser Namen-Einbindung ein antithetischer Kontrast von irdischer und [...] dem Jenseits zugewandter Sorge um gütige Aufnahme des Gedichts" (Wittstruck 1987, S. 458).

Eine mögliche Reminiszenz an die Pilgerfahrt Oswalds enthält auch das zweite Weihnachtslied Kl. 126, denn die Stadt Bethlehem, so wird dem lyrischen Ich ausdrücklich in den Mund gelegt, *ist mir wechannt* (V. 5). Das Lied ist nur in A überliefert, es hat dieselbe Melodie wie das geistliche Tagelied Kl. 40. Es ist, poetisch eher bescheiden gestaltet, die Preisung der Geburt Christi und seiner Erlösungstat, ohne rhetorischen oder metaphorischen Aufwand. Interessant sind die in den drei Strophen **wechselnden Adressaten**: Zunächst ist es die *junckfrau zart* (V. 1), dann der Tag der Geburt Christi selbst, in der letzten Strophe der Gottessohn.

Einen umfassenden Sündenkatalog präsentiert Oswald in Kl. 39. Das Lied ist sechsstrophig und einstimmig. Es steht in der im Spätmittelalter verbreiteten Tradition der **Beichtspiegel**, die in der Gebrauchsliteratur zahlreich überliefert sind, die sich daneben auch z.B. bei Hugo von Montfort oder im Liederbuch der Hätzlerin finden. In den ersten vier Strophen reiht Oswald in sehr gedrängter Wortfülle Sünden, und zwar systematisch nach 'Kategorien', vergleichbar dem 'Laiendoktrinal' in Wittenwiles *Ring*. Er setzt ein mit dem Reuegestus in der Beichtsituation:

> *Mein sünd und schuld eu priester klag*
> *an stat, der alle ding vermag,*
> *grob, lauter, schamrot, forchtlich das sag*
> *durch andacht nasser ougen*
> (Vv. 1-4).

5.3.7 Geistliche Lieder

Im Folgenden werden die Sündenkategorien gelistet: Verstöße gegen die zehn Gebote, die sieben Todsünden, die 'fremden' Sünden, die Mißachtung der Werke der Barmherzigkeit, die vier himmelschreienden Sünden, die Mißachtung der sieben Gaben des Heiligen Geistes, der sieben Sakramente und der Mißbrauch der fünf Sinne.

Mit der Reihung des Sündenregisters erstellt Oswald natürlich keine persönliche *confessio*, sondern eine **Musterbeichte**, die quasi alle Sünden impliziert. In der fünften Strophe erreicht die Auflistung offensichtlich ihren Kulminationspunkt, denn ihre durch höchste Autorität abgesegnete Zielsetzung besteht eben in der Belehrung durch den Autor:

Der himel und erd beschaffen hat,
und was dorinne wonlich stat,
der gab mir Wolkenstainer rat,
auss beichten solt ich leren
(Vv. 53-56).

Diese Belehrung wird ausdrücklich auf den **gesanglichen Vortrag** bezogen, sie aktualisiert sich eben durch *mein gesangk* (V. 57). Bezogen wird sie (elitär) auf *vil hoveleut*, darüber hinaus auf *mangen ungewissen mensch* (V. 58), also umfassend verallgemeinert, und konkretisiert offensichtlich zeitgeschichtlich bezogen:

die sich verfliegen inn der heut,
recht als zu Beheim tünt die genns.
(V. 59f.).

Gemeint sind hier (mit den böhmischen Gänsen) die Hussiten.

Das Lied endet in der letzten Strophe mit einer Fürbitte für das Seelenheit des Ichs, indem vorab das indizierte Sündenspektrum nochmals abstrahierend benannt wird. Das Lied wird also im Resümee noch einmal selbst thematisiert und quasi poetologisch kommentiert:

Dorumb hab ich die zechen gebot,
die siben todsünd, grosse rot,
die fremden fünd an allen spot
bekannt durch reulich schulde,
Die werck der hailgen barmung rain,
die gab des heilgen gaistes stein,
vier rüffend sünd, fünf sinn verain.
(Vv. 61-67).

Das zweitlängste Lied im Werk Oswalds ist das Passionslied Kl. 111 – das cin auf Maria bezogenes Gegenstück in Kl. 114 hat (vgl. unten S. 97f.). Das Lied umfasst elf achtzehnversige Stollenstrophen, zusätzlich ist eine 'Judasstrophe' hinzugefügt, in der Oswald auf die Longinus-Legende wie in Kl. 29 (vgl. oben S. 92) zurückgreift. Es ist in B überschrieben mit *Passio domini nostri Jhesu Christi*

5. Die Lieder

completa Anno 36, das heißt, seine Verfertigung wird ausdrücklich auf 1436 datiert. Die ersten drei Strophen bilden einen Einleitungsteil, in denen ein Abriss der Heilsgeschichte seit Schöpfung und Sündenfall erfolgt. Das Passionsgeschehen wird im Folgenden ausführlich berichtet: Beginnend mit der Ölberg-Szenerie und dem Judaskuss folgen die Gefangennahme, die Vorführung beim Hohenpriester, die dreimalige Verleugnung durch Petrus, die Vorführung bei Kaiphas, Pilatus und Herodes, nochmals Pilatus, die Geißelung, Dornenkrönung, die Verurteilung durch die Juden bei Pilatus, die Kreuztragung, die Kreuzigung und Christi Tod.

Oswalds Kenntnisse stammen wahrscheinlich aus Predigt, Liturgie, bildlicher Darstellung oder Passionsspielen, er hat wohl nicht direkt nach den vier biblischen Passionsberichten gearbeitet. Sein Lied hat Gemeinsamkeiten mit einem Passionslied des Mönchs von Salzburg, ohne dass eine Abhängigkeit besteht. Auffällig ist im Vergleich der Lieder, dass Oswald das Tempo des Berichtstils im Verlauf steigert, intensiviert. Sie unterscheiden sich vor allem in der Verwendung des Ichs. Es erscheint beim Mönch in den umrahmenden Strophen, die zur Aktualisierung des Berichts dienen, und es bleibt allgemein charakterisiert im Sinne der gläubigen, erlösungsbedürftigen Christenseele. Oswalds Lied schließt zwar ebenfalls mit einem allgemeinen Gebetsruf: *got ewikleich sech uns vor ungemach* (V. 204), in B ist noch *Amen* hinzugefügt. Doch wird das Ich bei ihm, wenn auch nur einmal eingesetzt, 'personal' vereindeutigt: Ein erster Gebetsruf erfolgt vor der abschließenden 'Judasstrophe' mit konkreter Namensnennung: *mir Wolkenstein werd dort sein huld berait* (V. 198). Dieser Gebetsruf ist einerseits demütig-gläubig, andererseits lässt er sich auch als **künstlerisch-selbstbewusste Signatur des Werks** verstehen für die Mit- und Nachwelt. Im Gegensatz zum Lied des Mönchs erlaubt Oswalds Lied keine Verwendung durch einen größeren Benutzerkreis, vielmehr steht es im Kontext einer **individuellen Frömmigkeitspraxis**. Dem Lied mag der Rezipient im kleineren Kreis der Zeitgenossen wie der aus späterer Zeit freilich „den Beweis von Oswalds künstlerischer Potenz, die jedem Stoff, dem Sauflied und der Leidensbetrachtung, gewachsen ist, entnehmen und entnommen haben" (Schnyder 1996, S. 58).

Weiterführende Literatur: Jones 1973, Marold 1926, Schnyder 1996, 2004, Spechtler 1974, 1978, Röll 1981, Timm 1972, Wittstruck 1987.

5.3.7.1 Marienlieder

Marienlieder gestaltet Oswald in einer recht komplexen Variationskette, er nutzt auch hier nahezu die gesamte Bandbreite der Liedtraditionen um 1400. Zu ihnen zählen natürlich die Tagelieder Kl. 34 und Kl. 40 (vgl. oben S. 86f. und S. 87ff.), die weitgehend über die Gattungsmischung konstruiert sind, desweiteren Lieder aus der lateinischen und liturgischen Tradition (Kl. 109, 114 und 130) und marianische Lieder, die mit Motiven oder Formen der weltlichen Liebeslyrik vermengt sind (Kl. 12, 13, 36, 38, 78).

Kl. 114 und das Passionslied Kl. 111 sind komplementär zu vestehen. Wie Kl. 111 hat entsprechend auch das Marienlied eine Überschrift in B (es fehlt in A): *Compassio beate virginis Marie*. In c stehen die beiden Lieder direkt hintereinander, hier verdeutlicht die Kompilation den Zusammenhang. Das Passionsgeschehen entspricht im Wesentlichen der Darstellung wie in Kl. 111, doch ist hier der Schwerpunkt auf das Leid der Gottesmutter verlagert. Die Leiden ihres Sohnes werden beklagt und verbunden mit dem Mitleiden Mariens, so bei der Gefangenschaft Christi, dem Verrat Petrus, der Geißelung, der Dornenkrönung und Kreuzaufnahme, der Kreuzigung und Christi Tod, der durch das Mitleiden der Gottesmutter besonders als Rettungstat hervorgehoben wird:

sein leib, gebain in ainen stain
gesteckt an barm, so ward der arm,
da flosst du, Maria, dein trost.
Noch was er, frau, zu dir genaigt,
do er dich seinem junger zaigt.
die hamer klenck und gallen trenckh,
des speres stich, Maria, dich
verzuckt. helf uns sein chreutzlich hanckh! Amen.
(Vv. 88-95).

Leiden und Tod Christi werden über die *compassio* Mariae, ihrem Mitleiden, den Adressaten des Lieds, die eingangs zu Aufmerksamkeit aufgefordert werden (*Hört zu*; V.1), nähergebracht. Sie werden sozusagen **vermenschlicht**, wie es im Spätmittelalter allgemein auch in der bildenden Kunst oder in den geistlichen Spielen der Fall ist.

In der Tradition der Mariensequenzen steht die Übersetzung des verbreiteten lateinischen Hymnus *Mittit ad virginem* Kl. 130. Er ist liturgisch bezogen auf das Fest Mariae Verkündigung, daneben auch für den Advent belegt. Das Lied steht im Zusammenhang anderer Übersetzungen (u.a. Mönch von Salzburg und Heinrich Laufenberg), unterliegt allerdings keiner direkten Abhängigkeit. Im Mittelpunkt steht die Verkündigungsszenerie. Kl. 130 ist nicht in den Haushandschriften des Wolkensteiners überliefert, sondern neben Kl. 129 in Handschriften des Mönchs von Salzburg; beide Lieder werden im Cgm 715, einer Sammlung der geistlichen Lieder des Mönchs aus der Mitte des 15. Jahrhunderts, Oswald namentlich zugeschrieben.

Der Mariengruß Kl. 109a ist das einzige lateinische Lied Oswalds. Teilweise hat er es (Kl. 109b) deutsch glossiert. Das dreistimmige Lied ist nur in B überliefert, nicht in A und c. Die Gründe hierfür sind unklar. Die ersten 16 Verse des lateinischen Textes finden sich darüber hinaus in zwei oberitalienischen Handschriften

5. Die Lieder

des 15. bzw. 16. Jahrhunderts. Der deutsche Text entspricht in seiner ersten Strophe dem lateinischen, die zweite ist unabhängig davon getextet. Der lateinische Text ist achtstrophig gebaut. Das Lied steht in der Tradition der **Mariengrußdichtung**, die europäisch reich überliefert ist. Sowohl der deutsche als auch der lateinischen Text signalisieren bereits in ihren jeweiligen Eingangsversen den Liedtypus: *Ave, mütter, küniginne* (109b, V. 1) bzw. *Ave, mater, o Maria* (109a, V.1). Hiermit ist der Gruß des Engels aus der Verkündigungsszene wiedergegeben. Im lateinischen Text wird der gesamte Wortlaut des Englischen Grußes, also des Ave Maria, in den ersten Wörtern der Halbstrophen zitiert. Liest man diese von oben nach unten, ergibt sich das im Lukasevangelium überlieferte Ave Maria bzw. der Gruß Elisabeths: *Ave Gracia (O Maria) Plena; Dominus Tecum; Benedicta Tu In Mulieribus* bzw. *Benedicta In Mulieribus Et Benedictus Fructus Ventris Tui (Ihesu)*, die Namen Maria und Jesus sind hinzugefügt. Das Lied selbst hebt vor allem die heilsgeschichtliche Bedeutung der Gottesmutter hervor, so als Fürsprecherin, der Retterin der Seelen, als diejenige, die die Schuld Evas tilgt, als Gefäß Christi. Ihre heilsgeschichtliche Funktion wird gegen Ende des Liedes nochmals zusammengefasst:

Ihesu sacri ventris fructus
pie matris, prece ductus,
sit nobis dux et conductus
ad celestem patriam.
(Vv. 61-64).

Lieder, die nicht liturgisch eingebunden sind, sondern ihre Metaphorik aus Bildbereichen des Minnesangs, der marianischen und der Hohe Lied-Tradition verschmelzen, werden in der Forschung ambivalent bzw. kontrovers diskutiert, denn ihre Zuordnung als Marienlieder ist nicht eindeutig festgelegt. Im Hinblick auf Kl. 12 war lange umstritten, ob mit der im Lied besungenen einzigartigen Frau die himmlische Jungfrau oder eine Dame der höheren Gesellschaft gemeint ist. Das Lied preist die Unvergleichlichkeit der allerschönsten Dame mit einer **schillernd oszillierenden Metaphorik**. Sie ist eben nicht 'personalisiert', das heißt, „*cherchez la femme* is not an either/or proposition" (Ogier 1990/1991, S. 253), sondern sie lässt sich in erster Linie auf Maria beziehen, aber auch, je nach Aufführungssituation und Darbietung in der 'Performanz', auf unterschiedliche Adressatinnen wie die Königinnen Margarethe von Prades oder Isabeau von Frankreich, natürlich auch auf Margarethe von Schwangau.

Das fünfstrophige Lied ist ein hyperbolisch gesteigerter Frauenpreis. Es setzt ein mit einem geographischen Katalog, der sechzehn Länder aufzählt (vgl. oben Kap. 5.1). Er hat hier, wie generell und besonders häufig beim Frauenpreis, die Funktion der **rhetorischen Überbietung**. Die Namensliste steht zeichenhaft für die 'ganze Welt', deren Fluchtpunkt die einzigartige Frau ist, die sich anders verhält *als ander frauen tün* (V. 16):

5.3.7.1 Marienlieder

Die sechzehn künigreich
hab ich umbfaren und versücht, bis das ich vand
mit treuen neur ain stäten hort;
der wil mich treu geweren
umb meinen dienst an zweifels we,
mag ich ir neur zu willen leben schon.
(Vv. 7-12).

Die katalogartige Überbietung greift Oswald in der vierten Strophe nochmals auf, hier listet er mit Namen acht berühmte und reiche Städte, deren *schatz* die schöne Frau *swer überwäg mit eren frei* (V. 62). Mit den Länder- und Städtenamen rekurriert Oswald nicht in erster Linie auf eigene Reiseerfahrungen, die er stolz 'für sich' reklamiert, sondern, neben der rhetorischen Tradition, auf biblische Vorbilder. Des Sängers Sicht der Königreiche, die der Einzigartigen nicht heranreichen, folgt der Versuchung Christi in der Wüste, als der Teufel von einem hohen Berg aus ihm alle Königreiche der Welt und ihre Herrlichkeit zeigt. Die Nichtigkeit der reichen, verführerischen Städte erinnert an das apokalyptische Bild der 'Hure Babylon'. Zudem signalisieren Länder- wie Städtenamen zahlensymbolisch die 'ganze Welt': „Sechzehn Reiche und acht Städte nennt er, das sind Vielfache der Weltzahl Vier, die über Elemente, Himmelsrichtungen und Jahreszeiten mit Materie, Raum und Zeit verbunden ist" (Lutz 1991, S. 50).

In der zweiten Strophe wird die Einzigartigkeit der Frau über visuelle Eindrücke gefasst: *Kain schöner weib / nie mensch gesach mit ougen zwar* (V. 19f.). Sie ist nicht nur die schönste aller Frauen, sondern sie wird nochmals überhöht und überirdisch mit **Marienattributen** verbunden: Die Schöne hat *liecht öglin klar und ainen roten mund* (V. 24), gesteigert wird dies mit der Aussage *ir amplick prehent als die sunn* (V. 23) und der Überbietung, dass sie *köstlich gekrönet* (V. 28) jede *fürstin schöne* (V. 40) aussticht. Sie ist die *Regina coeli*, die Himmelskönigin, der das lyrische Ich im Rosenhag begegnen möchte (V. 33f.), und die es über alles Irdische erhebt:

Ir kaiser, künig, herzog, freien,
dinstman, wer sei sein,
darüber will ich geuden, greien
mit der frauen mein,
und die ir treu an mir nicht bricht,
ob ich ir dien mit williklicher phlicht.
(Vv. 85-90).

Zentriert ist der hyperbolische Marien/Frauenpreis um die dritte Strophe. In ihr wird *mein frau* (V. 44) allen anderen vorgezogen, weil sie über eine außerordentliche musikalische Kompetenz verfügt. Sie ist so *geworcht,*

das mensch nie süsser döne
auf kainer zung vernomen hat,
wen si ir stimm ie freuntlich hören lie.

5. Die Lieder

> *Si dempft die ganzen musica*
> *mit grosser resonanz,*
> *die recht mensur apposita,*
> *all noten hol und ganz*
> *lat si erzittren durch ir kel,*
> *das es erklingt in meines herzen sel.*
> (Vv. 46-54).

Oswald überbietet auch hier, die *ganzen musica* (V. 49), der unerhörte Gesang bezieht sich möglicherweise auf die Himmelsmusik, von der Maria in den Krönungsdarstellungen oft umgeben ist. Er stellt die besondere, herausragende Bedeutung der Musik heraus und er verwendet hierfür **musikalische Fachterminologie**. Die Einzigartige übertrifft mit ihrer Stimme nicht nur allgemein alles je Gehörte, ihr Gesang wird gleichsam 'wirkungsästhetisch' (analog dem Blick des Sehenden) aufgewertet und mit fachmännischer Begrifflichkeit versehen: Oswald verwendet die lateinischen Termini *musica*, *resonanz* (Widerhall), *mensur apposita* (rechtes Zeitmaß), mit den *noten hol und ganz* verweist er auf die weiße und schwarze Notation. Oswald greift mit dieser Unterscheidung eine musikalische Neuerung aus der Romania auf, die (ungefüllte) weiße Notation findet im 15. und 16. Jahrhundert für die Notation der Mehrstimmigkeit Verwendung. Genutzt ist sie auch in Teilen von Handschrift A. Mit dem Preis der überhöht-idealisierten Maria/Frau als Sängerin unterstreicht das Sänger-Ich zugleich seine ihr adäquate Beurteilungsfähigkeit, und der Autor Oswald kehrt seine künstlerische Wertigkeit hervor.

In zwei Liedern verbindet Oswald das Marienlob mit Tanz, also mit Anklängen an die weltliche Lyrik. In Kl. 13 wird die Jungfrau **Maria als Gottesgebärerin** im Zusammenhang der Trinität besungen. Der Liedeingang setzt ein mit rhetorischen Fragen nach ihrer herausgehobenen Bedeutung, die auch die Funktion der Vortänzerin einbezieht:

> *Wer ist, die da durchleuchtet*
> *für aller sunnen glanz*
> *Und ... keüklichen durchfeuchtet*
> *uns den verdorten kranz?*
> *Wer ist, die vor an dem raien fürt den tanz*
> *Und dem vil zarten maien pringt seinen phlanz?*
> (Vv. 1- 6).

Ihre alles überstrahlende Erscheinung vermag niemand *nach adeleicher art* zu *volzieren* (V. 14f.). Zweifach wird Maria mit dem vertraulichen Du angesprochen, zunächst im Kontext des Lobes:

> *ei du traut minniklich, keusche creatur!*
> *dein klarheit glenzet an geteusche uber alle firgur*
> (V. 18f.).

5.3.7.1 Marienlieder

In der abschließenden Strophe verwendet Oswald traditionelle Marienmetaphorik (*ros an doren*; V. 27), unterstreicht ihre Rolle als Schützerin und Retterin am Jüngsten Tag und fordert sie direkt auf:

> *ei klare, ware, schildes rant,*
> *erbrich des tiefels sper, sein ger*
> *versetz im, junckfrau zier! – Amen*
> (Vv. 37-39).

Kl. 38 besingt Christus als Erlöser und Retter, der als Kind in die sündige, feindselige Welt geboren wird:

> *Keuschlich geboren*
> *ain kind so küne*
> *von rainer maid,*
> *Das grossen zoren*
> *durch ewig süne*
> *hat erlait.*
> (Vv. 1- 6).

Die heilbringende Funktion Christi wird mit einem Tanz, einem *raien* (V. 30) der frühlingshaften Erneuerung verglichen, der keinem anderen gleicht. Die zweite Strophe ist ein umfassender **Marienpreis**. Ihre mütterliche Jungfräulichkeit wird zunächst hervorgehoben, dann vor allem ihre Mutterschaft selbst. Wie in Kl. 13 wird auch hier besonders erwähnt, dass niemand die körperliche Erscheinung der Gottesmutter *volzieren* kann, doch ist hier nicht die Schönheit Mariens wesentlich, sondern ihre Körperlichkeit als Mutter:

> *Wer kann volzieren*
> *so genaue*
> *des degens vas,*
> *das er im selb erwelt?*
> (Vv. 34-37).

Natürlich ist die Metapher *degen* (Recke) für Jesus ungewöhnlich, wichtiger ist allerdings der theologische Impetus, der die *humanitas Christi* über die Schwangerschaft der Gottesmutter, das bekannte 'edle Gefäß', ins Bild setzt, ein Bild, das Oswald eigens wiederholt. Mit ihm wird die Dignität Mariens für das göttliche Kind erneut gewürdigt. Die Marienapotheose endet mit einer direkten Anrede:

> *Des freu dich immer*
> *in dem zimmer*
> *da kain timmer*
> *trawren, wimmer*
> *nie hin kam.*
> *nicht enscham*
> *dich, rain figur,*

5. Die Lieder

der kur
von dem, der in dir lag.
(Vv. 52-60).

Ähnlich wie Kl. 12 changiert auch die Metaphorik von Kl. 78 zwischen **weltlichem Liebeslied und Marienlied**. Es bezieht gerade hierüber seinen besonderen Reiz, so dass eine ausschließende Zuweisung an nur eine bestimmte Adressatin, sei es Margarethe oder sei es die Gottesmutter – wie im Fall von Kl. 12, vgl. oben S. 98ff. –, dem Lied nicht adäquat verfährt. Das Lied richtet sich an *ain adeliche mait* (V. 1), die ohne Makel ist und über *keuschlich er* (V. 3) verfügt. Hierdurch preist das lyrische Ich sie *für alle, die ich ie gesach* (V. 7). Die Funktion der *mait*, von der auch als Jungfrau (V. 21) und als *meiner frauen* (V. 27) die Rede ist, liegt im *trost* (V. 1) für das Ich, sie vermag gegen *ungemach* (V. 9) zu helfen, letztlich ist sie die Instanz des umfassenden Heilens:

die mit freuden herz, müt, leib, sel
wol hailen mag an swër,
mit wort, werch und gepär.
(Vv. 28-30).

Den Lobpreis der Frau will das Ich – wie oft bei Oswald – mit Gesang und Musik verkünden durch *geuden, gailich schallen, singen hel* (V. 26). Die zweite Strophe ist entsprechend ihrer körperlichen Schönheit gewidmet. Sie ist außergewöhnlich ohne jeden Makel, was ausdrücklich im Rekurs auf das rhetorische Verfahren der *personarum descriptio a corpore* (vgl. oben Kap. 5.3.1) veranschaulicht wird:

Dick, smel, kürz, leng, von höch zu tal, so ist ir leib
waidlich possnieret unverhönt,
und dein gemeng von amplick, weib,
blaich, weis, durch rot getrönt,
für alle maid verkrönt.
(Vv. 16-20).

Angesprochen wird die Schöne unmittelbar mit dem persönlichen Du, sie wird bezeichnet als *weltlich creatur* (V. 11) und ihre *menschlich natur* (V. 12) wird hervorgehoben. Diese Zusprechungen stellen sie über alle anderen Frauen, gekrönt wie eine Königin. Sie könnten indessen auch theologisch die Rolle Marias unterstreichen, die in ihrer **Menschlichkeit als Gottesmutter** über allen Frauen steht und die in dieser Rolle als Zeichen der *humanitas Christi* (wie in Kl. 38) verstanden werden kann. Kl. 78 hat auffallende Parallelen im Reimmuster mit einem Lied des Mönchs von Salzburg. Es ist zweistimmig, vermutlich eine Kontrafaktur. Die Melodie könnte zusätzlich auf die **religiöse Dimension** des Liedes aufmerksam machen, denn die zweite Stimme ist als instrumentale Begleitstimme rein organal gestaltet mit einem (veralteten) Tonsatz, der primär im klösterlichen Bereich zu liturgischen Zwecken in Gebrauch stand. Vielleicht ging es Oswald darum, „mit der zweiten instrumentalen Stimme seinen Liedern [neben Kl. 78 Kl. 51 und 91; J.S.] gleichsam einen poetologischen Kommentar zur speziellen Metaphorik beizugeben" (Hausner 1984/1985, S. 70f.). Oswald erreicht mit diesem Lied wie auch in Kl. 12, 13, 38 und auch dem geistlichen Tagelied Kl. 34 mit der Vermischung verschiedener Traditionslinien aus weltlicher Lyrik und Marienpreis besondere textlich-musikalische Gebilde, denen ein eigener Ton von heiterer Innigkeit und fast erotischer Intensität (Wachinger 2001, S. 114) zugesprochen werden kann.

Weiterführende Literatur: Bärnthaler 1983, Goheen 1975, Hartmann 2001/2002, Hausner 1984/1985, Lutz 1991, Marold 1926, Ogier 1990/91, Röll 1981, Schnyder 2004, Schulze-Belli 2001/2002, Spechtler 1974, 1978, Wachinger 2001.

5.3.7.2 Erbaulich-didaktische Reflexionslieder

Eine besondere Gruppe innerhalb des Geistlichen Lieds bilden Lieder, die sich thematisch an **Altersklage, Weltabsage, Todesfurcht und Glaubenshoffnung** anlehnen und in denen Elemente der Reflexion und der Didaxe eine wesentliche Rolle spielen. Ihre künstlerisch-rhetorisch zumeist aufwändige Gestaltung ist durchaus eigenwillig, und sie sind poetisch oftmals eindringlich verdichtet. In einigen Liedern bezieht Oswald auch punktuell die eigene Lebenserfahrung (z.B. seine Gefangenschaften) in die Reflexion ein. Allerdings dürfte es hierbei, wie auch bei den punktuellen biographischen Konkretisierungen in anderen Liedtypen, kaum darum gehen, durch eine umfassende literarische Stilisierung die (vereinzelte) autobiographische Selbstaussage zu ermöglichen, wie dies in der Forschung immer wieder vermutet wird (vgl. oben Kap. 4.3). Vielmehr handelt es sich wohl eher um die **Durchlässigkeit auch dieser Lieder für 'reale' Reminiszenzen** innerhalb der literarischen Tradition. Sie greifen vielfältige Themen und Formen (sowie die 'Töne') der **Sangspruchdichtung** auf, durchaus auch in der Konturierung des Sänger-Ichs. Die meisten Lieder dieser Gruppe sind in B zu Beginn der Handschrift zusammengestellt (Kl. 1-11), auch in A ist dies bereits ansatzweise der Fall. Den Liedern Kl. 1-7 wird in B nach Kl. 1 eine gemeinsame Melodie zugewiesen, in A erfolgen Hinweise auf die Melodie von Kl. 1 jeweils am Ende von Kl. 4, 5, 6 und 7. Diese Anlage der Handschriften entspricht einem traditionellen Verfahren der Liedanordnung (vgl. oben Kap. 2.1, S. 14f.), natürlich beginnen sie nicht von ungefähr mit einem geistlichen Lied und dem Eingang: *Ain anefangk an göttlich forcht* (Kl. 1, 1f.).

Kl. 5 ist eine **Klage über das Altern** mit gleichzeitiger Mahnung an die Jugend zu einem gottgefälligen Leben. Es setzt ein mit *ich sich und hör* (V. 1), dem Gestus des überblickenden Mahners der Sangspruchdichtung. Im Gegensatz zu anderen will das Ich nicht den Verlust materieller Güter, sondern den der Jugend beklagen. In einer *enumeratio* werden die vom Alter betroffenen Körperteile gelistet und der personifizierte Leib in einer Apostrophe direkt auf seine Gebrechen angesprochen:

5. Die Lieder

> *Mit kranker stör*
> *houbt, rugk und bain, hend, füss das alder meldet;*
> *was ich verfrävelt hab an not,*
> *her leib, den mütwill geldet*
> *mit blaicher farb und ougen rot,*
> *gerumpfen, graw: eur sprüng sind worden klüg.*
> *Mir swert herz, müt, zung und die tritt,*
> *gebogen ist mein gangk,*
> *das zittren swecht mir alle gelid*
> (Vv. 7-15).

In der zweiten Strophe reiht Oswald weitere Alterszeichen antithetisch: Dem einstigen gelockten, hellen langen Haar wird das jetzige schwarz-grau melierte entgegengesetzt – eine nicht 'realistische', aber instruktive Metapher –, das zudem kahle Stellen hat. Der rote Mund ist nun blau verfärbt, mit der Folge: *darum was ich der lieben widerzäm* (V. 24). Die Zähne sind wacklig und hässlich und taugen nicht mehr zum Kauen. Der *freien müt* (V. 29) ist unwiderbringlich dahin, asyndetisch wird gereiht: *mein ringen, springen, louffen snell / hat ainen widersturz* (V. 31f.). In der Schlussstrophe sieht sich das Ich altersgeschwächt noch nicht einmal mehr in der Lage, die Verrichtungen zu einem gottgefälligen Leben, die ebenfalls asyndetisch gereiht werden, umzusetzen:

> *solt ich jetzt leben got zu wolgevallen*
> *mit vasten, betten, kirchengän,*
> *auf knien venien vallen.*
> *so mag ich kainem bei bestän,*
> *seid mir der leib von alder ist enwicht.*
> (Vv. 44-48).

Anewitz (V. 53) – Unvernunft – ist der Grund dafür, dass das Ich den Spott der Kinder und der *freulin rain* (V. 52) erwartet, das Lied endet folglich mit der allgemeinen Mahnung: *junck man und weib, versaumt nicht gottes huld!* (V. 54).

Oswalds Altersklage bedient sich einer **Vielzahl von Topoi** des herkömmlichen Repertoires. Wie oft bei ihm besteht auch in Kl. 5 die Besonderheit, dass er die gesangliche Kunstausübung thematisiert und ihr eine herausragende Funktion beimisst. In jeder der drei Strophen wird der Gesang zu einem zentralen Motiv der Altersschwäche, das sozusagen gesteigert wird. So heißt es zunächst:

> *owe ist mein gesangk*
> *dasselb quientier ich tag und nacht,*
> *mein tenor ist mit rümpfen wolbedacht.*
> (Vv. 16-18).

Ist hier der Gesang als Klage eingebracht, die im Tenor vorgetragen wird, aber stimmlich brüchig nicht mehr ausreicht, so ist er in der zweiten Strophe aufgrund der körperlichen Schwäche gar nicht mehr möglich:

5.3.7.2 Erbaulich-didaktische Reflexionslieder

für singen hüst ich durch die kel,
der autem ist mir kurz
(Vv. 33f.).

In der dritten Strophe wird der Gesang vom Ich dann an den hier angesprochenen *jüngelingk* (V. 37) übergeben. Er soll sich 'nach oben' ausrichten *mit gaistlichem gedöne* (V. 40). Der alternde Sänger reicht die *conclusio* des Lebens mahnend weiter an seinen Nachfolger. Oswald legt dem lyrischen Ich dazu ein populäres Zitat aus der *memento mori*-Tradition in den Mund, bekannt vor allem aus der Legende 'Die drei Lebenden und die drei Toten': *wer du jetzund bist, der was ich vor* (V. 41) und es folgert: *kompst du zu mir, dein güt tat reut dich nicht* (V. 42).

Oswald entwickelt mit Kl. 5 eine Altersklage, in der er gekonnt das topische Register bedient. Die Hinfälligkeit zumal als 'brüchiger' Sänger wird rhetorisch ausgefeilt konstruiert, die beklagte Unfähigkeit höchst kompetent künstlerisch gestaltet. Im Gestus der Weltabsage gelingt Oswald so eine eindrucksvolle **Demonstration der eigenen künstlerischen Fertigkeit**.

Kl. 11 ist eine siebenstrophige Weltabsage, die insgesamt 126 Verse umfasst. Das Lied ist mit **rhetorischen Formeln** geradezu durchsetzt, die Vergänglichkeit der Welt intensiviert Oswald über Bildhäufungen. Verstärkt wird dies über klangliche Wortverdoppelungen (*henn und han*, V. 45; *gemahel sein gemählein*, V. 59) und der Häufung von Alliterationen, z.B. in der ersten Strophe mit *werlt, wort, werk* oder in Strophe 5 *gier, güt, geude, gold*. Die Konstruktion des Liedes ist symmetrisch. Es beginnt mit der Klage über die eigene lange Hingabe an die Welt in den ersten beiden Versen:

O snöde werlt,
wie lang ich leib und güt in dir vorflisse
(V. 1).

Sie korrespondieren mit den abschließenden Versen, in denen die Hinwendung zur jenseitigen Welt für alle ohne Standesgrenzen angemahnt wird:

volg, brüder, swester, arm und reich,
pau dort ain sloss, das dich werdt ewikleich.
(V. 125f.).

Das Lied schildert die **Perversion des Weltlebens**: Die *tummen frauen und ouch man* (V. 12) sollten das Streben *nach güt und werltlich er* (V. 14) als Weg zur Hölle beklagen. Generell befindet das Ich, dass *rechter treu* (V. 20) unter *Adams kindern* (V. 26) aufrichtig nicht zu finden ist, weshalb *der werlde dienst* (V. 34) angesichts des Todes nichts einbringt. Als ärmstes Tier überhaupt wird der *hofeman* (V. 39) benannt, denn er verhält sich törichter als ein Esel:

der geit sich gar für aigen
dem herren sein umb klainen sold.

5. Die Lieder

das tēt ain esel nicht, und wer er frei.
(Vv. 40-42).

In der zentralen Mittelstrophe wird der Vergleich mit der Tierwelt fortgesetzt. In ihr beklagt das Ich die fehlende Unterstützung der Freunde in der Not, durch die es wie der Schnee hinwegschmelzen würde:

Die freunde mein,
solt ichvor in erkrumben und erlamen,
e das mir ainer gäb sein nar
und solt mich do mit reichen
zu mein gesunt an mailes pein,
ich müsst vor im als der sne zergän.
(Vv. 61-66).

Die Menschenliebe ist nichtig, weil nur auf den eigenen Nutzen bedacht, steht im Gegensatz zu den Tieren, wilden wie zahmen, bei denen die *rechte liebe gar* (V. 57) Bestand hat. Bei ihnen ist die rechte Ordnung gegeben (hier lässt sich durchaus an Walthers Reichsspruch erinnern):

Ir vogelein
und andre tier, baide wilde und die zamen,
ir traget rechte liebe gar;
geleich kiest sein geleichen,
gemahel sein gemählelein,
in nöten si bei ainander bleiben stän.
(Vv. 55-60).

Das weltliche menschliche Leben hingegen ist verkehrt angesichts des nahenden Todes. Die Auflistung der weltlichen Perversionen nutzt das Ich zum mahnenden Aufruf der Weltabsage. Sie kulminiert in rhetorischen Fragen nach denjenigen Personen, Freunden und Verwandten, die eigentlich nahestehen müssten:

Mich wundert ser,
das wir auf dieser werlt so vil entpauen,
und sehen wol, wie es ergät.
wo sind mein freund, gesellen?
wo sein mein eldern, vodern hin?
wo sein wir all neur uber hundert jar?
Mich wundert mer,
das ich mich nie kund mässen meiner frauen,
die mich so lang betrogen hat
mit grossem ungevellen.
(Vv. 109-116).

Die Aufzählung erreicht ihren Höhepunkt im Verweis auf *meine frau,* der sich das Ich, verblendet durch *mein tummer sin* (V. 119), viel zu lange ausgesetzt hat. Diese Frau bezieht sich nicht auf eine 'reale' Geliebte (vermutet wurde darin natürlich

5.3.7.2 Erbaulich-didaktische Reflexionslieder

eine Anspielung auf Oswalds Geliebte Anna Hausmann), sondern im Kontext der umfassenden Weltabsage ist die falsche Liebe gemeint, die die Weltordnung verkehrt: *meine frau* ist die **allegorische Personifikation** der weltlichen Perversion, die Frau Welt.

Das dreistrophige Kl. 6 prägt Todesvisionen und die Furcht, für die Sünden Buße leisten zu müssen. Man hat versucht, in den theologisch traditionellen und allgemeinen Motiven des Liedes Anspielungen auf das zeitliche Vorfeld der Gefangennahme und die Gerichtsvorladung durch Herzog Friedrich 1427 zu erkennen. Auf der Textebene sind solche Bezüge allerdings konkret nicht gegeben. Oswald entwickelt zu Beginn das apokalyptisch-eschatologische Bild einer gehörnten Bestie, die das Ich vernichten will:

Ich spür ain tier
mit füssen brait, gar scharpf sind im die horen;
das will mich tretten in die erd
und stösslichen durch boren.
den slund so hat es gen mir kert,
als ob ich im für hunger sei beschert,
Und nahet schier
dem herzen mein in besündlichem getöte;
dem tier ich nicht geweichen mag.
(Vv. 1-9).

Die Lebensjahre des Ichs, die es bislang vertan hat, werden zu einem Tag verdichtet. Es ist aufgefordert zu einem Tanz,

do mir geweiset würt
all meiner sünd ain grosser kranz,
der rechnung mir gebürt.
(Vv. 14-16).

Hier liegt eine Assoziation zur Totentanz-Bildlichkeit nahe, zugleich lässt sich an die *Ars moriendi* denken, in der Menschen zu Reue und zur Vorbereitung auf das Sterben aufgefordert werden. Hoffnung setzt das Ich auf Gott, denn will er, *so wirt mir pald ain strich da durch getan* (V. 18). Die zweite Strophe reflektiert die Aussicht, die Schuld zu verringern, wäre es noch ein Jahr lang möglich, *vernünftiklich in diser welt* (V. 21) zu leben. Da die Tilgung der Schuld jedoch *von stund* (V. 24) – jetzt – eingefordert wird, ist die Sorge um das Seelenheil entsprechend groß:

o sel, wo bistu morgen?
wer ist dein tröstlich ufenthalt,
wenn du verraiten solt mit haisser buss?
(Vv. 28-30).

Das Ich bleibt in dieser gerichtlichen Abrechnung auf sich allein gestellt, die in der Terminologie des Rechtswesens (*consilium et auxilium*) zu *hilf und rat* (V. 32) angesprochenen *kinder, freund, gesellen rain* (V. 31) übernehmen zwar *das güt*

5. Die Lieder

(V. 33), doch lassen sie das Ich allein *in das bad* (V. 34) fahren, in dem allein nach den guten Taten abgerechnet wird. In der dritten Strophe appelliert das Ich an die höchste Instanz, den Allmächtigen, aufgrund seiner *barmung* (V. 39) den Sünder vor der Hölle zu bewahren. Die Gottesmutter wird als Fürbitterin angesprochen, sie soll ihren Sohn an dessen Erlösungstat erinnern, die allen Christen gilt und auch dem Ich teilhaftig werden möge:

seit er all cristan hat erlost,
so well mich ouch nicht meiden,
und durch sein marter wird getrost,
wenn mir die sel fleusst von des leibes drouch.
(Vv. 45-48).

Das Bittgebet wird unterbrochen durch eine Hinwendung an die Welt:

O welt, nu gib mir deinen lon,
trag hin, vergiss mein bald!
hett ich dem herren für dich schon
gedient in wildem wald,
so für ich wol die rechten far
(Vv. 49-53).

Mit dem Abschied von der Welt verbindet sich also die **positive Einschätzung einer Weltentsagung zu Lebzeiten**. Der Weltlohn ist nichtig, unmissverständlich wird dazu aufgefordert, der weltlichen *memoria* zu entsagen: *vergiss mein bald*. Dies kontrastiert natürlich mit dem abschließenden Vers (V. 54) des Liedes, einem Gebetsschluss (in A durch *Amen* ergänzt), der, entsprechend einem Vermerk in den Handschriften, mehrfach zu singen ist:

Got, schepfer, leucht mir Wolkenstainer klar!

Hier geht es wohl weniger um eine Verfassersignatur, sondern um die flehentliche Bitte des reuigen Sünders und eine **zugespitzte Verdeutlichung der Weltabkehr**.

Kl. 6 ist ein geistliches Lied mit einem beachtlichen **literarischen Anspruch**. Inhaltlich hat es mit den Visionen vom Eigengericht und der Seelenreise Gemeinsamkeiten mit *exempla* für den Gebrauch in Predigten. Auch der Gebetsschluss (einschließlich des *Amen* in A) erinnert an Predigten. Möglicherweise ist es so, dass in der Predigt vom Klerus behandelte Themen als zu wichtig empfunden worden, „als daß sie in einem großangelegten Liedwerk hätten fehlen dürfen. Unabhängig von allen biographischen Motivationen waren sie für einen ambitionierten Dichter des Spätmittelalters auch eine künstlerische Herausforderung" (Schumacher 2001, S. 273).

Rhetorisch äußerst komplex gestaltet Oswald mit Kl. 8 einen Aufruf zur Buße. Die Melodie und die auf zwölf Langzeilen beschränkte Strophenform entsprechen dem heute oft rezipierten Lied *Es fügt sich* (Kl. 18). Das Lied setzt ein mit einer Apostrophe: *Du armer mensch* und der Aufforderung zur Buße: *las dich dein sünd*

5.3.7.2 Erbaulich-didaktische Reflexionslieder

hie reuen ser (V. 1). Das Sänger-Ich erbittet Beistand vom Heiligen Geist, damit *meim gesangk* (V. 4) zumindest annäherungsweise der *macht und wirdig er* (V. 3) Gottes entspreche. Es folgt eine amplifizierende Aufzählung des umfassenden Lobpreises Gottes in Kosmos und Natur, deren Wahrheit das Ich ausdrücklich beteuert: *geloubet mir* (V. 10). Neun Engelschöre preisen Gott ohne Unterlass, daneben lobt ihn

> *die sunn, der man und aller sterne glast,*
> *in lobt der himel, der alles wesen umbetast,*
> *und was dorinn regniert, sein namen reichet.*
> *Perg und ouch tal, des voglin schal, der visch im wag,*
> *all würm und tier, geloubet mir, was ich eu sag,*
> *laub, gras, gevild, das wasser wild, die nacht, der tag*
> *erkennt und lobt got, dem der teufel weichet.*
> (Vv. 6-12).

In den folgenden Strophen wird das dankbare Erkennen Gottes, das seinem Lobpreis zugrunde liegt (V. 12), der vielgestaltigen Natur zugesprochen, wohingegen der vernunftbegabte Mensch, der nach Gottes Ebenbild geschaffen ist und dem Gottes Schöpfung untertan ist, sich als *tummer mensch* (V. 29) undankbar zeigt. Die Undankbarkeit der Adamskinder gegenüber der Erlösungstat Christi und der göttlichen Güte ist Zeichen von *swache[m] müt* (V. 45). Das Lied endet mit einem Appell zur Abkehr von den Ratschlägen der gefallenen Engel und dem eigenen Aufruf zur sofortigen Buße und Umkehr:

> *Weib und ouch man, ir schauet an eur missetat,*
> *snell büsst eur sünd und nicht enzünt euch von dem rat*
> *der böse wicht! mänlichen vicht! got frü und spat,*
> *den nim zu hilf für stahel und für eisen!*
> (Vv. 57-60).

Der Text ist **rhetorisch dicht geschmückt**. Oswald amplifiziert in den zahlreichen Aufzählungen, er verwendet einen gewählten Wortschatz mit ungewöhnlichen Genitivumschreibungen, wiederholt setzt er Apostrophen ein und er gebraucht verschachtelte lange Sätze. Der rhetorische Aufwand findet seine Entsprechung im Aufbau des Liedes: Dem imperativischen Eingangsvers korrespondiert der Bußaufruf des Schlussverses, den *neun kör der engel* (V. 5) die Schar der verstoßenen Engel im Schlussteil. In der Mitte erfolgt die Gegenüberstellung der positiv in unterschiedlichen Variationen gewerteten Schöpfung und durchgängig negativ attribuiertem Mensch. Insgesamt zeigt sich, dass der Autor hier „fortlaufend durch Eloquenz, Klarheit und Argumente sein Anliegen der Einflußnahme auf die Ratio unterstützt: die Verwendung rhetorischer Mittel beruht auf der optimistischen Annahme der Rhetorik, daß Eloquenz das Gegenüber geradezu zu erschüttern geeignet sei" (Röll 1982/1983, S. 226). An wen sich Oswalds kunstvoller Bußaufruf konkret richtet, welches Publikum er intendiert, lässt sich (natürlich) nicht sagen.

5. Die Lieder

Das Lied kann als ein hochrangiges Beispiel für ein **artistisches Konstrukt einer pathetisch-optimistischen Eloquenz** gelten.

Einen vergleichbaren **didaktischen Impetus** hat auch die warnende Frauenschelte Kl. 3. Wie z.B. in Kl. 8 und 11 bilden auch hier die Eingangs- und Schlussverse eine Klammer, gemeinsam ist ihnen hier der Gestus des räsonnierenden Sänger-Ichs der Sangspruch-Tradition:

Wenn ich betracht,
strëfflichen bedenck den tag durch scharpfs gemüte
der creaturen underschaid,
ir übel und ir güte
(Vv. 1-4),

der letztlich mit dem allgemeinen Ratschlag endet:

Dorumb so rat ich jung und alt,
fliecht böser weibe glanz!
bedenckt inwendig ir gestalt,
vergifftig ist ir swanz;
und dient den frummen freulin rain,
der lob ich breis über all karfunkelstian!
(Vv. 49-54).

Das lyrische Ich betont also, dass es intensiv, kritisch und dauerhaft die Frage reflektiert, welches Geschöpf weder in seiner Güte noch in seiner Bosheit zu übertreffen ist. Die naheliegende theologische Anwort für den 'negativen' Teil der Antithese: *der slangen houbt, da von Johannes schribet* (V. 8), der Dämon, wird an Schlechtigkeit überboten:

viel schnöder ist unweiplich zucht,
von ainer schönen, bösen frauen plag.
(V. 11).

Damit ist eine (misogyne) These des Lieds aufgestellt – die positive Seite bleibt ausgespart. Sie wird einerseits 'argumentativ' weitergeführt: Die Frau ist im Gegensatz zu Leoparden, Löwen und Büffeln nicht zu zähmen, sie reagiert falsch mit Hochmut, Zorn und Bosheit (Vv. 13-24). Andererseits ergänzt Oswald die *argumenta* mit *exempla*: Er zählt insgesamt 12 Männer auf, die durch Frauen zu Schaden gekommen sind. Die Beispielreihe enthält in erster Linie biblische Namen: Adam, Methusalem, Samson, David, Salomon, Absolon, Helias, Joseph, Johannes der Täufer, ergänzt durch Aristoteles und Alexander (weshalb Methusalem genannt wird, ist nicht klar, vielleicht aus zahlensymbolischen – die 12 – Gründen). Die Crux des Liedes besteht darin, dass die Reihe mit der Nennung des Wolkensteiners abschließt:

ouch ward betoubet,
gevangen durch ains weibes list

5.3.7.2 Erbaulich-didaktische Reflexionslieder

der von Wolkenstein, des hanck er manchen tritt.
(Vv. 46-48).

Die topische Beispielkette – entsprechende Kataloge finden sich in der Tradition der biblischen *exempla*, der katechetischen Literatur und in Sangsprüchen Frauenlobs, Boppes oder Hugos von Montfort – kulminiert nicht nur mit dem Namen des Autors, dieser wird auch besonders mit Joseph und Johannes Baptist per Reimfügung verbunden (*versmitt – tritt*, V. 42 und 48; *enthoubet – betoubet*, V. 44 und 46). Die Nennung *Wolkenstein* knüpft an die Aufzählung der bekannten Opfer weiblicher Bosheit an, die Reihe wird um ein neues, 'aktuelles' Beispiel ergänzt, das durch das *ouch* (V. 46) hervorgehoben wird. Oswald stellt sich sozusagen mit den Vorläufern, insbesondere dem Märtyrer Johannes gleich, was sicherlich einen komischen Aspekt birgt, schließlich hat er seinen Kopf nur redensartlich verloren. Mit diesem Ende des Katalogs setzt Oswald das gesamte Lied in ein anderes Licht, der didaktische Ernst wird durchbrochen. Es lässt sich auch insgesamt weniger ernst verstehen, denn der weltweise Ratgeber ist ja gleichzeitig selbst Opfer der weiblichen List, seine Kompetenz demnach durchaus zweifelhaft, und der abschließende Ratschlag ist, wenn man ihn nicht nur als etwas trivial im Sinne einer Binsenweisheit versteht, für den Rezipienten nicht anwendbar, weil er kein festes Kriterium enthält. Die Lesart von Kl. 3 ist wohl **raffiniert doppelbödig**: „Eine ernsthafte Betrachtung des Themas wird nicht verwehrt, der bessere Hörer ist aber vielleicht, wer das alles nicht so genau beim Wort nimmt" (Schnyder 1996, S. 8).

Mit dem großformatigen, siebenstrophigen Lied Kl. 1 werden die Handschriften A, B und c eröffnet. Ein Grund hierfür sind sicherlich die Eingangsworte *ain anefangk* (V. 1), die auch in dem A vorangestellten Bild auf einem Liederblatt aufgenommen sind. Vielleicht spiegelt diese Auszeichnung auch eine besondere Wertschätzung des Liedes durch den Autor oder die möglichen Schreiber/Kompilatoren, sie könnte ebenso auch im Rahmen der traditionellen Liedzusammenstellung erfolgt sein (vgl. oben Kap. 2.1 S. 14f.). Kl. 1 ist eine umfassende Reflexion der Sündenschuld über wahre und falsche Liebe, eine **Weltabsage in Todesangst**, in die sich das lyrische Ich funktional einbringt als ein Negativexempel.

Die Eingangsverse zitieren einen bekannten Psalm (Gottesfurcht ist der Weisheit Anfang), allerdings in Umkehrung.

Ain anefangk
an göttlich forcht die leng und kranker gwissen,
und der von sünden swanger ist,
das sich all maister flissen,
an got, allain mit hohem list,
noch möchten si das end nicht machen güt.
(Vv. 1-6).

Der Anfang ohne Gottesfurcht, verbunden mit kraftlosem Gewissen und Sünden führt bei aller *list* nicht zum Guten und zwingt das reflektierende Ich angesichts der eigenen Todesfurcht zur radikalen **Umkehr**. Das Ich wendet sich an die Heilige Katharina – sie gehört zu den vierzehn Nothelfern, möglicherweise wurde sie in der Familie Vilanders-Wolkenstein besonders verehrt – mit der Bitte um Fürsprache bei *Marie kindelein* (V. 11). Dem Herrn wird dafür gedankt, dass er *mich also grüsst* (V. 14), nämlich die Buße für die Sünde ermöglicht. Diese Sünde ist in Handschrift A als Sache gefasst (*mit dem*, V. 15, *das selbe*, V. 16), in B wird sie personalisiert:

> *mit der ich mich versündet han,*
> *das mich die selber büsst*
> (V. 15f.).

In den Schlussversen der Strophe wird die beispielhafte Relevanz dieser Konstellation für jeden Rezipienten hervorgehoben und mit der bekannten Liebe-Leid-Formel verknüpft:

> *bei dem ain jeder sol versten,*
> *das lieb an laid die leng nicht mag ergen.*
> (V. 17f.).

Damit ist das zentrale Thema des Liedes angesprochen: **Reflexion über wahre und falsche Liebe**. Die zweite Strophe thematisiert das (vergangene, lange währende) Minneverhältnis des Ich zu *ain frauen pild* (V. 19). Oswald rekurriert auf die Metaphorik und Terminologie des klassischen Minnesangs: Die Beziehung wird als eine Dienstbeziehung *in treuen stet* (V. 22) charakterisiert, der Einzigartigkeit zuerkannt wird. Der Minnedienst war von Erfolg gekrönt:

> *in freuden si mir manig nacht*
> *verlech ir ermlin blos.*
> (V. 33f.).

Dem steht die 'jetzige' Situation gegenüber:

> *mit trauren ich das überwind,*
> *seid mir die bain und arm beslagen sind.*
> (V. 35f.).

Oswald konkretisiert das gegenwärtige Leid mit dem Bild der eisernen Fesseln. Im Folgenden greift er es nochmals auf. Das Ich erfährt *laid* durch *liebe* körperlich konkret, es ist *gevangen ser in irem band* (V. 41) und zwar *mit eisen und mit sail* (V. 50). Die bedrückende Liebesgefangenschaft hat ihre Ursache allerdings in Gott:

> *mit haut und hár,*
> *so hat mich got swërlich durch si gevellet*
> (V. 44).

Die vierte Strophe wägt sentenzenhaft richtiges Verhalten im von der göttlichen Vorsehung vorherbestimmten Lebensplan, der als Prüfung dient:

5.3.7.2 Erbaulich-didaktische Reflexionslieder

Des sünders pan,
die ist so aubenteurlichen verrichtet
mit mangen hübschen, klügen latz;
kain maister das voltichtet
wann got, der jedem sein gesatz
wäglichen misst mit seiner heilgen hand.
(Vv. 61-66).

Im Anschluss reflektiert das Ich über die **Wertigkeit der Liebe**. Sie verbindet Gott und die Menschen, sie ist derart stark, dass sogar

lieb got den herren twinget,
das er dem sünder ungemach
verwennt und geit im aller freuden trost.
(Vv. 76-78).

Die Frauenliebe hat das Ich allerdings *unlieplichen geplendet* (V. 80) mit der Folge, dass es dem Anspruch der Gottesminne nicht gerecht wurde. Diese Einsicht führt zur Reue der *grossen missetat* (V. 95), die durch sie bedingten körperlich erlittenen Fesseln werden dem göttlichen Willen zugesprochen und wiederum konkret benannt:

des wurden mir fünf eisni lätz berait.
Nach seiner ger
so viel ich in die zwen mit baiden füssen,
in ainen mit dem tengken arm,
mein daumen müssten büssen,
ain stahel ring den hals erwarb.
(Vv. 96-101).

Für diese Art Fesselung sorgte *mein frau* (V. 103), die nicht mehr Liebesfreuden erfüllte, sondern mit ihren nunmehr *kalten ermlin weiss* (V. 105) das Ich schmerzhaft umarmte und auch nicht zum *trost* bereit war (in Handschrift A ist die letzte Aussage im Präsens formuliert):

was ich ir klagt meins herzen laid,
ir parmung was mit klainem trost berait.
(V. 107f.).

Die Schlussstrophe verstärkt die **Reflexion**, indem die Frage nach dem Seelenheil angesichts des Todes nochmals gestellt wird. Das Lied kulminiert in einem **Gebet**: Christus wird als *Maria kind* (V. 115) um Beistand angerufen, der Sünder bringt sich namentlich unverwechselbar ein:

so ste mir Wolkensteiner bei in nöten,
da mit ich var in deiner huld
(V. 116f.).

5. Die Lieder

Das Lied endet mit einer Bitte für seine Feinde und dem eindrücklichen Schwur, der Minnedame nie feindlich nachgestellt zu haben, sie sollte von Gott nicht seinetwegen bestraft werden:

> *schaid ich also von dieser werlt,*
> *so bitt ich got, das si mein nicht engelt.*
> (V. 125f.).

Kl. 1 ist ein **eindringliches Beispiel erbaulich-didaktischer Reflexion**. Aufgrund der konkretisierenden Gefangenschaftsmetaphorik wird es in der Regel auf die persönliche Erfahrung Oswalds während seiner Gefangenschaft 1421 bezogen (vgl. oben Kap. 4.3). Die im Lied nur *frau* genannte Geliebte wird mit Anna Hausmann identifiziert. Oswald verwendet indessen eine große Zahl von bekannten Vorstellungen und Mustern aus geistlicher Reflexion und verbindet sie mit der topischen Metaphorik des Minnesangs. Die Aussage des Liedes ist überpersönlich, die Sündenklage hat exemplarische Funktion und erlangt als Weltabsage einen übergeordneten didaktischen Wert. Gerade dies verdeutlicht Oswald, indem er die erste und die letzte Strophe verklammert: Der Namensnennung *Wolkensteiner*, hier eher **Ausdruck exemplarischer Verbindlichkeit** als Autorsignatur, korrespondiert der Adressatenkreis des Liedes: *ain jeder*. Die Lehre des Liedes, die für jeden gilt, ist der Weg des reflektierenden Ichs, das dem Anfang ohne Gottesfurcht die Hinwendung zu Gott entgegensetzt. Diese äußert sich eben als Höhepunkt in der Fürbitte für die Feinde und für diejenige, die vormals den gottgefälligen Weg verstellt hat.

In weiteren geistlichen Reflexionsliedern bezieht Oswald **punktuell biographische Anspielungen** ein. Kl. 4 kontrastiert als **Bußaufruf** wie Kl. 1 die Liebe zu Gott und zur Welt. Oswald stellt der Gottesliebe die bekannten Hauptsünden entgegen (Hoffart, Neid, Zorn, Geiz, Unkeuschheit, Unmäßigkeit, religiös-sittliche Trägheit). In der abschließenden dritten Strophe erteilt er Ratschläge zum gottgefälligen Leben und zur Buße bereits begangener Verfehlungen, vor allem listet er Mittel der körperlichen Selbstkasteiung, wie sie auch z.B. in der *Devotia moderna* oder in Seuses 'Vita' popularisiert wurden. Das Leiden wird zur Zielvorgabe des gottgefälligen Lebens, wofür Oswalds Name exemplarisch einsteht:

> *wie leiden kompt von gottes witz,*
> *gedultig sei des fro,*
> *wann leiden swennt der sünden gall;*
> *des lig ich Wolkensteiner inn der Fall.*
> (Vv. 51-54).

Die Bezeichnung *fall* ist doppeldeutig: Sie hat die Bedeutung Fallgrube oder Gefängnisraum, könnte recht allgemein eine Gefangenschaft andeuten – etwa die Oswalds 1421. Diese könnte aber auch konkret angesprochen sein, denn der Gegner Oswalds, Martin Jäger, besaß einen Turm Vall. Für die didaktische Strategie des Liedes ist bedeutsamer, dass die Konkretisierung mit seinem Anfang korres-

5.3.7.2 Erbaulich-didaktische Reflexionslieder

pondiert. Der exemplarische Büßer spricht mit dem Gestus einer ratgebenden Autorität, ähnlich wie im Beichtlied Kl. 39 (vgl. oben S. 94f.), sein Adressatenbezug ist alles andere als bescheiden:

> *Hör, kristenhait!*
> *ich rat dir das mit brüderlichen treuen:*
> *du hab got lieb für alle ding,*
> *es wirt dich nicht gereuen,*
> *und wiltu, das dir wolgeling,*
> *dein willen ker von irdischem gelust!*
> (Vv. 1-6).

Auf den ersten Blick ist Kl. 7 von größerer Demut geprägt, es ist ein **Gebet für das Seelenheil**. Es setzt ein mit einer Hinwendung zu Gott, die teilweise an das 'Vaterunser' erinnert (*dein willen lass an mir ergan*, V. 5), und die den eigenen Anruf relativiert: *vernim mein kranks gedöne* (V. 4). Das eigene Leid wird allerdings recht auffällig mit dem Leiden Christi parallelisiert:

> *Nach deim gebot*
> *gedultiklich ich leiden will zu eren*
> *der bitter marter, so du laid*
> *gedultiklichen geren*
> *umb unser freud und sälikait,*
> *die weilent was verloren ewikleich.*
> (Vv. 7-12).

In der zweiten Strophe folgt ein 'Ave Maria', die Gottesmutter wird um Hilfe und Trost in der Not gebeten. Sodann reflektiert das Ich die 'Bezahlung' seiner Sünden. Das Ich erleidet innere Qualen und sieht sich konkret eingeschlossen:

> *Mit umbeswaiff*
> *vier mauern dick mein trauren hand verslossen*
> (V. 43f.).

Das Lied endet mit einer nochmaligen Beistandsbitte an Gott, in der sich Oswald namentlich einbringt (V. 52). In der Schlusszeile wird das 'kalte' Fellenberg benannt, der Ort des Leidens (und der 'realen' Gefangenschaft 1427).

Innerhalb der Gruppe erbaulicher Lieder verfasst Oswald auch poetisch eher **einfach konstruierte Lieder**. Zu ihnen zählen Kl. 4 und 36. Beide Lieder sind geprägt von Sündenbewusstsein, Todesangst und Furcht vor dem Jenseits, die zur Mahnung eingesetzt werden. Kl. 24 endet mit einem kurzen Preis Mariens als Gebärerin des Erlösers. Die Jungfrauengeburt wird auch in Kl. 36 (V. 24) erwähnt, Maria hier lobend angeredet:

> *O vas der barmung uberfluss,*
> *das niemand kann erschepfen!*
> (V. 25f.).

5. Die Lieder

Beide Lieder weisen als Eigenheit auf, dass die Situation des reuenden Ichs mit einer **Altersangabe** konkretisiert wird: Kl. 24 spricht von einem 46 Jahre dauernden sündigen Leben, in Kl. 36 umfasst der Zeitraum:

von anefangk ains kindes gangk bis auff die schranck
schier gen den fünfzig jaren.
(V. 29f.).

Die Angabe des Lebensalters könnte sich natürlich konkret auf die Verfassungszeit der Lieder beziehen, sie hat aber wohl in erster Linie eine Signalfunktion („alt") im Kontext der reuigen Rückschau.

Ein **mahnender Altersrückblick** mit Besinnung auf den Tod ist auch Kl. 23, doch hat das Lied einen besonderen Platz innerhalb der geistlichen Reflexion. In ihm werden *exempla* für die Unsicherheit der Welt als sieben Todeserfahrungen des lyrischen Ichs in komisch-überzeichneter Weise eingebracht. Der Rahmen ist dabei sehr ernsthaft gehalten: Das Ich formuliert in der bekannten Haltung des Sangspruchdichters sein allgemeingültiges Nachdenken über den Lauf der Welt:

Wie vil ich sing und tichte
den louff der werlde not,
das schätz ich als für nichte,
wenn ich bedenck den tod
(Vv. 1-4).

Der Gedanke an den Tod richtet sich an *uns* (V. 10) und daraus folgert, dass *er jedem richten kann* (V. 12). Tödliche Gefahren lauern überall, nämlich

in wasser und auf lande,
ze rosse, füssen dick
(V. 17f.).

Sieben solcher Fälle will das Ich bedenken, angesprochen sind 'individualisierte' Erlebnisse, die als *exemplum* dienen (die Angabe *siben* steht in A auf Rasur, wahrscheinlich wurde von sechs auf sieben geändert, nachdem Strophe 4 später hinzugefügt wurde). Die Schlussstrophe greift den zentralen Reim mit *tod* und *not* des Eingangs auf und mahnt:

Welt, mich nimpt immer wunder,
wer dich neur hab geplent,
und sichst töglich besunder,
das uns der tod entrent:
heut frisch, starck, morgen krenklich
und über morgen tod.
dein lob ist unverfäncklich,
bedenkst du nit die not.
(Vv. 153-160).

5.3.7.2 Erbaulich-didaktische Reflexionslieder

Diese Ernsthaftigkeit des *memento mori* unterstreicht in Handschrift A ein dreifach wiederholtes *Amen*.

Die Mittelstrophen 2-4 vergegenwärtigen die 'erlebten' Todesgefahren. Von der siebten wird in der vierten Strophe berichtet, die eindeutig nachträglich eingeschoben wurde – in A ist sie nach V. 160 nachgetragen, die Zahl der Gefahren geändert. Sie handelt von der Gefangennahme Oswalds 1427 durch Herzog Friedrich. Wichtig ist die Betonung, dass die Gefangennahme *an schuld auf meinen leib* (V. 110) erfolgte, verursacht durch *mein alter bül* (V. 116), die zwar schon lange tot ist, deren 'Erbe' hingegen fortwirkt. Gemeint ist wohl Anna Hausmann, und der sog. Erbschaftsstreit, die Gefangenschaft selbst wird als biographische 'Realität' nur in ihrer Auswirkung auf das Ich bewertet, nicht geschildert.

Die weiteren sechs Todesgefahren sind anders geformt. Sie sind komisch und schwankhaft drastisch gereiht. *Mit warheit* (V. 33) berichtet das Ich, wie es bei Turnierübungen vom Pferd in einen Keller fiel, es stürzte durch eine überaus genau bemessene Tür (*von klafters klimme / und dreier füsse weit*, V. 37f.) und exakt 24 Stufen tief, um in einem Weinfass nicht zu versaufen, sondern *güten freunden* (V. 48) zu Trinken anzubieten. Die Gefährlichkeit des Geschehens wird betont, doch *was es nicht zeit* (V. 40) im Gegensatz zum (bedauernswerten) Pferd, das sich dabei den Hals brach. Zwei weitere Gefangennahmen werden angetippt, einmal wurde das Ich mit einem Schwert halb durchbohrt, einmal als ein Dieb abgeführt *mit sailen zu gesnüret* (V. 75) verschuldet *von meins herzen lieb* (V. 76). Die übrigen Todesgefahren knüpfen an die 'Abwärtsbewegung' der ersten an (Fall vom Pferd, Sturz die Treppe hinab in ein Weinfass): Das Ich landete nach einem Schiffbruch im Meer und rettete sich mit einem Fass Malvasier-Wein, in Ungarn stürzte es in einen Wasserfall. Auffällig pointiert ist die vierte, also mittlere und zentrale Gefahr:

> *Auch schwimmen wolt ich leren*
> *auf ainem tieffen see,*
> *do schoss ich zu der erden,*
> *das mich sach niemand me*
> *vil über ain güte stunde;*
> *do kom ich aus der hitz,*
> *visch sücht ich an dem grunde*
> *mit meiner nasen spitz.*
> (Vv. 65-72).

Diese Episode irritiert wegen der außerordentlichen Zeitangabe für den Aufenthalt „unter Wasser" und dem Versuch, dort mit der Nasenspitze zu fischen. Wie bei den anderen Gefahren auch ist sie 'überzeichnet', komisch und verdeutlicht, dass das Lied der Unterhaltung dient. Aber nicht nur, die Komik hat keinen Selbstzweck: „Oswald intends us to smile at his perilous adventures because they illustrate the folly of human experience. Each episode [...] sheds light on the absurdity and futility of wordly life itself" (McDonald 1982/1983, S. 269). Die hier

5. Die Lieder

hervorgehobene Episode hat theologische Analogien, die ihre **symbolische Bedeutung** wie die des gesamten Liedes verdeutlicht. Oswald stilisiert sein 'Abenteuer' im Rekurs auf die Vorstellung vom 'Meer der Welt', der Aufenthalt in der Wassertiefe signalisiert Gottesferne aufgrund von *superbia*. Enge Parallelen finden sich vor allem bei Paulus in den Korintherbriefen. Paulus spricht in der ersten Person von überstandenen Lebensgefahren und –bedrohungen. Er reiht hierzu Motive wie Seereise, Schiffbruch, Gefangennahme, insbesondere Gefahren, die mit Wasser verbunden sind. So wird auch mit ihm ein überaus langer Aufenthalt am Meeresgrund verknüpft, z.b. bei Hugo von Trimberg im 'Renner' um 1300, auch noch bei Michel Beheim in der zweiten Hälfte des 15. Jahrhunderts. Oswald stilisiert sein *exemplum* in Analogie zu Paulus' Leidenskatalog, assoziiert seinen Leidensweg mit diesem. Ein literales Verständnis des Liedes schließt diese Lesart komplementär natürlich nicht aus. Oswalds Schlussreflexion unterstreicht hingegen seinen didaktisch-theologischen Impetus. Angesichts des Alters und der Todesfurcht will das Ich nicht weiter darüber berichten, was *ich in jungen tagen / geaubenteuert han* (V. 130f.), sondern mahnt, verbunden mit einem Bescheidenheitstopos:

> *Darumb, ir fürsten, herren,*
> *so gebt euch selber rat,*
> *ich darf euch nicht ze leren,*
> *ir secht wol, wie es gat.*
> *all menig, arm und reiche,*
> *macht euch der sünde keusch,*
> *das euch nicht übersliche*
> *der tod mit seim gereusch.*
> (Vv. 145-152).

Weiterführende Literatur: Hartmann 1980, Hirschberg; Ragotzky 1984/1985, McDonald 1982/1983, Müller 1968, Lutz, Röll 1977, 1981, 1982/1983, Schnyder 1996, 1998, Schumacher 2001, Schwob 1979, Wittstruck1987.

5.3.8 Episodenlieder

Eine Reihe von Liedern lässt sich keinem etablierten festen Liedtypus zuordnen. Es sind Lieder, in denen Oswald konkretisierte 'lebensweltliche' Episoden gestaltet, zumeist auf bestimmte Erlebnisse bezogen. Sie werden entweder in einem zusammenhängenden Kontext präsentiert, so als Lob oder Schelte auf einzelne örtliche Situationen und Begebenheiten, oder Oswald stellt Episoden unterschiedlicher Geschehnisse zusammen, z.B. in den sog. Reiseliedern. Man hat versucht, diese Lieder autobiographisch zu verstehen, und gemeint, hierüber eine vermeintliche 'Modernität' Oswalds fassen zu können. Oswald greift mit diesen konkretisieren-

5.3.8 Episodenlieder

den Episoden durchaus auf Selbsterlebtes zurück, doch wie in den traditionelleren Liedtypen ist die Selbstaussage kein Selbstzweck, sondern wird der poetisch-artistischen Formung nutzbar gemacht, auch wenn sie hier nicht ausschließlich punktuell eingesetzt wird. Ein herausragendes Merkmal dieser Lieder ist, dass Oswald in der Regel das eigentlich historisch Gewichtige der Kontexte ausspart, hingegen eher 'realhistorisch' Nebensächliches zumeist komisiert aufgreift.

Als Hintergrund von Kl. 45 hat man Konstanz und die Zeit des Konzils vermutet oder aber einen Aufenthalt Oswalds in Überlingen im Umfeld König Sigismunds 1430. Dass das Lied den genauen Bezug nicht erkennen lässt, ist natürlich sprechend. Oswald war allerdings im Gefolge Sigismunds 1430 in Überlingen und die im Lied erwähnte Währung *schilling* (V. 5) war erst zu diesem Zeitpunkt ein gängiges Zahlungsmittel. Oswald thematisiert eine verkehrte Welt – vergleichbar Wittenwilers 'Ring'–, eine Satire und Karikatur der Umstände in der Stadt Überlingen. Das Lied setzt ein mit einer Schelte auf die überhöhten Preise, wobei die konkreten Angaben deutlich überzeichnet sind:

Wer machen well sein peutel ring,
und im desselben wolgeling,
der frag den weg gen Überling,
da gelten vierzen pfifferling
fünfzen Costnitzer geslagen;
Und sechzen haller umb ain ai,
der zwen und dreissig gelten zwai.
(Vv. 1-8).

Das Essen ist spärlich, Fleisch kaum vorhanden, der Wirt ist unverschämt und geldgierig, was Oswald ihm gekonnt in wörtlicher Rede in den Mund legt, in Handschrift B noch pointierter als in A, denn hier greift Oswald (oder ein Schreiber) den alemannischen Dialekt auf (*turrent*, *uff* und *sein*):

„*wildbrät und visch sein inn dem bann,*
der turrent ir nit essen!
da mit wol uff, hebt eu von dann,
ir sein zu lang gesessen!"
(Vv. 15-19).

In der zweiten Strophe beklagt das Ich den sauren Wein, denn dieser vergrätzt nicht nur seinen ansonsten klaren Gesang, sondern verkehrt auch Freude und Hochstimmung, die in höfischer Terminologie zitiert werden:

wann er geit freud und hohen müt,
recht als ein sack dem esel tüt
(Vv. 37f.).

Auch das höfische *tanzen, springen, saitenspil* (V. 45) sind als *kurzweil* (V. 43) wörtlich 'für die Katz'. Überlingen wird ein weiteres Mal namentlich erwähnt, ein 'positiver' Besuch dort lohne nicht, zumal der geldgierige Wirt erneut ins Spiel gebracht wird mit der Schlussfolgerung, dass man diesem Halunken bzw. Halsabschneider kein Loblied singen werde:

> *sein lob ich nicht gebreisen tar*
> *als ainem bom von zeder,*
> *denselben fleder.*
> (Vv. 58-60).

In der abschließenden dritten Strophe wird die verkehrte Welt als dörperliche stilisiert: Die Kostbarkeiten der Stadt werden benannt mit Mist, alte Frauen, fette Schweine, Flöhe und Langeweile, das Ich zieht ein Fazit:

> *der pawren leib*
> *wolt mir nicht lenger smecken.*
> (V. 64f.).

Es beklagt ironisch den Verlust eines besonderen Kleinods, nämlich den der *dieren in dem haus* (V. 68). Das Mädchen wird dann in der Verkehrung der topischen *descriptio* des schönen Frauenkörpers ausführlich beschrieben (vgl. oben Kap. 5.3.1, S. 67). Das Ende des Liedes entwirft wiederum ein Bild der Negativierung für das Ich: Der *liehte glanz* (V. 82) von Perlen und Spangen blieb beim Tanz in Überlingen ebenso verborgen wie es keinen Maienkranz bei *röselochten wangen* (V. 87) zu preisen gab, das Ich findet Zuflucht nur beim Ofen

> *mit kinds geschrai umbfangen,*
> *das tet mich pangen.*
> (V. 89f.).

Oswalds **Zeichnung der verkehrten Welt** lässt sich verstehen als Städteschelte, die über die stilisierten und größtenteils topischen 'Erlebnisse' des Ichs gefasst ist. Natürlich dient das Lied mit seiner Komik und Bildlichkeit durchaus der Unterhaltung. Den Gegensatz von höfischem 'Ideal' und dörperlich unrühmlicher 'Wirklichkeit' fasst das Ich freilich als Bedrohung, Kl. 45 endet nicht mit einer Befreiung aus der „lächerlichen" Situation, sondern mit ihrer Konstatierung. Diese Konstellation findet sich auch in Kl. 44 (vgl. unten S.130) als Gegensatz von positiver Welterfahrung und ihrer Verkehrung am heimischen Ofen. Hier wie dort ist besonders das Motiv des Kindesgeschreis Ausdruck der bedrückenden Situation. Beide Lieder haben also nicht von ungefähr auch eine gemeinsame Melodie.

Gewissermaßen einen Kontrapunkt zu Kl. 45 bildet Kl. 98. Es ist ein **Städtelob** auf Konstanz bezogen, doch wird wieder nicht im engen Sinne die Stadt selbst thematisiert, sondern Oswald greift auf einen situativen Anlass zurück.

Das Lied beginnt mit den (doppeldeutigen) Versen:

> *O wunnikliches paradis,*
> *wie gar zu Costnitz vind ich dich!*
> (V. 1f.).

5.3.8 Episodenlieder

Das 'Paradies' ist Epitheton der Stadt, gleichzeitig hieß (und heißt) so die westliche Vorstadt. In ihr *inwendig, auss und überal* (V. 5) herrscht *dein adelicher schal* (V. 7). Das Lob wird also ständisch ausgerichtet. Seine Ursache manifestiert sich im Preis der *stolzen frauen* (V. 19), den Oswald in der *Repeticio* umsetzt:

> *Vil ougen waid*
> *in mangem klaid,*
> *slecht, zierlich, raid,*
> *sicht man zu Costnitz brangen*
> *von mündlin rot,*
> *an alle not,*
> *der mir ains trowt*
> *mit röselochten wangen.*
> (Vv. 9-16).

Oswald formuliert einen Frauenpreis in der Terminologie der höfischen Liebesdichtung; im Gegensatz zu Kl. 45 sind hier auch die *röselochten wangen* vorhanden und indizieren höfische Feststimmung. Frauenpreis und Fest bestimmen auch die Schlussstrophe. Beim Tanz lässt sich das Ich gleich von vielen schönen Frauen betören: *das macht ir minniklich gestalt* (V. 30). Die Schlusszeilen fassen die Freude zum Lob Konstanz zusammen:

> *mit eren lustlich freuden spil*
> *vindt man zu Costnitz manigvalt.*
> (V. 31f.).

Das Lied ist also eine auf die Stadt Konstanz bezogene **Preisung von Freude** und den dafür ursächlichen schönen Damen. Für den Tanz in der dritten Strophe wird allerdings ein Anlass genannt, er findet statt *all in der Katzen* (V. 28). Oswald benennt die Stätte der Veranstaltung. Mit der 'Katze' ist das Gesellschaftshaus des Konstanzer Stadtadels gemeint, das 1424 neuerbaut wurde und eben 'Zur Katze' genannt wurde. In ihm wurde der Abschluss einer Auseinandersetzung zwischen den Zünften und dem Konstanzer Stadtpatriziat, für den König Sigismund Ende 1430 sorgte, im Januar 1431 vom Adel festlich gefeiert. Das Lied ist demnach (auch) Ausdruck der Freude in einer politischen Situation, die höfische Stilisierung womöglich Ausdruck einer festlichen Siegesstimmung. Ob das Lied im historischen Umfeld politisch intentional einwirken sollte, wie angenommen, lässt sich dem stilisierten Frauenpreis selbst nicht entnehmen. Sicherlich vermochte es wohl als adlige Selbstaffirmation zu fungieren.

Die beiden Episodenlieder Kl. 122 und 123 sind nur in Handschrift A aufgenommen. Über ihr Fehlen in B und c kann naturgemäß nur spekuliert werden. Kl. 122 beginnt mit einer Reiseaufforderung an nicht näher bestimmte *gesellen*:

> *Wol auf, gesellen, an die vart*
> *gen Augspurg zu den freulin zart,*

> *und wer da hat ain langen part,*
> *der mag gewinnen preise.*
> (Vv. 1-4).

Oswald verknüpft über Reimverbindung auch in anderen Liedern den Bart mit den *freulin zart*, z.B. in Kl. 123, 5f. und Kl. 21, 30 und 38. Den Bärtigen wird in Kl. 122 erotischer Erfolg in Aussicht gestellt, den Anderen rät das Ich, daheim zu bleiben, weil man sonst *mat* (V. 7) gesetzt werden würde. Die Freude dort beim Tanz wäre groß mit den *freulin glanz* (V. 11), die freilich etwas 'eingeschnappt' sind: *die duncken sich so weiss* (V. 12). Diese 'Erfahrung' reklamiert das Ich für sich selbst, denn es hat als Bartträger Aufmerksamkeit gefunden:

> *Des hab ich wol genomen war*
> *do kom ich auf das tanzhaws dar,*
> *ich trug ain part gar wolgevar,*
> *der geviel in schon mit fleiss.*
> (Vv. 13-16).

Im Folgenden wird die am Anfang des Liedes formulierte emphatische Einschätzung des bärtigen Ichs aufgrund seiner 'Erlebnisse' gründlich revidiert. Es wird einmal von einem *freulin* als Geiß bezeichnet, ein anderes Mal mit einem Affen verglichen. Die *freulin* selbst kommen in der Einschätzung nicht besser davon, sie werden vom Ich reziprok beschimpft. Sein Fazit ist resignativ, denn der Erfolg wäre ohne Bart größer gewesen:

> *den solt ich haben abgeschaben,*
> *do ich reiten wolt gen Schwaben*
> (V. 29f.),

es selbst habe sich bei den Damen zum Narren gemacht. Das Lied ist gekennzeichnet durch seinen recht humorvoll-derben Tonfall. Mitgeteilt wird eigentlich nichts von Bedeutung. Natürlich könnte der unterhaltsame Reiz darin bestanden haben, dass Oswald es selbst vorgetragen hat zu einem Zeitpunkt, als er einen Bart trug, er sich also selbst zum Narren machte. Auf seinem Brixener Gedenkstein ist er ja mit einem langen Bart abgebildet.

Eine ähnliche **Spannung von Ankündigung und Durchführung** bestimmt auch Kl. 123. Es setzt ebenfalls ein mit einer Aufforderung zur Reise, hier nach Konstanz, mit einem ironischen Freudeversprechen:

> *Der seines laids ergezt well sein*
> *und ungenezt beschoren fein,*
> *der ziech gen Costnitz an den Rein,*
> *ob im die raiss wol füge.*
> (Vv. 1-4).

Es geht also darum, wie man in Konstanz ausgenommen wird – dies bedeutet die Metapher 'trocken rasiert werden'. Veranschaulicht wird dies durch 'Erfahrungen'

5.3.8 Episodenlieder

mit *freulin zart* (V. 5), die sich hier allerdings für Geld verdingen. Dem Ich geht es wörtlich an den Bart. Die *freulin* verstehen sich nämlich darauf, zu *grasen in dem part* (V. 6), und eine von ihnen vergaß die Hand im Bart und zog die langen Haare heraus. Neben der erotischen Konnotation impliziert die Metaphorik eine finanzielle Bedeutung, das Leeren der Geldbörse. Auch in der zweiten Szenerie wird eine Metapher wörtlich umgesetzt: Zunächst droht ein *freulin* dem *trawt gesell* (V. 17) Prügel an, ein anderes haut den Protagonisten dann regelrecht übers Ohr:

> *ain andre, die zaigt mir den weg*
> *mit ainer feust zum oren,*
> *das mir das besser aug verging*
> (Vv. 19-21).

Der Verweis auf das *besser aug* bezieht sich wohl auf Oswald selbst, auf seine Einäugigkeit. Wie der Bart dient er der biographischen Konkretisierung. Der Bart wird nochmals thematisiert im Zusammenhang mit der Narrenrolle (*wurd ich zum toren*; V. 24) des Ichs:

> *Der leib mich da erfreuet ser,*
> *des ward mein armer part entwer*
> *gestreuet in die stuben hin und her*
> *recht als der sat das korn.*
> (Vv. 29-32).

Der Bart ist hier wohl wieder als Geldbeutel zu verstehen, mit den 'Damen' sind offensichtlich handgreiflich-zupackende Prostituierte gemeint, die dem Ich körperlichen und finanziellen Schaden zufügen.

In den folgenden drei Strophen werden Geldgier der Dirnen und des (Bordell-)Wirtes aufgegriffen, nicht mehr durch wörtliche Umsetzung von Metaphern, sondern indem direkt berichtet wird oder indem Sprichwörter und sprichwortähnliche Wendungen (z.B. Hochmut kommt vor dem Fall) verwendet werden. Das Lied endet mit dem Lob des sich selbst als weltgewandt-kundigen bezeichnenden Ichs für ein preiswertes Konstanzer Gasthaus:

> *Ich preiss den edlen, guldin Schlegel,*
> *zu dem so ker ich meinen segel,*
> *ett wo ich in der welt hin ker,*
> *des lob ich selden meide.*
> (Vv. 77-80).

Das Lied dient natürlich der **Unterhaltung**, zumal wenn es in Konstanz zur Zeit des Konzils vorgetragen wurde. Es ist zugleich ein **doppelbödiges Spiel** mit den stilisierten Bartmetaphern und ihrer Funktion als konkretisierte Redewendungen mit der Bedeutung 'finanzieller Verlust'. Zielrichtung könnten die überhöhten Preise und Wucherungen während des Konzils sein. In der Schlussstrophe wird nicht mehr nur das Ich als Narr bezeichnet, wie zuvor im Lied und ebenso in Kl.

5. Die Lieder

122, sondern in der Sentenzenreihe wird der Episodenbericht ins Allgemeine ausgeweitet, das Treiben in Konstanz wird ausdrücklich zum Narrentheater der Welt (Müller 1968a, S. 177):

> *Ain jeglichs gevelt im selber wol,*
> *des ist die welt der toren vol.*
> (V. 73f.).

Kl. 103 situiert Oswald in der Lombardei, die er verballhornt *Lumpardie* (V. 4) nennt, konkret in Piacenza (V. 24). Das Lied steht wohl im Zusammenhang mit einem Aufenthalt Oswalds dort 1432, wohin ihn König Sigismund für Sonderaufträge herbeiholte. Auch dieses Lied beginnt mit einer Reiseaufforderung, hier als Möglichkeit ironisiert, sich mit Heizqualm die Augen zu verätzen, sein Leben zu beenden, im Stroh zu liegen, mit guten Zähnen schlecht zu essen. Die Klage wird fortgesetzt:

> *tieff ist das kot, teuer das brot,*
> *ungötlich reu mit falscher treu*
> *sol man da vinden teglichen neu.*
> *das ist ain speis, der ich nicht keu.*
> (Vv. 6-9).

Die **Aufzählung der konkreten Widrigkeiten** wird also zusammengestellt mit 'unchristlicher Reue' und 'falscher Ergebenheit', möglicherweise ein Verweis auf die Probleme Sigismunds auf seinem Italienzug mit oberitalienischen Fürsten. In der zweiten Strophe wird zunächst derjenige, der gering wiegende Hechte kaufen möchte, zum Feilschen gemahnt und für einen Hecht, *der ain stain leber trag* (V. 12), an *des kaisers cancelie* (V. 13) verwiesen. Sodann wird ein *Gülscher* (V. 16) genannt, der die Frage beantwortet, was ein Pfund kostet – ihm werden dabei italienische Brocken und der ihn charakterisierende rheinische Dialekt in den Mund gelegt:

> *pro zingk soldin et tre zesin.*
> *also galt sich das leberlin vin*
> *von disem sütten hechtigin.*
> (Vv. 16-19).

Oswald vereint hier **Küchenhumor, Wortspiel und Sprachklang**. Mit dem Hecht und dem *Gülcher* bezieht Oswald zwei Mitarbeiter der königlichen Kanzlei ein: Hermann Hecht, ein königlicher Sekretär, den Oswald mit einer großen Leber als Zeichen der Trinkfreude ausstattet, und Peter Kalde, ein geistlicher Würdenräger aus Stetternich bei Jülich. Der lapidare Verweis *auf des kaisers cancelie* (V. 13) enthält eine politische Aussage, die Oswald mit Sicherheit absichtsvoll 'unterläuft', denn zum Zeitpunkt des Piacenza-Aufenthaltes war Sigismund noch nicht zum Kaiser gekrönt, Oswald unterstellt also den Erfolg des Italien-Zuges.

Im Weiteren bringt Oswald die Namen *Herman* und *Marquart* (V. 19) und *mein öheim* (V. 21) ein, Hermann Hecht ist nochmals genannt, daneben der Registrator

5.3.8 Episodenlieder

Marquart Brisacher, mit dem *öheim hinter dem ofen* ist vermutlich – aufgrund einer Parallelstelle in Kl. 105,29 – der königliche Sekretär Matthias Schlick gemeint. Sie werden mit *Costnitz* und *Ulmen* verbunden (V. 19), wo man Freude finden konnte von *mündlin eben* (V. 20) im Gegensatz zur Situation in Piacenza, wo sich nur der Beutel leert. Die Schlussstrophe ist eine Invektive gegen einen Sebastian – wer hier gemeint ist, ist nicht geklärt –, ihm werden Verwünschungen an den Kopf geworfen und Prügel als 'Retourkutsche' angedroht.

Das Lied, das in A fehlt, ist, im Gegensatz zu den zuvor besprochenen, polyphon, ein **zweistimmiges Tenorlied**, dem eine Melodie des Rondeaus 'La plus jolie et la plus belle' von Nicolas Grenon zu Grunde liegt. Es dürfte nicht nur beim Aufenthalt in Italien die Beteiligten unterhalten haben – vielleicht auch den König selbst –, sondern kommentiert die politische Situation ironisch gekonnt gespiegelt über die Auswirkungen der alltäglichen Misere.

Als 'Lied von der Deutschlandreise' ist Kl. 41 bezeichnet worden, es ist itinerarartig konstruiert über **Stationen einer Städtereise**. Das Lied entspricht metrisch Kl. 8 und Kl. 18, ist aber kunstvoller gebaut über Binnenreime. Ausgangspunkt und Ziel der Reise werden im Eingangsvers genannt: *Von Wolkenstein wolt ich zu Cölen gütter lawn*, ihre positive Einschätzung ist bereits hier signalisiert. Erste Station ist Salzburg. Eingekehrt wird bei einem Gastgeber names *Prawn* (V. 2), wohl ein Vertreter der städtischen Oberschicht. Die Wertschätzung des Aufenthalts wird hervorgehoben, indem der Sänger die Dame des Hauses in höfischer Terminologie preist und für sie Gottes Segen erbittet:

der hett ain also tugenthaffte, schöne fraun,
frölich mit eren, hoflich ir gemüte.
In gütter main vil zucht ist mir engagent zwar
von ir unsträfflich, danck hab die seuberliche klar,
mit gütem herzen wünsch ich ir vil lieber jar,
got well meren haill durch all sein güte.
(Vv. 3-8).

Der Sänger wird vom Erzbischof empfangen und bestens verköstigt, mit der Folge: *dick essens ward ich müde* (V. 12), und auch ansonsten: *vil grosser freud, zierlicher geud, wellend ich kum* (V. 13). Die nächsten Stationen sind auffallend mit der Liedkunst verknüpft: In München bei *der edlen ritterschaft* (V. 18) mit *güten frauen schön gezafft* (V. 19) erklingt standesgemäßer Sang: *nach unserm füg begund wir singen, schallen* (V. 20). In Ulm sind es *freulin klüg*, die *hoflich schallen* (V. 24). Der Sänger wird allerdings von einer Dame als *beghart* (V. 28) beschimpft, die Ursache hierfür bezieht er biographisch konkret auf seine Einäugigkeit. Der Höhepunkt der Reise führt das Ich *zu meinem herren reich* (V. 33), Pfalzgraf Ludwig von Bayern, nach Heidelberg. Dort trifft der Sänger fünf der Kurfürsten, er zählt sie auf, Ludwig wird besonders hervorgehoben: *herzog Ludwig, den ich für alle fürsten spür / an frümigkeit, göttlichen milt* (V. 38f.). Auch in diesem Ambiente tritt der Sänger auf: *schier müsst ich singen, hell erklingen ma-*

5. Die Lieder

nig liet (V.41), belohnt wird er mit der Ehre, im Zimmer des Fürsten zu übernachten, und er erhält zum Dank einen Pelzrock wie weiland Walther von der Vogelweide. In der Schlussstrophe geht der 'Reisebericht' weiter mit Pferd und Schiffen nach Köln und in einem Karren über Abenden nach Aachen. Der Sänger wurde *genediklichen* (V. 54) empfangen von den Herren von Köln und Jülich-Berg. Die letzte Station führt den Sänger zurück nach Heidelberg, was nochmals zu einem Herrscherlob und seiner situativen Einbettung führt:

> [...] *die widervart*
> *von Fürstenberg gen Haidelwerg zu meinem bart,*
> *herzog genannt, Phalzgraff, kurfürsts genosse,*
> *Der zerung, speis mit gütem fleiss für mich begärt,*
> *wellend ich kos, so was ich los mit knecht und pfärd.*
> *nu bin ich hie und waist noch, wie es sich verdärt,*
> *e ich zu land kom in meins weibes schosse.*
> (Vv. 58-64).

Kl. 41 ist eine **episodenhaft gestaltete Kombination aus Reiselied und Preislied**. Der panegyrische Aspekt bezieht sich auf die Personen, die mit den jeweiligen Stationen verbunden werden, herausragend das überschwängliche Lob des Heidelberger Pfalzgrafen. Reziprok fällt das Lob auf den Sänger in der Rolle des Fahrenden zurück. Er steht im Konnex mit den führenden sozialen Schichten des Reichs, seinen geistlichen und weltlichen Würdenträgern, und er wird als Sänger fürstlich entlohnt.

Das längste Lied Oswalds ist Kl. 19 mit 28 Strophen und 224 Versen. Oswald reiht kurze Episoden aus dem Kontext der Reise 1415/16, sie beziehen sich auf Geschehnisse in Konstanz, Aragon, Perpignan und Paris. Das Lied ist formal eher schlicht, musikalisch eintönig (nicht von ungefähr wurde es bislang nur einmal eingespielt). Die Reihung der Episoden/Strophen erscheint disparat und nahezu beliebig, oftmals erinnern sie an den Ton eines Gassenhauers (D. Kühn).

Oswald beginnt mit einer Sentenz, wie man sie z.B. auch bei Freidank findet, und bezieht sie auf die eigenen Reiseerfahrungen; der Schlussreim, ein Kalauer, lässt den Duktus des gesamten Liedes erkennen:

> *Es ist ain altgesprochner rat*
> *mer wann vor hundert jaren:*
> *und wer nie laid versüchet hat,*
> *wie mag er freud ervaren;*
> *aich, ist mir ie gewesen wol,*
> *das hab ich schon bezalt für vol*
> *in Katlon und Ispanien,*
> *do man gern ist kestanien.*
> (Vv. 1-8).

5.3.8 Episodenlieder

Oswald berichtet von Eindrücken, so beim Einzug in Perpignan, die offensichtlich aufgrund ihrer Exotik interessieren, besonders, weil sie eine musikalische Komponente haben, wobei er hier wohl ausdrücklich auch auf die Mehrstimmigkeit anspielt:

Pfeiffen, trummen, saitenspil,
die moren sumpern slügen,
dortzu ain volgk, gerichtet vil,
die türn und vesten trügen
mit engeln wolgezieret schon;
die sungen, klungen mangen don,
ir ieslicher besunder,
mit fremder stimme wunder.
(Vv. 25-32).

Wie hier Zeitgeschehen verarbeitet wird, lässt sich am Beispiel der sechsten Strophe verdeutlichen: Sigismund erhält Begrüßungsküsse von Königen und von der alten und der jungen Königin. Sie werden nicht namentlich vorgestellt, wichtiger ist, dass der König sich nach dem Kuss der jungen Königin den Mund nicht abwischte. Eine derartige Einigung wäre eben einfacher als die mit dem schismatischen Papst Benedikt XIII., der wortspielerisch benannt wird:

Von küngen, künigin junck und alt
ward er gegrüsst mit kussen,
doch nach den jungen, sach ich halt,
tet er sich nimmer wüschen.
wer zwaiung an den frauen gelaint,
wir hetten uns leicht ee veraint
wann mit dem Peter Schreufel
und seinem knecht, dem teufel.
(Vv. 41-48).

Hintergrund der Szenerie von Kl. 19 ist eine Vorstellung von der **großen weiten Welt** mit dem Impetus: Ich und der König. In Kl. 26 ist es umgekehrt, der Sänger berichtet von seiner Gefangenschaft, die ihn von der Welt ausschließt, und von der anschließenden sozialen Restitution.

Die ersten beiden Strophen des Liedes gestaltet Oswald über ein geographisches Register. Er beginnt mit 'höfischen' Signalwörtern, einem Verweis auf geplante Abenteuer und der Notwendigkeit – wie schon in Hartmanns 'Erec' –, sich nicht zu verliegen:

Durch abenteuer tal und perg
so wolt ich varen, das ich nicht verläge
(V. 1f.).

Ihnen folgt ein Katalog von Länder- und Städtenamen, für den Oswald auf den Verlauf seiner Reise von 1415/16 zurückgreift und ihn hier als Zukunftsplan projiziert. Die imaginierte Route führt vom Rhein über Heidelberg, England, Schottland, Irland, Portugal, Lissabon, Afrika, Ceuta und Granada. Einige Namen werden mit angenehmen Erinnerungen illustriert (*Septa, das ich weilent half gewinnen*, V. 12; wie *mich der rotte künig noch hett emphangen*, V. 16). Der Plan geht allerdings nicht auf, statt dessen

> *müsst ich zu tisch mit ainem*
> *stubenhaittzer brangen.*
> (V. 19f.).

Anstelle der weltläufigen Stationen findet sich der Sänger, nachdem er Hauenstein verlassen hat, wieder in Wasserburg, Fellenberg und Innsbruck, den Orten von Oswalds Gefangennahme und **Gefangenschaft** 1427. Hierüber wird episodenhaft berichtet. Erwähnt werden Fesseln der Füße, die Enge im Kerker in Fellenberg, eine überaus große Zahl von Wächtern. Ausdrücklich wird konstatiert: *wie wol ich hett kain schulde* (V. 44). Weitere qualvolle Zustände werden aufgezählt, die konkret mit Personen verbunden werden:

> *Der Peter Haitzer und sein weib,*
> *Planck und ain schreiber, der was tëglich truncken,*
> *die machten grausen meinen leib,*
> *wenn wir das brot zesamen wurden duncken.*
> *simm, ainer kotzt, der ander hielt*
> *den bomhart niden mit der langen mässe.*
> (Vv. 72-76).

Eher selbstironisch resignativ wird der vergangenen Nähe, konkret körperlich wie sozial, zu Pfalzgraf Ludwig und zum König gedacht. Die Situation kehrt sich erst um aufgrund umfassender Fürsprache:

> *Der Kreiger und der Greisnegger,*
> *Moll Trugsäzz retten all darzu das besste,*
> *der Salzmair und der Neidegger,*
> *frein, graven, Säldenhoren, freunt und gesste,*
> *die baten all mit rechter gier*
> *den fürsten reich, durchleuchtig, hochgeboren,*
> *da mit er wër genëdig mir*
> *und tët kain gäch in seinem ersten zoren.*
> (Vv. 101-108).

Die Reaktion des Fürsten ist redensartlich pointiert (in A: *von holcz nicht vil geporen*):

> *er sprach: „ja werden solcher leut*
> *von bomen nicht geboren."*
> (V. 109f.).

Anschließend wird von der Versöhnung *mit meines bülen freund* (V. 112) berichtet. Hiermit ist wohl als Prozessgegner Martin Jäger angesprochen, der 'reale'

5.3.8 Episodenlieder

Hauptkonkurrent Oswalds. Die Folgen der Auseinandersetzung werden hingegen als lang andauernde bezeichnet: *des werden meine kindlin noch wol innen* (V. 116), ihre Ursache hier zum einzigen Mal in Oswalds Liedern namentlich gefasst: die Hausmannin.

Die Wiederaufnahme des Protagonisten durch den Landesfürsten erfolgt dann auf einer ganz besonderen Ebene. Der 'Herr' will seinen Häftling nicht länger *ligen lan* (V. 123), sondern die Zeit mit ihm besser vertreiben:

> *mein zeit getraut ich wol mit im vertreiben,*
> *wir müssen singen fa, sol, la*
> *und tichten hoflich von den schönen weiben.*
> (Vv. 126-128).

Verbunden wird dieses 'Ziel' mit der Urfehde. Mit Brief und Siegel wird die Versöhnung vollzogen:

> *Dem kanzler ward gebotten zwar,*
> *auss meiner väncknuss half er mir behende,*
> *geschriben und versigelt gar.*
> *des danck ich herzog Fridrich an mein ende.*
> (Vv. 131-134).

Ein weiteres Mal wird die Aussöhnung mit der Aufforderung zu künstlerischer Betätigung verknüpft:

> *der marschalck sprach: „nu tritt mir zü,*
> *mein herr hat deins gesanges kom erbitten."*
> (V. 135f.).

Das Lied endet (in A ist eine weitere Strophe eingeschoben) mit einer religiösen Reflexion. Das Ich zeigt sich reumütig, es folgert:

> *verdiente straff zwar umb die minn*
> *bestet mich manchen groschen.*
> (V. 149f.).

In Handschrift A wird dieser Liedschluss bekräftigt durch eine Art Stoßseufzer: *Ultimus versus est verissimus. Per oswaldum Wolckenstainer.*

Indem Oswald bereits zu Beginn des Liedes die Funktion des geographischen Registers umkehrt, verdeutlicht er, dass er in Kl. 26 die ernsthafte und belastende Situation der realen Gefangenschaft mit **ironischer Distanz** betrachtet. Die einzelnen Begebenheiten und Situationen, vor allem die vielen namentlich eingebrachten Vertreter des herzoglichen Personals werden geradezu schwankhaft mit komischen Attributen versehen. Die Gefangenschaft und die politisch-rechtliche Unterwerfung einschließlich der damit verbundenen wirtschaftlichen Belastung treten im Lied zurück hinter die soziale Restitutition. Die Rolle des Künstlers zeitigt den Erfolg des Protagonisten, der Landesfürst und der Sänger agieren auf einer Ebene,

5. Die Lieder

natürlich ist auch dies ironisiert. Ob auch in der historischen Realität eine solche Beziehung zwischen Herzog Friedrich und Oswald denkbar war, ist für das Lied unerheblich.

Weiterführende Literatur: Frenzel 1968, Helmkamp 2003, Marold 1926, Mayr 1961, Ocken; Mück 1981, Müller 1968a, Robertshaw 1996, Röll 1981, Schwob 1979, 1980/1981, Welker 1987, Wittstruck 1987.

5.3.8.1 Hûssorge-Typus

Lassen sich einzelne situative Episoden zu ausgreifenden 'Reiseliedern' reihen wie beispielsweise Kl. 19 und Kl. 41, so können solche Lieder auch zur Folie eines umgekehrten Vorgehens werden. Oswald berichtet in einigen Liedern von den Verhältnissen in der weltabgeschiedenen, bedrängten Lage auf Hauenstein. Neben der winterlichen Situationsschilderung in Kl. 104 ist es vor allem Kl. 44, das Oswald poetisch sehr verdichtet und das er zudem im Rückgriff auf einen tradtitionellen Typus gestaltet.

Oswald beginnt das dreistrophige Lied, das Dieter Kühn prägnant „S.O.S. aus Hauenstein" genannt hat, mit einem **geographischen Register**. Es ist der umfangreichste Namenschwarm des gesamten Œuvres, Oswald listet zumeist asyndetisch 31 Namen. Wie in Kl. 26 hat der Katalog die Funktion, die öde Gegenwart mit der glanzvollen Vergangenheit zu kontrastieren:

Durch Barbarei, Arabia,
durch Hermani in Persia,
durch Tartari in Suria,
durch Romani in Türggia,
Ibernia,
der sprüng han ich vergessen.
Durch Reussen, Preussen, Eiffenlant,
gen Litto, Liffen, übern strant,
gen Tennmarck, Sweden, in Probant,
durch Flandern, Franckreich, Engelant
und Schottenland
hab ich lang nicht gemessen,
Durch Arragon, Kastilie,
Granaten und Afferen,
auss Portugal Ispanie
bis gen dem vinstern steren,
von Profenz gen Marsilie.
(Vv. 1-17).

5.3.8.1 Hûssorge-Typus

Oswalds weit ausholendes Register signalisiert natürlich die 'große', die gesamte Welt. Der Endpunkt der Namensliste fixiert ihr Gegenteil:

> *In Races vor Saleren,*
> *dasselbs belaib ich an der e,*
> *mein ellend da zu meren*
> *vast ungeren.*
> (Vv. 18-21).

Nicht nur in älteren Forschungsbeiträgen werden die geographischen Kataloge (vgl. oben Kap. 5.1) aufgefasst als Nachvollzug realer Reiserouten oder als Selbststilisierung der eigenen Reiseerfahrung. Das Register in Kl. 44 verdeutlicht, dass es nicht in erster Linie eine zeitliche und räumliche Abfolge nachvollzieht, sondern es darauf angelegt ist, die rhetorische Tradition zu überbieten. Daneben macht sich ihre akustische Tendenz geradezu selbstständig, die Anordnung folgt den Gesetzen des Wohlklangs und der „Lust an der Klangschönheit der Namen" (H. Moser).

Die **rhetorisch-klangvolle Überbietung** entwickelt die Vorstellung des *orbis*, sie wird eingebracht als *laudatio temporis acti*, der sich mit den 'provinziellen' Dorf- und Bergnamen *Races* und *Saleren* kontrastiv die Zeitklage anschließt. Beklagt wird zunächst, indem Oswald einen traditionellen Frühlingseingang parodistisch umkehrt. Der Sänger befindet sich *auff ainem runden kopfel smal* (V. 22), umgeben von Wald, hohen Bergen und Tälern sowie *stain, stauden stöck* und – sicherlich auffällig, nicht nur aufgrund des zeitlichen Bezugs – *snee stangen* (V. 25). Diese Klage mit Motiven des ländlichen, dörperlichen Lebens wird auch in den beiden folgenden Strophen fortgesetzt. *Köstlicher ziere* (V. 44) ist nicht mehr zu finden, sondern:

> *neur kelber, gaiss, böck, rinder.*
> *und knospot leut, swarz, hässeleich,*
> *vast rüssig gen dem winder;*
> *die geben müt als sackwein vich.*
> (Vv. 46-49).

Gesteigert werden diese Unannehmlichkeiten noch darüber, dass den Sänger nicht etwa liebliche Vogelstimmen erfreuen, er erleidet vielmehr Ohrenqualen:

> *Mein kurzweil, die ist mangerlai*
> *neur esel gesang und pfawen geschrai,*
> *des wunscht ich nicht mer umb ain ai.*
> *vast rawscht der bach neur hurlahai*
> *mein houbt enzwai,*
> *das es beginnt zu krancken.*
> (Vv. 61-66).

Dieses Wehklagen verbindet der Sänger mit dem über seine Situation *under ainem dach* (V. 34). Sie steht im Gegensatz zu den vergangenen Zeiten, die mit *eren* (V.

5. Die Lieder

31) bei *fürsten* und *künigin* (V.32) verknüpft sind, jetzt aber *tröst mich niena mündli rot* (V. 40). Das Ich muss *sorgen umb das brot* (V. 38), die häusliche Not kulminiert in der Befürchtung – wie in Kl. 45, s. oben S. 120f. – durch *klainen kindlin schal* (V. 28) geplagt zu werden und vor allem in der Furcht vor derjenigen, die an Stelle der erotischen Mädchen den weiblichen 'Part' übernommen hat, die Ehefrau:

Vor angst slach ich mein kinder
offt hin hinder.
So kompt ir mütter zü gebraust,
zwar die beginnt zu schelten;
gäb si mir aines mit der fawsst,
des müsst ich ser engelten.
si spricht: „wie hastu nu erzausst
die kind zu ainem zelten!"
ab irem zoren mir da graust,
doch mangeln ich sein selten
scharpf mit spelten.
(Vv. 50-60).

Im Schlussteil des Liedes wird die Ursache für die unwirtliche häusliche Konstellation mit *tëglicher sorg* (V. 68) benannt. Es handelt sich um *mein lanndesfürst* (V. 73), der dem Ich, verursacht *von böser leutte neide* (V. 74), gram ist. Diese 'Freunde' hassen das Ich, doch unbegründet, *an schuld, des müss ich greisen* (V. 83). Oswald beschließt seine Klage mit einer Hinwendung an die ganze Welt, an die *frummen* und *weisen* (V. 85) und *darzü vil hohen fürsten rain* (V. 86):

das si mich armen Wolckenstein
die wolf nicht lan erzaisen,
gar verwaisen.
(Vv. 88-90).

Kl. 44 wurde wohl veranlasst durch die persönliche Isolation Oswalds in der Auseinandersetzung der Tiroler Adligen mit Herzog Friedrich 1426/27. Er konstruiert sein Klagelied als Gegenüberstellung von positiv gesehener Vergangenheit und negativ gefasster Gegenwart mit ausdrücklichem Wunsch nach Restitution. An wen sich dieser Wunsch richtet, bleibt allerdings vage. Die Vergangenheit wird einerseits reflektierend mit Bezug auf ihre soziale 'Höhe' eingebracht, andererseits über das geographische Register. Für die Gegenwartsklage verkehrt Oswald nicht nur die 'positive' Bildlichkeit von Frühlingsliedern, sondern er greift für die Figurengestaltung auf das *übel wîp*-Motiv zurück. Oswald weitet dies aus, indem er 'Not' und 'Ehe' verbindet, und formt **gattungstypologisch** ein Lied des hûssorge-Typus, in dem „die Kombination von Ehe, Armut, gesellschaftlicher Isolierung und oft noch Winter sowie Bitte an die Freunde in der mittelhochdeutschen Lyrik eine durchgehende Tradition hat" (Schwob 1980/1981a, S. 93). Dies bedeutet natürlich nicht zwangsläufig, dass die lebensweltliche Situation und die gattungstypischen Elemente deckungsgleich sind. Gemeinsamkeiten hat Kl. 44 darüber hinaus mit einem weiteren Liedtypus, der romanischen *chanson de la malmariée*. Dieser Typus kennt auch die Umkehrung der Geschlechterrolle als 'Männerklage'. Übereinstimmend ist die spezifische Zeichnung der Ehefrau als keifend und schimpfend, zänkisch und aggressiv. Vor allem die Charakterisierung der Frau als unhöfische, die mit unterschiedlichen Formen der Gewalt, indirekt mit Beschimpfungen oder direkt mit physischen Attacken, den Mann dominiert, findet sich immer wieder in diesem Typus. Die burleske Szenerie in Kl. 44 liest sich wie ein im Lied inszenierter Typus der *chanson*. Oswald gestaltet eine Männerklage, ein Lied des *malmarié*.

Weiterführende Literatur: Locher 1995, Moser 1969a, Müller 1968a, Schwob 1980/1981, Spicker 1997, Wittstruck 1987.

5.3.8.2 *Es fügt sich* – Kl. 18

Kl. 18 ist das berühmteste Lied Oswalds und wohl auch das meistinterpretierte. Es wurde lange Zeit wegen seiner vermeintlich lebensweltlichen Detailfülle biographisch geradezu ausgeschlachtet. Spätestens seit der Untersuchung von U. Müller zu 'Dichtung und Wahrheit' (vgl. oben S. 42f.) wird das Verhältnis von biographischer Realität und literarischer Stilisierung vorsichtiger und differenzierter behandelt. Das Lied ist episodenhaft gebaut, doch hat man versucht, seine Einheitlichkeit und Intention über die Zuordnung zu einem bestimmten Liedtypus zu deuten. Aufgrund der unterschiedlichen Gewichtung der einzelnen Episoden für die Interpretation ergeben sich recht konträre Zuweisungen, so z.B. hat man es aufgefasst als **Reise- oder Erzähllied, Alterslied, Rückblickslied, Lebensballade, Liebeslied, als Minnediskussion oder als religiöses Lied**.

Das siebenstrophige Lied ist einstimmig, das metrische Schema entspricht dem des 'geschmückteren' Kl. 41 und dem des rhetorisch komplexeren Kl. 8 (vgl. oben S. 125f. und S. 108f.). Es setzt ein mit dem Aufbruch in die Welt als Zehnjähriger:

Es fügt sich, do ich was von zehen jaren alt,
ich wolt besehen, wie die werlt wer gestalt.
(V. 1f.).

Das Lied beginnt wie ein chronologisch geordneter Bericht, es ist aber eine **Lebenssumme**, bedingt durch eine Lebensentscheidung, eine Lebenswende, die in der letzten Strophe formuliert wird und die die Perspektive für die einzelnen Episoden vorgibt. Thematisch kreist diese Summe einerseits um Welterfahrung (Strophen 1-3), andererseits um Minneerfahrung (Strophen 4-6).

5. Die Lieder

Die 'Erfahrungen' des rückblickenden Ichs sind topisch stilisiert. Zunächst wird der Aufbruch mit der Weltneugierde des Jungen begründet, die offensichtlich direkt in Armut führte, und dies auf der gesamten Welt: *bei cristen, Kriechen, haiden* (V. 4). Die Ausstattung ist ärmlich: *drei pfenning in dem peutel und ain stücklin bro*t (V. 5), es handelt sich um symbolische Gaben, ein Notgroschen, die die Ärmlichkeit unterstreichen, *do ich loff in not* (V. 6). 14 Jahre dauert die Reise zu Fuß, nur einmal unterbrochen durch den Raub eines Pferdes, das auf dieselbe Weise wieder verloren ging:

> *zwar wol vierzen jar nie ross erwarb,*
> *wann aines roupt, stal ich halbs zu mal mit valber varb,*
> *und des geleich schied ich da von mit laide.*
> (Vv. 10-12).

Weitere Rollen reklamiert das Ich für sich als Laufbursche, Koch, Pferdeknecht und Ruderer bis nach Kreta und zurück, wobei die Kleidung Zeichen für die konstante Not ist: *vil mancher kittel was mein bestes klaide* (V. 16).

Die zweite Strophe listet zunächst **katalogartig** Länder, die das Ich im Kontext der Könige Ruprecht und Sigismund *auf meines aigen geldes wer* (V. 19) bereist hat, anschließend werden zehn Sprachen ebenfalls katalogartig gereiht, die das Ich beherrschte. Besonders hervorgehoben wird eine weitere, die musikalische Fähigkeit: *auch kund ich fidlen, trummen, paugken, pfeiffen* (V. 24). Nochmals wird auf Reiseerfahrungen angespielt, die in einer Episode konkretisiert werden. Wie in Kl. 23 wird von einem Schiffbruch (hier als Kaufmann) und der Rettung auf einem Weinfass berichtet.

In der dritten Strophe ist nur von einem Ereignis die Rede, der **Auszeichnung** des Sängers durch die Königin von Arragon, Margarethe von Prades. Realhistorischer Hintergrund für die Szenerie ist die Aufnahme Oswalds in den Kannen- und Greifenorden (vgl. das 'Portrait' oben S. 17) während der Reise 1415/16 im Gefolge Sigismunds. Die Königin wird als Minnedame attribuiert: *schon und zart* (V. 33). Damit reimt sie sich natürlich auf den *bart* (V. 34) des Sängers, der vor ihr kniet und ihr eben seinen Bart reicht. In ihn bindet sie *ain ringlin zart* (V. 35) mit den katalanischen Worten ('bindet es nicht mehr los'): „*non maiplus dis ligaides"* (V. 36). Die Königin selbst sticht dem Ich zwei Ohrlöcher für zwei Ringe, die man, Oswald gibt lautmalerisch ihre Bezeichnung wieder, *raicades* (V. 40) nennt. Der zweite Teil der Strophe gehört der Reaktion auf die Ehrung. Der Sänger trifft den König, der ob dessen Erscheinung ein Kreuz schlägt, die Aufmachung als *tant* (V. 43) bezeichnet und fürsorglich fragt: „*tün dir die ring nicht laides?"* (V. 44). Von der Hofgesellschaft wird der Geehrte mit Gelächter aufgenommen. Sie ist allerdings 'dort in Perpignan' hochkarätig besetzt mit neun Personen *kunglicher zier* (V. 46), 'ihrem' (der schismatische) Papst Pedro de Luna, dem römischen König und eben Margarethe von Prades. Oswald stilisiert sich in dieser Szenerie nicht als Minnenarr, wie vermutet wurde, vielmehr spiegelt sie einen Höhepunkt des Sängers eben in allerhöchsten Kreisen. Die Ehrung verleiht Glanz, doch ist die Rolle

5.3.8.2 *Es fügt sich*

des Geehrten die des Künstlers, der zwar in vertrauter Nähe mit den hohen Damen und Herren agiert, sich selbst, um zu gefallen – wie es auch gegen Ende des Lieds in Vers 106 heißt –, komisch inszeniert.

Die vierte Strophe berichtet von einer *conversio*, einer **Umkehr**. Man vermutet, dass Oswald hier auf eine Pilgerfahrt ins Heilige Land anspielt. Das Ich beteuert, dass es sein *tummes leben* (V. 49) verkehren wollte und für zwei Jahre zum Begharden, einem Wandermönch, wurde. Nur der Beginn gelang *mit andacht* (V. 51), ansonsten störte *die minn* (V. 52). Als Ritter hatte das Ich keinen Erfolg bei seiner Dame, die Kutte zeitigte das Gegenteil:

> *Vil manig ding mir do gar ring zu handen ging,*
> *do mich die kappen mit dem lappen umbefing.*
> *zwar vor und leit mir nie kain meit so wol verhing,*
> *die mein wort freuntlich gen ir gehöret.*
> (Vv. 57-60).

Oswald greift das Schwankmotiv des lüsternen Pfaffen auf, mit der Kutte versehen gelingen gleich die Liebeserfolge. Ihr Ablegen hat genauso unmittelbar zur Folge, dass sich Freud zu Leid verkehrt.

Die beiden folgenden Strophen setzen die **Minnethematik** fort, freilich ohne sie ins Komische zu wenden. Sie erfolgt in traditioneller Topik als Minnenot im Hinblick auf die einzigartige Geliebte, *ain ausserweltes mündli rot* (V. 65). Die Leiderfahrung rekurriert auf die einschlägige Symptomatik: Sein *herz ist wunt bis in den bittern tod* (V. 67), körperlich reagiert es mit dem Wechsel der Gesichtsfarbe, mit Zittern, Seufzen und Hitzewallung. Bei ihr *ist unfrei mein mitt und mass* (V. 77). Das Ich sieht sich gezwungen, umherzuziehen, mit dem Ziel:

> *bis das genadt lat iren hass,*
> *und hulf mir die, mein trauren käm zu wunne.*
> (V. 79f.).

Der Sänger betont, dass auch die 400 schönen Frauen, die er 'männerlos' auf der Insel Ios gesehen haben will, seiner Dame nicht gleichen. Gleichwohl erleidet er durch sie Schmerz, er entbehrt ihren Gruß, und süßen Schlaf findet er nicht, was er *iren zarten weissen armen* (V. 92) klagt. Die Strophe endet mit einem Seufzer:

> *zwar auff mein er, wesst ich nicht mer ir wider gegen,*
> *des müsst mein oug in zähern dick erbarmen.*
> (V. 95f.).

Die Schlussstrophe formuliert eine 'eingeschränkte' Altersangabe, die kontrovers diskutiert wird (vgl. unten):

> *Ich han gelebt wol vierzig jar leicht minner zwai*
> *mit toben, wüten, tichten, singen mangerlai*
> (V. 97).

5. Die Lieder

Aufgrund des langen weltlichen Treibens wird die Notwendigkeit einer umfassenden *revocatio* erwogen, hier die Ehe als Möglichkeit vernünftigen Verhaltens. Die Ehe wird indessen sofort relativiert, denn sie ist verbunden mit der Furcht des Sängers vor *meins aigen kindes geschrai* (V. 99) und *elicher weibe bellen* (V. 104). Demgegenüber kann diejenige nicht vergessen werden, *die mir hat geben mut uff disem erterereich* (V. 102). Der Sänger sinniert noch einmal auf seinen künstlerischen Erfolg:

> *In urtail, rat vil weiser hat geschätzet mich,*
> *dem ich gevallen han mit schallen liederlich.*
> (V. 105f.).

Das Lied endet mit der „Wolkenstein-Formel" entsprechend den geistlichen Liedern und einem Verweis auf gute Taten als Vorbereitung auf das Jüngste Gericht:

> *ich, Wolkenstein, leb sicher klain vernünftiklich,*
> *das ich der werlt also lang beginn zu hellen.*
> *Und wol bekenn, ich wais nicht, wenn ich sterben sol,*
> *das mir nicht scheiner folgt wann meiner berche zol.*
> *hat ich dann got zu seim gebott gedienet wol,*
> *so forcht ich klain dort haisser flamme wellen.*
> (Vv. 107-112).

Die episodisch gereihte Lebenssumme der Welt- und Minneerfahrung von Kl. 18 findet den gemeinsamen Bezugspunkt in der Not. Die Schlussstrophe perspektiviert die einzelnen Rollenkonstellationen. Die angeführte Jahreszahl (40) ist wichtig, allerdings weniger als biographische Altersangabe und Hinweis auf den Anlass und die Entstehungszeit des Liedes – wahrscheinlich zwischen 1415/16 aufgrund der Reise und vor der Heirat mit Margarethe von Schwangau. Die Jahreszahl wird ja nicht als einfache Alterszahl genannt, sondern sie gibt den Impetus, das bisherige Leben zu bilanzieren. Egal, ob man die zwei Jahre (*minner zwai*, V. 97) als *beghart* vom 40-jährigen verkehrten Leben mit *toben* und *wüten* abziehen möchte oder nicht, die Nennung *vierzig jar* ist zunächst das Wesentliche. Der Verweis auf das vierzigste Lebensjahr ist in der Literatur bis heute und so auch in der mittelalterlichen Literatur, z.B. bei Walther von der Vogelweide, Hans Sachs, Heinrich Seuse oder Rulman Merswin, vielfach Zeichen für einen Einschnitt und Wendepunkt in der Lebensausrichtung. Oswald nutzt die symbolische Rolle des Vierzigjährigen für die Gestaltung des Lebensrückblicks. Dieser führt allerdings nicht zu einer ausschließlichen Absage an die Welt als Resultat der gemachten Leiderfahrung(en) mit der Perspektive, zukünftig ein gottgefälliges Leben zu führen (V. 111). Mit der Betrachtung *sub specie aeternitatis* endet das Lied, doch zuvor wird dem *klain vernünftiklichen* Leben ja auch Erfolg zugeordnet, des Sängers Rat und seine Kunst haben eben *vil weiser* (V. 105) geschätzt. Hier wird noch einmal künstlerisches Selbstbewusstsein formuliert. Oswald rekurriert auf einen Aspekt des Liedes, der mehrfach aufscheint. Der Leiderfahrung kann sich der Künstler entgegenstellen, kann mit der Not fertig werden. So unterstreicht der Sänger seine

5.3.8.2 *Es fügt sich*

Kompetenz: *auch kund ich fidlen, trummen, paugken, pfeiffen* (V. 24), gepaart mit der Fähigkeit, zehn Sprachen zu beherrschen. Der Hinweis hierauf und die Aufzählung der Sprachen verdeutlicht nicht nur, wie weit er herumgekommen ist, sondern eben auch seine Leistung. Seine künstlerische Ambition deutet sich ebenso in der Auszeichnungs-Episode von Perpignan an. Zudem lässt sich der Vers 98 nicht nur als Aufzählung, sondern auch 'dualistisch' als Gegensatzpaar verstehen: einerseits *toben, wüten*, andererseits (positiv gewertet) *tichten, singen*. Möglicherweise wird dieser Aspekt auch in der abschließend ausgesprochenen Grundeinsicht in die schicksalhafte Verstrickung und der sich in weltlicher Unvernunft manifestierenden endlichen Zeitlichkeit des Menschen einbezogen. Der Verweis auf meiner *berche zol* (V. 110) lässt sich nicht nur allgemein auf die Taten eines gottgefälligen Lebens beziehen, sondern ebenso auf die künstlerischen Werke. Er könnte so auch die Hoffnung des *homo poeta* zum Ausdruck bringen, der seine ihm von Gott zugewiesene Rolle erfüllt. Kl. 18 ist so verstanden kein rückblickendes Altersslied mit Blick auf das vergangene Leben, „vielmehr ein kontemplativ auf Vergangenheit und Zukunft gerichtetes, christlich-religiös bestimmtes Lied des reifen Mannesalters" (Wierschin 1982, S. 445).

Eine solche Lesart von Kl. 18, in der das Lied eher als (durchaus **selbstbewusste**) **geistliche Reflexion** Oswalds denn als stilisierte biographische Selbstaussprache verstanden wird, ist nochmals erhärtet worden (Fürbeth 1996/1997). Sie ist vielleicht etwas überzogen, vor allem was die Zahlenallegorese der Altersangabe anbelangt, doch spricht gleichzeitig einiges für die Gesamtdeutung des Liedes.

Die **Altersangabe** wird hierbei funktional interpretiert, mit ihr gebe Oswald einen Schlüssel zu seinem Lied. Die Altersangabe habe keinen realen Bezug, weil sie sich nicht auf die ersten zehn Lebensjahre beziehe, sondern auf die Jahre des *tobens, wütens*. Real verstanden hätte Oswald das Lied mit 48 bzw. 50 Jahren verfasst. Symbolisch hingegen nimmt die Zahl 38 eine besondere Stellung ein: 38 signifiziert die Krankheit des sündigen Lebens, und zwar über ihr Defizit zur 40, die moralisch-tropologisch das vollkommene irdische Leben nach der Lehre von Gesetz und Evangelien bezeichnet. Die Zwei, die der 38 zur 40 fehlt, steht für das Doppelgebot der Gottes- und Nächstenliebe, wenn dieses Gebot nicht beachtet wird, wird das richtige Leben verfehlt. Sündiges Leben wird also genau genommen nicht gekennzeichnet von der 38 selbst, sondern von der Subtraktion der 2 von der 40, so steht demnach die *vierzig minner zwai* als Zeichen für das Leben in einer verkehrten Welt: die 'Lebensballade' thematisiere das verkehrte, das sündige Leben. Dies werde in den ersten vier Strophen durchgeführt jeweils als Hinwendung zur Welt und mangelnde Standhaftigkeit ihren Versuchungen gegenüber, sie veranschaulichen die *civitas diaboli*. Die letzten drei Strophen – auch die Strophenzahlen lassen sich zahlensymbolisch zuordnen – stehen unter dem Zeichen der *civitas Dei*. Mit der Hinwendung an das einzigartige *mündlin rot* (V. 66) erfolge der Zwang zur 'Lebensbeichte', den die höchste aller Minnedamen, die Gottesmutter selbst ausübe und die als Hoffnung auf das Erbarmen bleibe. So gelesen ändert sich auch das Verständnis des *schallen liederlich* (V. 106). Das bisherige

Singen ist dann der falschen Welt zugeordnet, in Zukunft werde der Sänger seine Kunst anders ausüben, zum Lob der *civitas Dei* einsetzen. Oswald wende sich an ein Publikum, das selbst von den Versuchungen der diesseitigen Welt gefährdet wird. Er warne und er könne den Versuchungen der Welt die Liebe der Jungfrau Maria entgegenstellen und er könne den Rezipienten durch exemplarisches Beichten, Bereuen und Büßen die Heilsgewißheit der Gnade vermitteln: „Oswald erfüllt seine 'Buße' also auf mehrfache Weise; höchst konkret in seinem Lied schon tätigt er das Werk, das dereinst Zeugnis ablegen wird, und kehrt sich damit gegen die Lieder, die vorher nur dazu dienten, der Welt zu gefallen" (Fürbeth 1997/1997, S. 216).

Dieses Verständnis von Kl. 18 als **Beicht- und Bußlied**, das die Einsicht der *conversio* auch auf das eigene literarische Werk bezieht, hat – so lässt sich Fürbeths Interpretation ergänzen – eine auffällige Parallele bei Hugo von Montfort. Hugo resümiert sein Werk in der Rede Nr. 31, es ist eine nach Gattungen differenzierte Auseinandersetzung mit der eigenen Autorrolle und einer zwingenden *conversio*, die am eigenen literarischen Tun festgemacht wird. Hugo hat *gebluemte wehe wort getichtet von den weiben*, was er 'jetzt' verwirft. Im Gegensatz zu Oswald will er nicht seine Kunst gottgefällig ausrichten, sondern konsequent von ihr lassen (er will *von tichten lan*) und sich ganz Gott hinwenden.

Weiterführende Literatur: Fürbeth 1996/1997, Hartmann 1993, Hirschberg; Ragotzky 1984/1985, Müller 1968a, 1978, Röll 1975, Spicker 1997, Wachinger 1989, Wierschin 1982.

5.3.9 Politische Lieder

Im engeren Sinn politische Lieder hat Oswald nur wenige in seinem Repertoire. Das bekannteste ist sicherlich das sog. 'Greifensteinlied' Kl. 85, was auch die recht große Zahl der Einspielungen belegt. Das einstimmige Lied ist ein **politisches Parteilied**, recht begeistert feiert es den erfolgreichen Ausfall der Tiroler Adelsbündner wohl 1423 aus der Festung Greifenstein (im Etschtal bei Bozen). Das Lied ist nicht in A überliefert, möglicherweise aus politischen Gründen. Überliefert ist es allerdings neben B und c auch im Augsburger Liederbuch (G).

In B und c ist das Lied siebenstrophig. Die Strophen 1-3 und 4-7 thematisieren zwei unterschiedliche Kampfepisoden, was sich auch im unterschiedlichen Reimschema niederschlägt. Die erste Episode ist situiert *in dem obern veld* (V. 10). Sie schildert den Ausfall der Wolkenstein-Brüder aus Greifenstein:

> *Do hüb sich ain gestöber auss der glüt*
> *all nider in die köfel, das es alles blüt.*

> *banzer und armbrost, darzu die eisenhüt,*
> *die liessens uns ze letze; do wurd wir freudenreich.*
> (Vv. 5-8).

Die Brüder legen Feuer, zahlen zurück, der Verantwortliche wird namentlich dingfest gemacht:

> *Ich hör, wer übel leihe, das sei ain böser gelt:*
> *also well wir bezalen, herzog Friderich.*
> (V. 11f.).

Die zweite Episode handelt von einer weiteren Auseinandersetzung, jetzt *vorm Raubenstain inn dem Ried* (V. 14). Gegner dort sind die *gepawren von Sant Jörgen, die ganz gemaine* (V. 17), man beginnt *ain werfen und ain schiessen, ain gross gepreuss* (V. 21). Die Schlussstrophe listet weitere Gegner mit Namen und endet mit dem freudigen Ende, kein Sieg, sondern das Entkommen:

> *Die Botzner, der Ritten und die von Merän,*
> *Häfning, der Melten, die zugen oben hran,*
> *Serntner, Jenesier, die fraidige man,*
> *die wollten uns vergernen, do komen wir der von.*
> (Vv. 25-28).

Das eigentlich Besondere des Liedes liegt nicht so sehr in seiner Dynamik, die an ein Marschlied erinnert. Überraschend und wohl ohne Vorbild in der mittelhochdeutschen Lyrik ist Oswalds Selbstnennung. Er verweist hier nicht auf den Autor, sondern aus der Perspektive des Berichterstatters zählt er auch sich in der ersten Strophe als einen der Hauptkämpfer auf:

> *„Nu huss!" sprach der Michel von Wolkenstain,*
> *"so hetzen wir!" sprach Oswalt von Wolckenstain,*
> *"za hürs!" sprach her Lienhart von Wolkenstain,*
> *"si müssen alle fliehen von Greiffenstain geleich."*
> (Vv. 1-4).

Oswald reklamiert hier für sich nicht literarisches Können, sondern den militärisch-politischen Erfolg. Interessant ist hierbei auch, dass dies die einzige Stelle im Œuvre ist, in der zwischen Vor- und Zunamen das *von* eingeschoben ist. Es dürfte ein dezidierter Hinweis auf die adlige Herkunft der Brüder Wolkenstein sein, die sich von den Bauern abgrenzen.

Im Augsburger Liederbuch (Mitte des 15. Jahrhunderts) ist das Lied dreistrophig überliefert. Die Strophen 1 und 3 stimmen weitgehend mit der 'Hausüberlieferung' überein (*Lienhart* wird wohl aufgrund von Unkenntnis in *Arnolt* geändert), die zweite Strophe findet sich nur in G. Als Variante belegt es offensichtlich, wie Oswald ein Lied den Vortragsbedingungen anpasste. Weggelassen sind die Strophen, die vor allem Lokales benennen, das Lied ist demnach auf ein Publikum zugeschnitten, das mit den Tiroler Örtlichkeiten wenig oder gar nicht vertraut war.

5. Die Lieder

Oswald war mehrfach in die **Auseinandersetzung** des Königs **mit den Hussiten** involviert. Mit Kl. 27 legt er eine Invektive gegen sie vor, die auf einer konsequent durchgeführten Vogel-Allegorese beruht. Fluchtpunkt ist hierbei ein Wortspiel, das böhmische 'hus' hat die Bedeutung 'Gans', die Hussiten werden zu Gänsen.

Ausgangspunkt ist die Mahnung, *das sich die löff in manchem weg verkeren* (V. 6), die **göttliche Ordnung** sich ändert. Dies belegen die Gänse *zu Behem und ouch anderswo, / do si die federn reren* (V. 9f.). Den Gänsen werden die edlen Vögel, die Greifvögel entgegengestellt, die sozusagen in ständischer Abfolge gelistet werden, die aber ihrer Rolle nicht gerecht werden:

> *Das federspiel hat ser verzagt,*
> *die adler, falcken, häbich, sparwer, smieren,*
> *sein baiss mir laider nit behagt,*
> *wann ich ir schellen vast hör timpelieren.*
> (Vv. 11-14).

Die Greife gehen nicht adäquat gegen die Gänse vor, weshalb sie und besonders der Adler, also der König, aufgefordert werden:

> *wol auff, all vogel, rauch und rain!*
> *hilf, adler gross, dein swaimen las erwachen!*
> *fleigt schärpflich ab und stosst die genns,*
> *das in die rügk erkrachen!*
> (Vv. 37-40).

Nach einer Spottstrophe direkt auf Jan Hus hebt Oswald die gottgewollte Ordnung nochmals hervor in einem Tonfall, der an Walthers 'Reichston' erinnert:

> *Ain jeder vogel inn der welt*
> *sein orden halt, in dem er ist geboren,*
> *mit seinem gelouben unvermelt,*
> *wann neur die ganns will tragen krumpe horen*
> (Vv. 51-54).

Die alte, richtige Ordnung wird mit einem Zitat belegt:

> *„Den besten vogel, den ich waiss,*
> *das was ain ganns" vor zeiten ward gesungen.*
> (V. 61f.).

Der im Lied nicht genannte Autor des Zitats dürfte der König vom Odenwald sein. Verkehrt hat sich *das best* zu *das böst*. Das Lied endet mit einer Mahnung an die *güten cristan* (V. 81), den Himmelsfürsten anzuflehen, seinen Zorn abzuwenden, den man erkennen kann an Zeichen wie Epidemien, Totschlag, Dahinsterben und eben ketzerischen Bräuchen:

5.3.9 Politische Lieder

in Frankreich, Engelant, Katalon,
in Lampart und zu Behem auf der mitte
mit inflüss, mansleg sterben gan
und durch gelouben ketzerlicher sitte.
(Vv. 85-88).

Für dieses Anliegen erhofft der Sänger sich den Beistand der Gottesmutter:

stee für, Maria, wend dein Kind!
ich Wolkenstein das bitte. Amen.
(V. 89f.).

Das Lied lässt sich zeitlich nicht genau zuordnen. Aufgrund der Strophe an Hus, die diesen als lebend anspricht, hat man versucht, es exakt auf die Zeit kurz vor der Verbrennung Hus' am 6.7.1415 zu datieren. Oswald befand sich allerdings zu diesem Zeitpunkt nicht mehr in Konstanz. Oswald hat mehrfach am Hussitenkrieg teilgenommen, so wahrscheinlich 1431, sicher 1420, 1427 hat er urkundlich belegt *ain Rays an die Hussen* versprochen. Oswalds Lied trifft sicherlich den Ton der allgemeinen Stimmung gegen die Hussiten, die nicht an einen bestimmten Zeitpunkt fixiert ist. Sein 'flammender' Aufruf enthält keinerlei Auseinandersetzung etwa mit den reformerischen Ideen von Hus, sondern es geht ausschließlich um die Wiedererlangung von Adelsprivilegien, die Oswald durch die 'Ketzer' bedroht sieht. Sie sind die Feinde der hergebrachten Ordnung, Kl. 27 fordert geradezu das energische Vorgehen ein gegen die ständische Bedrohung, hierfür werden allgemein der Adel und insbesondere der König zur Verantwortung und aktiver Gegenwehr aufgerufen.

Einzigartig im Œuvre Oswalds ist das Preislied Kl. 86 auf den Kurfürsten Ludwig III. von der Pfalz. Es ist ein dreistrophiges **repräsentatives Prunklied**, das auffallend mit (Binnen-)Reimen geschmückt ist. Es setzt ein mit einer emphatischen Anrede des Herrschers:

O phalzgraf Ludewig
bei Rein so vein, dein steig
geit braite schraitte tugent gross.
(Vv. 1-3).

Oswald nennt Titel und Namen, wobei er ihn akzentuierend aus der 'reinen' Reimbindung löst – bereits der Schreiber von c hat dies nicht verstanden und den Namen in *ludweig* geändert. Die erste Strophe dient der panegyrischen Preisung, die auf die einschlägige Topik rekurriert. Der Pfalzgraf wird als einzigartig hervorgehoben, er verkörpert *adelicher mass* (V. 8) und ihm werden Herrschertugenden zugesprochen: *manhait, weishait warhafft, milt* (V. 10). Angeredet wird er allerdings mit dem vertraulichen „Du", und das Sänger-Ich reklamiert ausdrücklich Aufmerksamkeit für seine dem Fürsten adäquate Preisung: *hör mich, was ich dir sag!* (V. 6). Die Aufzählung der Tugenden endet damit, dass Ludwig sich auch den Damen gegenüber wohlgesinnt zeigt: *ouch freuen dich die frauen*, bekräftigt

5. Die Lieder

durch ein *permafoi* (V. 11). Der Einbezug der Damen drückt wohl eine ironische Brechung aus, die zugleich mit dem Verweis auf die Gemahlin eine vertraute Nähe signalisiert:

> *hort ich von deim getruen*
> *gemaheln von Sophoi.*
> (V. 12f.).

Auch in der zweiten Strophe verbindet sich der **panegyrische Impetus** mit der Hervorhebung des Lobenden:

> *Ich rüm dich, Haidelwerg,*
> *lob oben auf dem perg,*
> *das schöne, fröne mündlin rot*
> *da zeren müss und brot*
> *mit züchten wolgemüt.*
> (Vv. 14-18).

Das Lob gilt der Burg, dem Herrschersitz, nicht der Stadt, und den Mädchen, die sich dort auszeichnen. Sie sind *mit jugent, tugent wolgeziert / mit wandel, handel ungefiert* (V. 22f.), wofür das Sänger-Ich gleich den Allerhöchsten mitlobt:

> *des lob ich got, den milden, was ich kann,*
> *das er also kann bilden*
> *schön kindichin wolgetan.*
> (Vv. 24-26).

Die Mädchen werden namentlich aufgezählt. Sie gehören offensichtlich zum engeren Verwandtenkreis Ludwigs. Ihre Namen werden in der Verkleinerungsform wiedergegeben und mit dem Suffix *–chin* sprachlich mit Lokalkolorit versehen:

> *Metzlin, Ketzlin, Kädrichin,*
> *Agnes und Engichin*
> (V. 20f.).

Die Diminutive verdeutlichen nicht nur die Jugendlichkeit der Mädchen, sondern auch den vertrauten Umgang des Ichs mit ihnen.

In der letzten Strophe listet Oswald geographische Fluss- und Städtenamen, die das Herrschaftsgebiet des Pfalzgrafen abstecken. Das Lied endet mit einem weiteren Lob auf den Fürsten. Er kümmert sich *unfröstlich, köstlich* (V. 35) um das Ich, das ihn privat-vertraut mit einem Scherznamen anspricht: *mein lieben bart* (V. 36). Entlohnt wird der Sänger – entsprechend Kl. 41,46 – mit Fuchs- und Marderpelz.

Das panegyrische Lied steht motivlich ganz in der Tradition des herkömmlichen **Herrscherpreises**. In dieses topische Sprechen bindet sich das Sänger-Ich bemerkenswert ein, einerseits mit der vertrauten Nähe zum Herrscher und seiner Familie, andererseits mit dem ostentativen und mehrfach wiederholten Verweis auf die eigene Kunstausübung. Das Lied wurde möglicherweise in Heidelberg erstellt und/oder dort aufgeführt. Belegt ist dies nicht. Auch ist es nicht in der umfangreichen Heidelberger Bibliothek überliefert. Dort findet sich nur ein Lied Oswalds aufgezeichnet, Kl. 128, ein traditionelles Liebeslied (vgl. unten S. 151). Oswalds Verfasserschaft wird in der Handschrift nicht festgehalten.

Weiterführende Literatur: Feldges 1977, Marold 1926, Müller 1968a, Ocken; Mück, 1981, Ockel 1977, U. M. Schwob 2001, Wittstruck 1987.

5.3.10 'Konventionelle' Liebeslieder

Einen breiten Raum im Œuvre Oswalds nehmen 'konventionelle' Liebeslieder ein. Es sind Lieder, die in der Tradition der 'Hohen Minne' stehen, vor allem, was ihre Motive, Terminologie und Metaphorik anbelangt. Sie unterscheiden sich vom klassischen Minnelied in der Regel dadurch, dass ihnen das reflexive Moment fehlt – aber nicht immer –, daneben ist in ihnen auch der traditionelle Gestus des (vergeblich) hoffenden Werbenden deutlich reduziert. Oftmals wird – wie eben im klassischen Minnesang – geklagt, bei Oswald aber nicht primär über die Unerreichbarkeit der Dame, häufiger klagt er über den Schmerz des Abschieds oder über das Getrenntsein. Das Motiv des Dienens ist vielfach vorhanden, allerdings nicht so sehr als Dienen um Minnelohn, sondern als Folge der Liebesgewährung oder im Kontext der wechselseitigen Liebe. Auch für diese Lieder ist das Variationsspektrum und ihre Formenvielfalt ein hervorstechendes Merkmal.

Kl. 46 ist ein **vierstimmiges Lied mit einer besonderen Metrik**. Die ersten beiden Strophen haben fünf Verse, sie sind bis auf den Schlussvers jeweils durchgereimt, die Schlussverse sind über Kornreim miteinander verbunden. Diesem Schema entspricht auch die dritte Strophe mit vier Versen. Ebenfalls vier Verse hat die Schlussstrophe, sie hat aber Kreuzreim und keine Verzahnung über Kornreim. Diese metrische Form hat romanische Herkunft, worauf auch die 'potenzierte' Polyphonie verweist. Das Lied ist eine Kontrafaktur der anonym überlieferten Ballade 'Je voy mon cuer'. Oswald gestaltet einen Frauenpreis. Er beginnt mit einer Apostrophe:

> *Du ausserweltes schöns mein herz,*
> *dein wunniklicher scherz*
> *hat benomen mir besunder smerz*
> (Vv. 1-3).

Die direkte Anrede wird erneut aufgegriffen mit einer hyperbolischen Metapher, die über das Bild des Falken Schönheit mit sozialem Status paart:

5. Die Lieder

> *ei, minnikliches falcken terz,*
> *wie süss ist dir dein snäblin wolgevar!*
> (V. 4f.).

Die folgenden Strophen sprechen die Geliebte nicht mehr direkt an, sondern das Ich redet über sie. Das Lob der körperlichen Schönheit wird fortgesetzt. Sie ist einzigartig, was topische Bescheidenheit des Sängers zeitigt: *ich kann ir nicht volziern* (V. 6). Pars pro toto werden die Brüste gepriesen: *weisse brüstlin, sinwel als die biern* (V. 8). *Ir stolzer leib* (V. 10), also sie, nimmt dem Ich allen Schmerz. Das Ich räsonniert über die Folgen räumlicher Trennung (ähnlich Hausen oder Johansdorf). Wo auch auf der Welt es sich befindet, das Denken richtet sich an ihre Tugendsamkeit:

> *ir ler, zucht und weipliche er*
> *müss ich bedenken, wo ich inn der werlt hin ker*
> (V. 12f.).

Wie im traditionellen Minnelied ist die Zuversicht des Sängers auf die Geliebte gerichtet, bei Oswald allerdings verbunden mit der reziproken Hoffnung, *wie si mich nicht well län* (V. 16). Das Lied endet geradezu klassisch:

> *unvergessen bin ich ir undertan*
> *und harr auff güten wän.*
> (V. 17f.).

Kl. 51 ist eine **monologische Liebesklage**, die zweistimmig überliefert ist, in A sind beide Stimmen, in B nur der Tenor textiert. Wird die zweite Stimme als instrumentale Begleitstimme eingesetzt, wie auch in Kl. 78 und Kl. 91, so könnte dies auch hier auf eine religiöse Assoziation verweisen (vgl oben S. 102). Die Form entspricht der Kanzone, das Lied ist auffällig mit Schlag- und Binnenreimen geschmückt.

Die erste Strophe formuliert Liebessehnsucht als Krankheit bis zum Tod. Das Ich erleidet die Trennung von der Geliebten, sie wird räumlich konkretisiert:

> *zart minnikliches weib,*
> *dein leib mich scheibt und treibt gen Josophat.*
> (V. 4f.).

'Josophat' hat man als Verweis auf eine Reise Oswalds ins Heilige Land bezogen, für das Liedverständnis wichtiger ist die Bedeutung 'Jüngstes Gericht', die mit dem Namen verbunden wird, oder als Euphemismus für 'sterben'. Die Lebensrettung *aus grosser not* (V. 9) ist abhängig von ihrer *gnad* (V. 8; in A *trew*). Angesprochen wird die Geliebte mit dem traditionellen erotischen Signal *dein mündlin rot* (V. 11), das sich hieraus ableitende Begehren ist recht direkt artikuliert:

5.3.10 'Konventionelle' Liebeslieder

hat mir so schier mein gier erwecket vil,
des wart ich genaden an dem zil.
(V. 12f.).

In der zweiten Strophe wiederholt das Ich seine Hoffnung auf Erlösung aus der Liebesqual, was sich hier mit einem eindrucksvollen Gleichnis verbindet:

frau, schidlicher freuntschafft wart ich so,
recht als der delephin,
wenn in der sin fürt hin zu wages grund
vor dem sturm, und darnach wirt enzunt
von sunnen glast;
die im erkückt all sein gemüt.
(Vv. 16-21).

Ob dieses Bild Oswalds 'Eigentum' ist oder er es eher aus anderen, etwa naturkundlichen Kontexten ableitet, ist unklar. Es wurde aufgefasst als Anspielung auf eine reale Seereise.

Das Ich appelliert an *die weiplich güt* (V. 23), er wolle als ihr *gast* (V. 24)

nicht sterben, serben, werben in unfrüt!
in ellenden pein ich tob und wüt.
(V. 25f.).

Auch die Schlussstrophe ist ausgefüllt vom Sehnsuchtsverlangen des Ichs, sein Sinnen über sein Leid in der Nacht schwächt es körperlich, Trost findet es nicht. Es endet mit einem (topischen) Stoßseufzer:

ach we, wann wirt erlöst
mein trauren? tauren, lauren negt und pösst,
da mit ich der sinn wird gar emblösst.
(Vv. 37-39).

Kl. 51 bedient sich der **Motive, Schemata und Sprachformeln des traditionellen Minnelieds**. Auch der **Redegestus als Klage** leitet sich hieraus ab, allerdings wird er nicht – wie oft im höfischen Sang – mit einem Preis der idealen Dame verbunden. Voraussetzung der Klage ist indessen nicht die Unerreichbarkeit der Dame. Das Lied artikuliert deutlicher das sexuelle Begehren (*mein gier*; V. 12), gleichzeitig erfolgt die Trennung hier offensichtlich wie aus einem bestehenden Liebesverhältnis heraus: „Das Ich fühlt sich als *gast* (II,9) der Geliebten, glaubt zumindest *gast* gewesen zu sein, *gast* offenbar im Herzen der Geliebten. Das Pathos der Klagen, der Appell an ihre *treu* (I,7), die Hoffnung auf *genaden* (I,11), vielleicht auch das Gleichnis vom Sturm, der den Delphin bedroht (II, 4-7), all das scheint zu besagen, daß das bestehende Liebesverhältnis nicht nur äußerlich durch die Trennung, sondern auch von innen her bedroht ist, daß es eine schwierige, schmerzliche Liebe ist" (Wachinger 1999, S. 19f.). Diese 'neue' Artikulation er-

5. Die Lieder

folgt freilich nach wie vor in der **Inszenierung herkömmlicher und bekannter Versatzstücke**.

Traditionelle Motive und Formeln bestimmen auch Kl. 57. Das einstimmige Lied ist nur wenig geschmückt, die Schlussverse der Strophen haben Kornreim. Das Ich betont zunächst seine absolute und unentwegte Hinwendung zu einer Frau, bedingt durch *ir mündlin* (V. 6). Im Eingangsvers erhält sie eine konkrete Altersangabe: *Ain mensch von achzehen jaren klüg*. Man hat versucht, die Angabe auf eine bestimmte Person zu beziehen, doch ist dies willkürlich. Auch signalisieren die 18 Jahre nicht zwingend eine junge Frau. Eine weitere Konkretisierung deutet wohl auf Oswalds Einäugigkeit: *seid mir ain oug sein wandel zaigt* (V. 4). Die zweite Strophe ist eine Sehnsuchtsklage in der Tradition der Fernliebe, das Ich wird beherrscht vom minnenden Denken:

> *Ach got, und wesst si mein gedanckh,*
> *wenn ich vir ir senlichen kranck*
> *hert stän und tar in kainem wanck*
> *desgeleichen rencken.*
> (Vv. 13-16).

In der dritten wird die Geliebte zunächst hyperbolisch allgemein als schönste Frau gepriesen, um sodann ihre Schönheit über ihre Proportionen entsprechend der topischen *personarum descriptio a corpere* zu fassen (vgl. oben Kap. 5.3.1):

> *ir schön gepärd tüt mir ungemach,*
> *von höch der schaittel über ab den grund.*
> *wenn ich bedenck so gar die mass,*
> *kürz, leng, smal, brait, zwar tün und lass.*
> (Vv. 19-22).

Das Lied ist also eine **Sehnsuchtsklage**, die die Einzigartigkeit der Besungenen hervorkehrt. In Handschrift A hat ein anderer Schreiber (vielleicht der Notenschreiber) dem Text eine Überschrift hinzugefügt: *Regina margarita*. Auf wen oder was sie sich bezieht, ist unsicher.

In der Regel textiert Oswald seine **musikalisch-metrischen Adaptationen aus der Romania** neu. Bei Kl. 65 ist dies anders, das Lied hat auffällige Übereinstimmungen mit der Vorlage, es ist die Klage eines Liebenden über sein verwundetes Herz und der flehentlichen Bitte nach Trost.

> *Mein herz, das ist versert*
> *und gifftiklichen wunt*
> *mit ainem scharpfen swert*
> *zwier durch bis an den grund.*
> *Und lebt kain arzt auff erd, der mich verhailen kann,*
> *Neur ain mensch, das mir den schaden hat getan.*
> (Vv. 1-6).

5.3.10 'Konventionelle' Liebeslieder

Oswalds Schlussstrophe lautet:

Ich man dich, lieb, der wort
mit williklichem trost.
bedenck das kleglich mort,
da mit ich werd erlost!
Vil besser ist mit eren kurz gestorben zwar,
wann mit schanden hie gelebt zwai hundert jar.
(Vv. 13-18).

Das Lied ist die **zweistimmige Kontrafaktur** der ursprünglich dreistimmigen Ballata 'Questa fanciulla' des bekanntesten italinenischen Trecento-Musikers Francesco Landini. Oswald überträgt Cantus und Tenor, der Kontratenor fehlt. Es ist dies eine Art der Übertragung, die sich nur im deutschsprachigen Raum findet, zum ersten Mal hier bei Oswald.

Kl. 68 ist in A zweistimmig notiert, in B ist nur der Tenor aufgenommen. Das Lied ist ein auf den ersten Blick formelles Liebeslied, Besonderheit wollte man lange nur in **Oswalds Spiel mit den Buchstaben** des Namens *Gret* erkennen. Doch sollte der Verweis auf den konventionellen Charakter nicht vorschnell dazu führen, das Lied zu verkennen. Im Rekurs auf konventionelle Floskeln gelingt Oswald nämlich eine sehr kunstvolle Konstruktion und 'Überhöhung'.

Der erste Vers ist mit dem Schlussvers verzahnt, eine Klammer, die die 'Pole' des Lieds personal vereint. Über das Bild *mein herz jüngt sich in hoher gail* (V. 1) verkoppelt der Sänger sich endgültig mit der Geliebten: *herz lieb, got füg das wär!* (V. 30). Dies korrespondiert mit den Zeitangaben, die die Hinwendung des Ichs zur Geliebten und die daraus resultierende Dauer der beidseitigen Minne ebenso 'polar' verdeutlichen. Heißt es zunächst in einem *Crescendo* immer kürzer werdender Einheiten: *Ich lob den tag, stund, weil, die zeit, minut und quint* (V. 6), so ist die Gemeinsamkeit zeitlich entsprechend ebenfalls extrem ausgerichtet:

Ungeschaiden hie auff erd bis in den tod
und darnach hundert tausend jar.
(V. 26f.).

In der zweiten Strophe nennt der Sänger die Geliebte, indem er die Buchstaben des Namens *Gret* einzeln aufführt und mit Attributen versieht – ein Spiel mit dem Namen, wie es sich ähnlich bei Muskatblüt oder Hugo von Montfort findet. Bei Oswald folgt das Buchstabenspiel den Zusprechungen in der ersten Strophe und dem überaus schnellen Umschlagen der Klage in Freude. Viele Begriffe, die hier der Geliebten beigelegt werden, sind ambivalent, in ihnen vermischen sich Weltliches und Geistliches. So heißt es, dass *all meine band* (V. 4) von ihr gelöst werden, völlig ohne sich selbst zu beflecken: *so gar an sträfflich schand* (V. 5). Die Attribution der Geliebten rekurriert auf marianische Bildlichkeit. Auch der plötzliche Umschlag erfolgt mit Bezug auf Geistliches. Das 'Erlebnis' der Liebeserfahrung wird als Augenblick des Erkennens gefasst, im immer schneller werdenden

5. Die Lieder

Hören, das im Sehen entsprechend eines Augenblicks mystischer Erfahrung kulminiert:

Do ich es hort und gaistlich sach,
Das mir mein klag unzweifelichen so geswind
ward abgenommen; do zerbrach
meins herzen ungemach.
(Vv. 7-10).

Oswalds 'Erlebnis' ist analog zum Damaskuserlebnis des Saulus/Paulus gestaltet. Nicht nur die Pötzlichkeit der Verwandlung, auch die Unterscheidung zwischen dem sinnlichen Hören und dem geistlichen Sehen ist beiden gemeinsam.

Dieser **Vergeistlichung der Liebeserfahrung** folgt der Lobpreis des Namens. Indem Oswald die Buchstaben geradezu mystisch versteht, folgt er auch hierbei der Marienlyrik, in der Marias Name allegorisch ausgelegt wird. Bereits das *G* lässt die ewige Einswerdung der Liebenden erahnen *inn der sele grund* (V. 12). Die weiteren Buchstaben werden verbunden mit ihrer Fähigkeit, Trost, Freude und Treue zu spenden. Adjektivisch werden den einzelnen Buchstaben deutende Kommentare beigelegt: Dem *G* folgt ein mit *g* beginnendes Wort (*grund*), *R* und *E* folgen *edel* und *rot* (V. 13f.) Das *T* wird auf die *treu* (V. 16) bezogen, *von dir zu mir in ewikait* (V. 17). Damit wird der zeitlich ins Unermessliche ausgeweitete Schluss vorweggenommen. Gleichzeitig wird das *T* verdoppelt: *an end der wort zwai T beslossen han die treu* (V. 16). Ein Verweis, dies mit der doppelkonsonantischen Schreibung des Namens zu erklären (*Grett*), reicht nicht, denn es ist ja von mehreren Wörtern die Rede. Offensichtlich bezieht Oswald sich selbst in das Namensspiel ein. Die Denkbewegung signalisiert das folgende *von dir zu mir* (V. 17), beide sind involviert. Wenn zwei *T* die Treue eingeschlossen haben, so könnten beide Namen: Gret und Oswald (der oft mit einem *t* am Ende geschrieben wurde) gemeint sein. Dafür, dass Oswald sich hier selbst einbringt, könnte auch ein weiteres Indiz sprechen. Der erste Vers der zweiten Strophe lautet:

Mit eren, o ausserweltes G
(V. 11).

Er fällt metrisch (und auch musikalisch) aus dem Rahmen, das emphatische *o* scheint überflüssig. Es ist in den Handschriften A und B groß geschrieben. Wie die Initiale *G* auf die Adressatin des Lieds bezogen ist, so lässt sich das *O* als Initiale des Verfassers verstehen.

Mit Kl. 68 gestaltet Oswald **ein Lied über die Spannung zwischen Erotik und Spiritualität**. Das ist im Spätmittelalter nicht außergewöhnlich: „Nirgends aber ist wohl so konsequent und so eindringlich wie hier die Gewißheit, von der eigenen, namentlich genannten Geliebten geliebt zu werden, in geistlichen Dimensionen gesehen worden. Auch Oswald selbst hat nur hier die Liebe zur eigenen Frau ihrer Intensität und ihrer Wirkung nach der mystischen Erfahrung Gottes im Seelengrund gleichgesetzt" (Lutz 1991, S. 46).

5.3.10 'Konventionelle' Liebeslieder

Vergleichbar überhöht sind nur wenige Liebeslieder. Kl. 74 ist eher bescheiden konstruiert, es bringt die Freude des Sängers über die Verbindung zu seinem *freulin* zum Ausdruck. Das Verhältnis zu ihr wird ganz allgemein mit Versatzstücken versehen: *Si ward mein herr und ich ir knecht* (V. 4), oder

> *mein dienst ir allzeit ist berait,*
> *und hoff, das mich die lieb nicht enstoss*
> (V. 11f.).

Die drei Kanzonenstrophen haben jeweils den dritten und den sechsten Vers gemeinsam, zudem einen Refrain. Ähnlich wie *tandaradei* bei Walther erfolgt der Ausruf *des heiaho*, gefolgt vom beteuernden *dem sei also*. Der Refrain übernimmt die (angedeutete) Ausgelassenheit, er gilt dem 'Püppchen':

> *Ach raines töckel, traute, schöne tocke,*
> *du liebst mir mit dem zipfel an dem rocke.*

Formelhaft konventionell ist die Werbungskanzone Kl. 80. Die drei Strophen sind stollig gebaut, sie haben Binnenreime und ihre Schlussverse Kornreim. Die Dame wird in herkömmlicher Metaphorik vorgestellt:

> *Ain rainklich weib, durch jugent schön,*
> *klain aufgedrät an tadels dro,*
> *der wandel, leib gailt mich so hön,*
> *wes si neur bät, des wer ich frow.*
> (Vv. 1-4).

In Sehnsucht zu ihr verfällt das Ich, weil es sich erfreut über *ir rotter mund* (V. 9) und *ir frölich angesicht* (V. 10), entsprechend der Topik *gar zu aller stund* (V. 11). Sie ist im Ganzen untadelig, so dass ihre Erscheinung auch mit Tugend gepaart ist: *ir zarter leib frücht tugent swêr* (V. 15). Sie hält das Ich vollkommen gefangen, das auf den traditionellen *trost* (V. 20) hofft. Wie im klassischen Minnesang wird der *dienst* verabsolutiert, unabhängig von ihrem Einverständnis, um von ihr erhört zu werden:

> *Mein dienst dir allzeit ist berait,*
> *es sei dir, kind, lieb oder laid.*
> *erhör mich, stolz freulin gemait,*
> *lass dir mein ellend nahen!*
> (Vv. 21-4).

Das Begehr, erhört zu werden, bringt auch Kl. 89 zum Ausdruck. Die drei Strophen haben jeweils nur vier Verse und einen Refrain. Das kurze Lied ist rein konventionell. Das Ich will einem *lieplich angesicht* (V. 2), das es erfreut, mit *herz, müt, leib, sel und was ich hab* (V. 1) ergeben sein, um zu *dienen stetiklich gericht* (V. 4). Der Refrain spricht die Dame an, die Zuneigung wird als dauerhaft gefasst mit der Hoffnung auf Gegenseitigkeit:

5. Die Lieder

> *Frau, du solt unvergessen sein*
> *in meinem herzen ewikleich,*
> *und wër das ouch der wille dein,*
> *so ward nie kaiser mein geleich.*
> (Vv. 5-8).

Würde die Dame nur halb von der *freuntschaft* (V. 10) des Ichs zu ihr wissen, so erführe sie *vil lieber mër / von dir zu mir an alle frag* (V. 11f.). In der dritten Strophe betont das Ich die Überwindung aller Distanz durch das Denken an sie und hebt sie vor allen Frauen hervor:

> *Wie ferr ich bin, so nahet mir*
> *inbrünstiklich dein stolzer leib,*
> *Senlich darnach stet mein begir;*
> *Du freust mich zwar für alle weib.*
> (Vv. 13-16).

Das **Trennungs- und Sehnsuchtslied** Kl. 97 ist ein **Spiel mit dem konventionellen Verschweigen** des Namens der Minnedame. Die Trennung von der Geliebten wird als umfassende Trauer für das Ich benannt, denn sie ist *mein gewaltig* (V. 4). Sie ist sein liebstes Mädchen – *mein liebste brut* (V. 12) – ohne jeden Makel. Deshalb wird auch derjenge, der die Trennung erfunden hat, ironisch verwünscht:

> *Für war, ich wolt, wër ie schaiden hett erdacht,*
> *das im hinfür kain liebe nacht*
> *von kainer frauen wolgetän*
> *halt nimmer mer beschëch.*
> (Vv. 15-18).

Die dritte Strophe richtet sich an die Geliebte, die dem Allmächtigen zuliebe, nach reiflicher Überlegung und aufgrund ihrer *stäte* (V. 26) den Liebesschmerz wenden möge:

> *nu wend durch got mein senlich we*
> *vernünftiklich nach weisem rat,*
> *das ich dich kurzlich an schau*
> (Vv. 22-24).

Zu Beginn wird die Herzensdame noch ganz allgemein und im Rückgriff auf die traditionelle Topik *ain minnikliches wib* (V. 2) genannt. Ab der zweiten Strophe wird sie direkt und vertrauensvoll mit dem persönlichen „Du" angesprochen. Oswald steigert dies in der letzten Strophe. In ihr reiht er Substantive der Freude, die emphatisch mit dem Buchstaben *G* enden:

> *Gesell, gelück, freud, wunn, hail und höchstes G!*
> (V. 21).

Jede der drei Strophen endet mit zwei Versen, die asyndetisch gereimt vor allem klanglich die potentielle Freude oder die Trauer des Ichs artikulieren. In den

5.3.10 'Konventionelle' Liebeslieder

Schlussversen wird dies ganz auf die Dame bezogen, die nunmehr auch offen namentlich benannt wird, vielleicht sogar „emotional-kosend" (vgl. Wittstruck 1987, S. 291):

> *Fanze, glanze, spranze, waideliche Gret!*
> *vergiss mein nicht, halt wie es get!*
> (V. 29f.).

Ein vollkommen **tradionelles Lied über die Treueversicherung** des Ichs gegenüber *die schön die wolgemuot* (V. 2) ist Kl. 128. In ihm wird auch auf den Namen der Dame angespielt, allerdings ganz im Rekurs auf das konventionelle Verschweigen:

> *Ich waiß woll wenn ich mainen*
> *der aigen will ich sein.*
> (V. 7f.).

Die Dame wird hier nicht weiter konkretisiert. Das Lied ist eine umfassende Reflexion des Ichs über seine Sehnsucht zur Minnedame. Seine Hinwendung wird rein topisch formuliert. Gehofft wird darauf, dass *es würt noch alles guot* (V. 4). Das Ich will sich von ihr nicht abwenden 'immer und ewiglich'. Zugetan ist es *in recht' lieb und trew* (V. 21), es erhofft *ir hulde* (V. 25) und *erparmen* (V. 37), damit sein Trauern und seine Klage ein Ende fände. Auch wenn sie Schuld am Leid des Ichs hat, so bleibt es wohlgesinnt:

> *So han ich gar verzert*
> *zwär all mein frewd auff erde*
> *dar an hat sÿ ein tail*
> *doch wünsch ich ir ÿe beÿd'weÿllen*
> *gelück vnd alles hail.*
> (Vv. 44-48).

Dieses konventionelle Minnelied ist nicht in den 'Haushandschriften' A, B und c überliefert, außerhalb der autornahen Überlieferung indes gleich mehrfach. Siebenstrophig ist es, überschrieben mit *Wolckenstainer,* enthalten im 'Augsburger Liederbuch' G (Cgm 379, um 1454), Varianten überliefern 'Fichards Liederhandschrift', ein Heidelberger Kodex (Cpg 343; Mitte des 16. Jahrhunderts), die 'Osnabrückische Liederhandschrift' (Mgf 753; 1575) und die heute verschollene 'Mones Handschrift' (1579). In den letztgenannten Handschriften ist der Autorname nicht vorhanden, das Lied wird überschrieben mit: *Eyn ander suberlich lytlin* oder *Ein annders lied*. Offensichtlich hat gerade der hohe Grad an Konventionalität dazu geführt, dass Kl. 128 recht breit und lang andauernd rezipiert wurde. Oder aber das formelhafte Lied wurde nur irrtümlich in G mit Oswalds Namen verbunden.

Weiterführende Literatur: Berger; Tomasek 1996/1997, Göllner 1964, Hausner 1984/1985, Lutz 1991, Marold 1926, Müller 1969, Pelnar 1982, Robertshaw 1983, Spicker 1993, Timm 1972, Wachinger 1999, 2000.

5.3.11 Frühlingsliebeslieder

Die meisten der 'konventionellen', monologischen Liebeslieder haben keinen Natureingang. In einer Reihe von Liedern entfaltet Oswald recht breite Naturbilder. In einigen von ihnen setzt er die Naturschilderung ein, um sie im Bild des erwachenden Frühlings und der damit einsetzenden Lebensfreude der Liebesentbehrung des lyrischen Ichs entgegenzustellen. Meistensteils paart Oswald die frühlingshafte Natur mit einem Aufruf zu Liebesfreude und Tanz, die Natur erhält oftmals Eigengewicht. Oswald rekurriert hier auf die Szenerie des Frühlings-Reiens, wie sie Neidhart mit seinen Sommerliedern oder Tannhäuser mit seinen Leichs ausgeprägt haben. Ein hervorstechendes Merkmal dieser Lieder Oswalds ist ihre artistische Verselbständigung und ihre Virtuosität, vor allem über Reimhäufung mit klanglicher Zuspitzung.

Kl. 47 beginnt mit der **Aufforderung zu einem Frühlingsreien**, der Tanz und Liebesfreude vereint:

Fröleichen so well wir
schir singen, springen hoh,
uns zwaien, schon raien
all inn des maien loh,
mit frechen abbrechen
der pfifferlingen roh
(Vv. 1- 6).

Das erotische-sexuelle Motiv des Pilzebrechens versteht sich analog zum herkömmlichen Blumenbrechens, Oswald verwendet es mit den Pfifferlingen konkretisiert auch in Kl. 21,44 und Kl. 75,42. Überraschend kehrt sich die fröhliche Ausgelassenheit um, denn mit ihr verbindet sich das Denken daran, *wo mir die zart empfloch* (V. 8). Damit ändert sich auch der Adressat für das Ich, es wendet sich nicht mehr an das kollektive *wir*, sondern an die Geliebte. Sie wird als *herz lieb* (V. 10) und *höchster hort* (V. 13) aufgefordert, zurückzukehren. Die zweite Strophe ist ganz an die Geliebte gerichtet als traditionelle Klage des Ichs über seine Herzensqual, die sie beenden könnte. Topisch unterstellt sich der Mann vollkommen seinem Gegenüber:

Ach, traut gesell,
ich sol, was dein gnad well.
(V. 24f.).

5.3.11 Frühlingsliebeslieder

In der dritten Strophe wechselt zunächst wieder der Adressat, das Ich wechselt zur Introspektion, das Lied wird zur Selbstreflexion. In ihr wird erneut das sehnsüchtige Leiden beklagt, das einzig von der Geliebten abhängt und nicht selbst gelöst werden kann:

> *Das laiden und meiden*
> *sich nindert schaiden wil.*
> *ich lamer mit jaher*
> *nicht treffen kann das zil;*
> *die klüge durch füge*
> *mich halt, neur wie si wil.*
> (Vv. 33-38).

Gesteigert wird dies mit der Überlegung, dass nur der *bitter tod* (V. 39) die Not wenden könnte, wenn nicht ihre Gnade das Ich erlöse. Es wendet sich abschließend flehentlich nochmals direkt an das *zart liebstes weib* (V. 43):

> *den jamer hie vertreib,*
> *erkück den man in freudenschal.*
> (V. 44f.).

Das Interessante an diesem Lied ist natürlich der Wechsel von Frühlingseingang als Mai- und Tanzlied zu einer Minneklage und -reflexion. Vorlage für die Melodie bot die Ballade 'Ay je cause d'estre lies et joyeux' des niederländischen Komponisten Martinus Fabri. Sie erscheint in A und B einstimmig, in A ist auf der Folgeseite – was lange Zeit unentdeckt blieb – die zweite Stimme, der dazugehörige Diskant notiert.

Den **Wechsel von einem Natureingang zur Minneklage** greift Oswald in Kl. 106 nochmals auf. Das vierstrophige Lied ist nicht in A enthalten. Es setzt ein mit der Aufforderung an *kinder* (V. 3) zum Tanz, sie sollen sich an der Blütenpracht erfreuen, die den Mai vielfarbig schmückt. Der zweite Teil des Natureingangs gehört dem traditionellen Vogelgesang. Oswald variiert ihn ins Komische, denn zum einen betont er – was sich als Motiv auch in einer Rede des sog. Königs vom Odenwald findet –, dass die Nachtigall schöner klingt als die Henne, zum anderen berichtet er von einer Wette *zu tichten auff des maien pan* (V. 11) zwischen einer Drossel und einem Raben, es geht um einen jungen Kapaun. Auf dieses 'Feld' ziehen *vil stolzer maide* (V. 13), was die *knappen* (V. 14) beherzigen sollen.

Dieser freudevollen Szenerie steht die Situation des Ichs gegenüber, das von seiner *schönen* (V. 15) Gleiches erhofft, jedoch klagt:

> *smerze kann si wenden mir*
> *schir, und benemen alles trauren bitter,*
> *Die mich so ferr unrübet, trübet,*
> *übet durch vil aubenteuer.*
> (Vv. 17-20).

Das Ich beteuert lebenslänglichen Dienst und seine Treue, vormals als *knecht* (V. 21), nunmehr als *ritter* (V. 22). Diese Bemerkung hat man versucht, biographisch auf eine Pilgerreise Oswalds zu beziehen, auf der er in Jerusalem zum Ritter des Heiligen Grabes geschlagen wurde.

In den beiden letzten Strophen wird die Dame direkt gepriesen und um Erhörung gebeten. Dies erfolgt ganz konventionell, erhofft wird *trost* durch *dein mündli wolgevar* (V. 41) oder auch nur durch den topischen Gruß:

So mir dein höplin naiget, saiget,
zaiget willikliches grüssen,
süssen wunsch ich da emphach
(Vv. 47-49).

Ungewöhnlich ist, dass die lange Dauer des unerfüllten Dienens konkret mit acht Jahren angegeben ist. Das Lob der Dame preist ihre körperliche Gestalt, Oswald verdichtet hierzu Metaphern und Reime:

Ach wolgemüte, klaine, raine,
saine ist gen mir dein helfe.
gelfe, tapferlich gestalt
[...]
Auffrüstigliche wunne, sunne,
brunne, meines herzen feuchte,
leuchte deiner öglin klar
gar mich verzucket in der liebe schricke.
(Vv. 29-31; 43-46).

Diesen Lobpreis thematisiert der Sänger ausdrücklich, denn seine ritterliche Kunst könnte doch noch die Werbung zum Erfolg führen:

Mein ritterlich gesange, lange
pange, lass, frau, ainig jölich,
frölich lieb, erwecken dich.
(Vv. 33-35).

Kl. 37 stimmt metrisch mit dem Marienreien Kl. 38 überein. Es ist in A zweistimmig (Tenor und Kontratenor), in B einstimmig notiert. Der Text spielt **traditionelles Formelmaterial der Frühlings- und Liebeslieder** durch, wie auch in weiteren Liedern (Kl. 42; Kl. 21) gelingt dies sehr kunstvoll, indem Oswald nicht nur dieses miteinander verschränkt, sondern Formeln und Motive weiterer Typen einbezieht, so das Tagelied, Neidharts Sommerlieder, Frühlingsreien oder Tanzleichs.

Der Anfang ist eine Kombination aus einem Tageliedeingang und Frühlingserwachen:

Des himels trone
entpfärbet sich
durch tags gedranck,

5.3.11 Frühlingsliebeslieder

Die voglin schone
erwecken mich
mit süssem klanck.
Verswunden ist der snee,
laub, gras, kle
wunnikleich entspringen.
(Vv. 1-9).

Das positive Erwachen des Tages und der Natur begründet die unmittelbare Reaktion des Sängers:

Des wil ich von herzen
an smerzen
meiner frauen singen.
(Vv. 10-12).

Im Gegensatz zur Werbungskanzone besingt er also ohne Leid diejenige, die er konventionell (oder im Kontext des Frühlingslieds eher irritierend?) als 'meine Dame' bezeichnet. Sie ist es, die den Kummer wegnehmen kann, was hier ganz wörtlich zu verstehen ist, denn sie vermag das *trauren blenden / mit den henden* (V. 15f.). Sie macht den Sänger *minnikleich* und *freudenreich* (V. 17f.), sie verschafft Freude und, völlig unverfänglich einbezogen, körperliche Lust:

Wenn ich gedenck
an ir gelencke
sunder wencke
freuntlich schrencke,
die si kann,
untertan
so ist mein leib
dem zarten weib,
neur wo ich gach.
(Vv. 22-30).

Der Sänger fordert in der zweiten Strophe sein *herz liep* (V. 35) aufzuspielen, den Tanz einzuleiten. Dies wird verbunden mit **ausgeweiteten Natur- und Frühlingsbildern**. Die Farben und der Glanz der Blumen und Gräser werden gepriesen und die Vermischung von jung und alt. In dieser Frühlingsszenerie versammelt sich „alle Welt":

Gezwait, gefieret,
schrailich gieret,
kurzlich schieret
alle gnucht.
(Vv. 52-56).

In die Lebensfreude will sich das Ich mit seiner Dame einbeziehen, die bei aller Vitalität freilich weiterhin als *weiplich zucht* gefasst wird:

> *Weiplich zucht,*
> *gedenck an mich,*
> *wenn ich*
> *kom zu dir an den tanz.*
> (Vv. 57-60).

In die dritte Strophe wird auch in diesem 'Ambiente' eine Not thematisiert. Sie ist hier aber nur die ironische Durchbrechung eines pastoralen Idylls, denn die scharfen Winde machen die Lippen des *mündlin rot* (V. 65) spröde. Die Beschreibung der Schönen wird idyllisch fortgeführt:

> *Sein amplick, hendlin weiss*
> *sol mit fleiss*
> *von eu versichert sein,*
> *Wenn si durch die aue*
> *mit taue*
> *benetzt ir schüchlin klain.*
> (Vv. 67-72).

Das Lied richtet sich dann an die Allgemeinheit, die 'Winterschläfer' sollen sich regen, alle sollen sich über die Sonne freuen:

> *Wol auf die lassen*
> *an die gassen,*
> *die vor sassen*
> *als die nassen*
> *auf der banck,*
> *blöd und kranck,*
> *freut eu der sunne!*
> (Vv. 73-79).

Mit dem Ende des Liedes weitet Oswald noch einmal seine **vermengende Konstruktion unterschiedlicher Liedtypen**. Der Mai wird zunächst apostrophiert als umfassender Freudenspender:

> *Mai, du kanst machen*
> *allen sachen*
> *ain erwachen,*
> *des wir lachen.*
> (Vv. 82-85).

Abschließend benennt Oswald die Ursache für diese Fähigkeit, nämlich Gottes Gnade, er bezieht eine theologische Begründung ein, richtet diesen Frühlingshymnus geistlich aus:

> *Fraget, wes?*
> *alles, des,*
> *das neur ain got*

5.3.11 Frühlingsliebeslieder

an spot
uns sölche gnad verzinnst.
(Vv. 86-90).

Ein Beispiel dafür, dass auch ein Mailied eher langweilig ausfallen kann, gibt Kl. 100. Oswalds einstimmiges Lied ist eine **'reduzierte' Kontrafaktur** des dreistimmigen Rondeaus 'Triste plaisir' von Gilles Binchois. Es ist dreistrophig, aber nicht stollig gebaut. Die Strophen haben jeweils einen Reim bis auf den Schlussvers der ersten und der dritten Strophe, er ist jeweils eine Waise. Dieses Reimschema ist der einzige Schmuck des Liedes. Gelobt wird der Mai, nicht breit entfaltet, bezogen auf Freude für zwei, die sich zu einem Reien gefunden haben:

O wunniklicher, wolgezierter mai,
dein süss geschrai
pringt freuden mangerlai,
besunderlich wo zwai
an ainem schönem rai
sich mütiklich verhendelt hän.
(Vv. 1-6).

Die zweite Strophe lobt das Grün von *wald, perg, au, gevild und tal* (V. 7), zudem die Nachtigall und generell *aller voglin schal* (V. 9). Die Schlussstrophe betont die zeitliche Hinwendung zur Freude mit der Aufforderung: *so wach, lieb ach!* (V. 13). Zu ihr will sich deshalb das Ich wieder wenden:

zwar mir sol wesen gach
zu hengen der hinnach,
der ich lang nie gesach,
und mich ir ermlin weiss umbfahen.
(Vv. 14-17).

Das Lied entwickelt nur wenige, nicht konkretisierte Bilder, die Naturmotivik wird kaum modifiziert. Adjektive und klanglich-reimtechnischer Ornat fehlen weitgehend. Das Lied ist gleichwohl in allen Handschriften der Hausüberlieferung enthalten. Aufgrund seines 'reduzierten', konventionellen Charakters auf eine frühe Entstehung zu schließen, ist von daher rein spekulativ.

Im Gegensatz zu Kl. 100 erscheint Kl. 60 nicht nur 'originell' biographisch konkretisiert, sondern wie ein inhaltlich und in der Gestaltung **genialer Wurf** (vgl. Stäblein 1970, S. 273). Die erwachende Lebens- und Liebesfreude im Frühling wird mit der Fastnacht zeitlich fixiert:

Es nahet gen der vasennacht,
des süll wir gail und frölich sein;
ie zwai und zwai ze sament tracht,
recht als die zarten teubelein.
(Vv. 1-4).

5. Die Lieder

Bereits nach diesen ersten Versen schlägt die Freude um, denn im Gegensatz zu den Täubchen hat sich das Ich mit einer Krücke vereint, die es seinem *bül* (V. 7) verdankt. Es folgt ein Refrain, ausgerichtet auf die persönliche, unerfreuliche Fastnacht des Ichs, ins Bild gesetzt über die Krücke:

> *Und ich die kruck vast an mich zuck,*
> *freuntlichen under das üchsen smuck;*
> *ich gib ir mangen herten druck,*
> *das si müss kerren.*
> *wie möchte mir gen der vasennacht*
> *noch bas gewerren?*
> *plehe, nu lat eut plerren!*
> (Vv. 9-15).

Abb. 8: Klaus-Peter Schäffel: Es nahet gen der vasennacht

5.3.11 Frühlingsliebeslieder

In den beiden folgenden Strophen wird erneut Frühlingsfreude und Liebeslust thematisiert, es ist die Zeit zu *halsen, küssen ain schönes weib* (V. 20). Fastnacht und Frühling *pfeiffen vast auss ainem sack* (V. 25), so dass sich alles, was bislang verborgen war, öffentlich zeigt. Dem steht das Los des lyrischen Ichs gegenüber, das durch die Hinterlist seiner Dame im Herbst malträtiert wurde:

doch hat mein frau ir tück gespart
mit falschem wincken
all gen dem herbst; ich schraw ir vart,
seid ich müss hincken.
(Vv. 28-31).

Die Situation des Ichs, mit der Krücke leidend und ohne frühlingshafte Lebens- und Liebesfreude, bedingt durch die Tücke seiner Dame, hat man biographisch verortet. Oswald spielt wahrscheinlich auf die Gefangennahme im Herbst 1421 an. Es ist versucht worden, das Lied geradezu auf den Tag genau in das Frühjahr 1422 zu datieren und es auf die 'reale' Ex-Geliebte zu beziehen. Das Lied ist allerdings weit mehr als die Artikulation einer momentan singulären Befindlichkeit. Oswald kombiniert Elemente des Frühlings- und Mailieds mit der 'Signalzeit' Fastnacht, die in karnevalesker Umkehr die Freude des Sängers nichtig macht. Das Bild der Krücke, die die Geliebte ersetzt und die – wie oft bei Oswald als Negativzeichen – das Ohr 'belästigt', Krach macht, zeichnet sich über seine konkretisierende Eindringlichkeit aus. Der **inhaltlichen Spannung des Liedes entspricht seine formalmusikalisch Seite**. Es beginnt recht ruhig, doch ändert sich dies der inhaltlichen Umkehr entsprechend. Der Ton wird unruhiger, die Versmaße werden reduziert und damit spannungsgeladener (Vers 6 und 8 – entsprechend in der Schlussstrophe Vers 29 und 31). Mit dem Wort Krücke (V. 6) wird es 'dramatisch': „die Melodie, zu einem Halbvers gerafft, schießt (gegenüber Vers 5) um eine Quinte in die Höhe. So kann das makabre Liebesspiel beginnen, das der Dichter im letzten Teil mit sarkastischem Humor ausmalt: viermaliger, in kurzen Abständen aufeinanderfolgender Reim auf –uck [...] hebt textlich die Szene in ihrer Wildheit heraus" (Stäblein 1970, S. 275).

Eine **klanglich-musikalisch faszinierende Spielerei** gelingt Oswald mit Kl. 50. Das zweistimmige Lied ist die Kontrafaktur des Anfang des 15. Jahrhunderts verbreiteten Virelais 'Par maintes foys' von Jean Vaillant. Oswald übernimmt die Melodie, er hat bei dieser Kontrafaktur aber auch teilweise die Form und Textinhalte aufgegriffen. In Handschrift A wird auf die Vorlage, wohl von einem Schreiber, zu Beginn des Tenors hingewiesen: *Per montes foys*. A überliefert zudem eine Strophe, die Oswald der Vorlage hinzufügt. Sie fehlt in B und c. Ob es sich hierbei um eine (vom Autor) gewollte Erweiterung oder eher um eine Reduktion aus ästhetischen Gründen handelt, lässt sich nicht sicher entscheiden.

Hervorstechendes Merkmal des Liedes sind seine klanglich-lautmalerischen Elemente. Es beginnt mit dem Stichwort 'Mai', der Hügel, Ebene, Berg und Tal erfüllt sowie *süssen voglin schal* (V. 4). Um die Vögel bzw. ihren Gesang kreist sodann eine **klangliche Amplifikation**. Es singen *galander, lerchen, droschel, die nachtigal* (V. 6), gestört werden sie vom Kuckuck, der mit dem Ruf *cu cu, cu cu, cucu* (V. 11) den *zins* für sich reklamiert. Dem widersetzen sich die Vögel mit ihrem Gesang:

> *küngel, zeisel, mais, lerch, nu komen wir singen: „oci*
> *und tu ich tu ich tu ich tu ich,*
> *oci oci oci oci oci oci,*
> *fi fideli fideli fideli fi,*
> *ci cieriri ci ci cieriri,*
> *ci ri ciwigk cidiwigk fici fici."*
> (Vv. 18-23).

Der Kuckuck kommentiert dies mit seinem wiederholten Ruf, woraufhin auch der Rabe mit einem passend derben *raco* (V. 25) mitmischt. Lerche, Drossel und Nachtigall erheben nochmals ihre Stimme, was erneut lautmalerisch wiedergegeben ist. Der Drosselgesang gibt Anlass zu einem komischen Vergleich:

> *ir lierent, zierent*
> *gracket und wacket*
> *hin und her*
> *recht als unser pfarrer.*
> (Vv. 34-37).

Der Nachtigall wird der Sanges-Preis, wörtlich der Gral zuerkannt. In der nur in A enthaltenen Strophe weitet Oswald den 'Gesang' aus, er bezieht ländliches 'Personal' ein: Fohlen, Esel, Mühle, Müllerin und Bäuerin, auch sie verbindet er mit, wenn auch nicht mit unbedingt gefälligen, Lauten.

Oswald ist mit Kl. 50 weitgehend an der musikalisch-klanglichen Seite des Liedes interessiert, im Vordergrund steht die **polyhpone onomatopoetische Wiedergabe** der Vogelstimmen. Virtuos erlangt das lautmalerische Spiel artistischen Selbstzweck. Gerade deshalb erhält es auch in der heutigen Rezeption große Beachtung bei den musikalischen Umsetzungen.

Ein überaus **reiches Klangspiel** ist auch das geradezu rauschhafte Frühlingslied Kl. 42. Es ist mit Schlagreimen durchsetzt, sprachlich äußerst verdichtet in einer Kombination aus einer Fülle von Konkreta und Dynamik. Das ganze Lied gilt dem Frühlingserwachen. In der ersten Strophe sind es vornehmlich die Vögel, die mit ihrem Sängerwettstreit das Überwinden des Winters ankündigen. Einher mit der sich belebenden Natur setzt Freude ein:

> *liechten summer*
> *ane kummer*
> *will ich tummer*
> *als ain frummer*
> *geuden und güfften.*
> *Grüner kle*

5.3.11 Frühlingsliebeslieder

jagt den snee
jarlang me
inn den see
wilder meres flüte.
nachtigalle,
droschel schalle;
lerchen halle
uns gevalle
für des ofens güte.
(Vv. 22-36).

Die zweite Strophe widmet sich zunächst den Blumen und Gräsern, deren Farben Oswald reiht. Sie entwickeln neues Leben:

Und hübsche wësli, grësli
sich entsliessen, spriessen
hüglich, tüglich, plüde,
früde, violspranz,
glanz, firlafanz,
aller pame
zame, game,
zier auss kalder früste.
(Vv. 45-52).

Mit dieser 'Belebung' wird der *zoren* (V. 61), den der Winter hervorruft, überwunden. Ein vierfacher Reim führt zu einem außergewöhnlichen Bild der erwachenden Lebensfreude (und humorvoll verknüpft es sich mit dem 'Ofen' aus Vers 36):

warme sunn
geit uns wunn.
gail dich, nunn,
hinden auss dem kloster,
bei dem Reine
in dem scheine
als ain veine
bülbegine
raien nach den ostern.
(Vv. 64-72).

Oswald lokalisiert das schwankhafte Bild der Nonne, die als Begine ihren 'Ofen' verlässt zum Tanz beim Rhein, einem geographischen Kolorit, das oftmals im Zusammenhang der 'Hohen Minne' Verwendung findet.

In der dritten Strophe wird das erwachende Leben sexualisiert, durchgehend als Ausdruck von Lust und Lebensfreude, in keiner Weise frivol oder gar obszön. Neben Pilzen und Schlangen, die sich regenerieren, soll der Kuckuck *uns* (V. 77) auf die Heide locken. Dort soll der *stauden winckel* (V. 80) aufgesucht werden:

5. Die Lieder

Da well wir kosen, losen
mit beslossen gossen,
warmen armen lieplich,
dieblich inn dem busch;
dusch, mündlin kusch!
(Vv. 81-85).

Das Sänger-Ich involviert sich in den Frühlings-Reigen. Er möchte sich seiner Reinen und Kleinen körperlich nähern, womit er von seinem Leid erlöst wäre, um zu noch größerer Lust zu gelangen:

Ob die raien,
klaine, faine
mir enblösst ain schinkel
An ain knie,
ich wer hie,
des nit lie
und tet, wie
ich das gefügen kunde,
zu ir rucken,
freuntlich smucken,
lieplich drucken,
biegen, bucke,
ob si mir des gunde,
So wër quitt,
was ich litt.
hielt sis mit,
disen stritt
müsst ich überwinden,
sunder klifen
tasten, grifen,
mänigen lifen
lust vertrifen,
bleiben bei dem kinde.
(Vv. 86-108).

Kl. 42 ist mit seinen **Reimkaskaden** atmosphärisch hochgradig verdichtet. Die Verbindung des Reien-Typus mit Reimintensität steht für eine spezifische Formsymbolik ein, sie ist die künstlerisch adäquate Ausdrucksmöglichkeit von 'Freude'. Kl. 42 ist die **Inszenierung eines typischen und eben dadurch symbolischen Reiens**. Oswald setzt diese Formsymbolik hier zudem in einem dezidiert reflexiven artistischen Verfahren ein: Er stellt sich mit seinem Lied in einen literarischen Kontext, denn er greift auf ein Lied zurück, das ein Peter von Sassen als technische Spielerei aus möglichst vielen Reimen zusammensetzt. Für diese Melodie schafft der Mönch von Salzburg einen lateinischen Text, ebenfalls mit vielen engen Reimen. Oswald dichtet also einen dritten, nun wieder deutschen Text. Im

5.3.11 Frühlingsliebeslieder

Gegensatz zum Mönch ändert Oswald die traditionelle Melodie erheblich und hebt sie auf ein höheres Niveau. Zudem fügt er neue Reime in das komplizierte Reimschema hinzu und verstärkt die Verkünstelung. Oswald bearbeitet seine Vorlage so, dass seine Strophe keine Variante der Vorlage ist, „sondern etwas ganz Neues, das gerade soviel an Ähnlichkeit aufweist, daß es als Gegengesang erkennbar ist; daran, daß sowohl die Anlehnung wie die Umformung einem genau planenden Gestaltungswillen entsprang, läßt sich nicht zweifeln" (Röll 1976, S. 101). Oswald transponiert das Herbstlied-Thema mit Klage um zum Frühlingsreien mit Freude.

Bereits in der zeitgenössischen Rezeption fand mit Kl. 21 eines der **artistisch ausgefeiltesten Lieder** große Resonanz (vgl. oben Kap. 2.2). Es ist zu bedauern, dass es nicht in die aktuelle Auswahl von B. Wachinger aufgenommen wurde. Kl. 21 ist ein Frühlingslied, doch bindet Oswald in ihm zahlreiche Anklänge an weitere Liedtypen ein, es lässt sich regelrecht als ein **Gattungskonglomerat** bezeichnen. Das Lied ist dreistrophig und stollenmäßig gebaut, innerhalb der Strophen ist ihre Dreiteiligkeit jeweils geprägt durch klanglich-metrische Intensivierung, die in einer sprachlichen Engführung kulminiert.

Zu Beginn steht mit der Aufforderung an alte und junge Frauen, sich zu freuen, eine Reminiszenz an Neidharts Sommerlieder. Dem Winter wird die lebenserweckende Kraft des Mai entgegengestellt, Oswald amplifiziert einen Natureingang. Nach der Reihung: *laub, plümlin plüd, gras, würmli, tierli müd* (V. 8) sind es die Vögel, die das Ich zum Singen auffordert sowie die *freulin* und der *gepawer* (V. 13f.), die aktiv werden sollen. Das Frühlingserwachen ist umfassend, involviert sind *perg, au und tal, forscht, das gevild* (V. 16), denn:

all creatuer, zam und wild,
nach junger frucht senlichen quillt,
jetzt seim geleichen nach gepildt.
(Vv. 18-20).

Es folgt eine sprachliche Engführung wie klangliche Zuspitzung, in der in asyndetischen Verbindungen und über Reimhäufung Tanz, Musik und Liebesspiel vereint werden:

Raien, springen,
louffen, ringen,
geigen, singen,
lat her bringen,
klumpern, klingen,
mündli zwingen,
frölich dringen
gen den freulin zart.
An verlangen
well wir brangen
in den sangen
mit verhangen

5. Die Lieder

laub die wangen
mit ermlin umbfangen,
zünglin zangen,
des freut sich mein bart.
(Vv. 23-38).

Mit der Aufforderung zu *raien, springen* wird das Lied selbst zu einem Reien. Die Engführung ist mit ihrer Reimhäufung klanglich intensiviert, zugleich wird mit ihr ein inhaltliches *Crescendo* signalisiert. Der Schlussvers korrespondiert mit dem *nu freut eu* (V. 1) des Beginns, nun allerdings auf das lyrische Ich bezogen. Der Bart ist im Zusammenhang erotischer Vitalität Männlichkeitssymbol, zugleich als 'Personalpronomen' eine persönliche Anspielung, eine Art Erkennungsmerkmal Oswalds – wie in Kl. 18, 122 oder 123 –, das sich, wie dort, trefflich auf *zart* reimt.

Im ersten Teil der zweiten Strophe variiert Oswald in drei kontrastierenden Oppositionen das Verhältnis von 'Hof' und 'Natur'. Er wägt höfische Musik und Kukkucks'gesang' ab (zu Gunsten des *gug gugk*), der höfischen Jagd wird das *nach pfifferlingen klauben* (V. 44) mit einem Mädchen *beklait von anier stauden* (V. 45) vorgezogen. Sodann wird dem Mai Fremdländisches gegenübergestellt: *trinck, tranck Katalon, Spaniol* (V. 51) und der katalanische Imperativ *paga den zol* (V. 52) reichen nicht an den heimischen Drosselgesang heran. Befremdliches der *freulin* (V. 57) in *demselben land* (V. 54) werden aufgezählt. Sie bereiten dem Klagenden topische *grawe har* (V.55), weil sie ihre ideal-höfischen *weissen bainlin wolgevar* (V. 57) und *liechte öglin klar* (V. 59) mit *roten hosen* (V. 58) und *swarzer farb* (V. 60) 'verunzieren'. Oswald greift also Elemente der Schönheitsbeschreibung auf, relativiert sie als exotische Kontraste, die zugleich auf komische Weise faszinieren. In der Engführung setzt sich das Motiv der spanischen Fräulein fort, nun als Schönheitspreis einer Einzelnen, die allein das Trauern des Ichs in Freude umschlagen lassen könnte. Wenngleich auch sie mit Fremdartigem (*hosen tüch;* V. 68) ausgestattet ist, so könnte sie doch die *wunden* (V. 73) des Sängers zum Verschwinden bringen, was zu der Schlussfolgerung führt:

in Paris, Lunden
frümt ich ir zwen schüch.
(V. 75f).

Auch in der dritten Strophe wird der exotisch gebrochene Preis der spanischen Dame fortgeführt. Sie tanzt den *firlifanzen* (V. 77), jedoch sind *ir hohe sprüng unweiplich* (V. 78). Weitere 'Merkwürdigkeiten' des bzw. der *freulin* werden kontrastiv aufgezählt, indem, wie in der Strophe zuvor, Attribute des höfischen Schönheitspreises mit ungewöhnlichen spanischen Sitten, Gebräuchen und Moden korrelieren: Wiederum wird das Schminken herausgestellt, dessen besonderer Eindruck Ohrringe verstärken, der lange Bart macht *vil manchen schmutz von zarten mündlin roten* (V. 82) zunichte; Begrüßungen der *freulin* erfolgen durch Wangenküsse, nicht durch Händeschütteln; zudem sind ihre roten Fingernägel *krump zu lanck* (V. 86) und ihre Schleppe geht *nider auff die erden* (V. 87). Indem Os-

5.3.11 Frühlingsliebeslieder

wald Sitten und vor allem kosmetische Eigentümlichkeiten der spanischen *freulin* beschreibend aufzählt, akzentuiert er sie eher als – durchaus erotisches – Faszinosum denn als Negativ-Attribute, und auch das 'Sänger-Leid' aufgrund des zu langen Bartes dient wohl ausschließlich der Komisierung.

Den zweiten Teil der Strophe bildet ein geographischer Namenkatalog, in asyndetischer Verbindung werden sechszehn Länder gereiht. Das Register endet mit der Aussage: *Reinstram, wer dich hat erkant, / bistus der freude tocken* (V. 97f.). Der Katalog hat, entsprechend der rhetorischen Tradition, den Charakter einer Überbietung. Der Gegenstand der Überbietung hängt von der Zuordnung des *dich* (V. 97) ab, das sich entweder auf den Rhein selbst bzw. innerhalb des Ländernamenkatalogs auf die Rheinlandschaft oder auf eine Person bezieht. Da der Katalog mit dem Namen *Ispania* (V. 92) einsetzt, die zuvor eingebrachten spanischen Fremdheitserfahrungen so abstrahierend mit der übrigen 'weiten' Welt verbindet, lässt sich die Überbietung als Fortführung der Antithese 'Hof – ländliche Natur' aus der zweiten Strophe verstehen. Zudem lässt sich entsprechend dem Beginn des Katalogs, der mit *Ispania* an die spanischen Damen anknüpft, der *Reinstram* mit einem *freulin* von Rhein verbinden, die dann der *freude tocken* (V. 98) ist. Der rhetorisch traditionelle Frauen- bzw. Herrscherpreistopos der Überbietung dient hier dem Lob einer eher pastoralen 'mait'. Neben seiner *comparatio*-Funktion übernimmt der Katalog eine klangliche, die asyndetischen Reihungen spitzen das Berauschtsein am Klang des gesamten Liedes nochmals zu. Der Namenkatalog ist ein eminentes Spiel mit seiner Klangqualität, in dem sich eine akustische Tendenz nahezu verselbständigt. Seine klangliche Dynamik verbindet den Katalog eng mit dem letzten Teil der Strophe, denn diese Engführung gerät zu einer Art Sprachexplosion, in der Oswald über Klang- und Reimhäufung eine **extreme sprachlich-musikalische Intensität** erreicht:

Da zissli müssli
fissli füssli
henne klüssli
kompt ins hüssli
werfen ain tüssli,
niena grüssli
wel wir sicher han.
Clërli, Metzli,
Elli, Ketzli,
tünt ain setzli,
richt eur lëtzli,
acht das rëtzli!
tula hëtzli,
trutza trätzli,
der uns freud vergan.
(Vv. 99-114).

5. Die Lieder

Dieser Klangrausch mit seinen erotisch-sexuellen Euphemismen sprengt gewohnte semantische Sinnvalenzen, das Schwergewicht liegt auf den Klangverbindungen und dem Spiel mit dem akustischen Eindruck. Das einzelne Wort büßt seine Bedeutung mehr oder weniger ein, wird zum Träger eines Klangeindrucks, die Verse werden zur Lautdichtung, wenngleich gerade diese 'sinnliche' Ausformung den sexuell-erotischen Bezug unterstreicht. Die Verse haben daneben eine Parallele zu einem Kinderspiel, in dem eine erotische Zauberformel verballhornt wird, deren Verse Oswald zitiert (und die im Spielverzeichnis von Fischarts 1575 erstmalig gedruckter 'Geschichtklitterung' erneut auftauchen).

Mit dem artistisch-spielerischen Einbezug der Kinderliedverse ergänzt Oswald das Typenspektrum des Liedes nochmals, er akzentuiert Frühlings- bzw. Tanzlied-Elemente mit weiteren der Pastourelle. Bereits die Häufung der Diminutive situiert die 'Szenerie' in den Bereich des Ländlich-Dörperischen, in diesen Bereich verweisen auch die typisierenden Namen. *Clerli*, *Metzli*, *Elli* und *Ketzli* sind funktionale Tänzerinnennamen, die traditionell der Ausgestaltung von 'ländlichen' Tanzliedern und –leichs dienen. Diese 'sinnliche' Komponente wird ergänzt durch die Interjektionen *sussa* (V. 104) und *tula* (V. 112), durch klangliches Ornat, das ebenfalls in die Tradition der Frühlingstanzlieder gehört und das als Kriterium des Typus als Formsymbol dienen kann.

Die Schlusspartie von Kl. 21 ist ein **virtuoses Konzentrat der textlich-klanglichen (und musikalischen) Verdichtung**. Dies erinnert an Neidhart und die Neidhart-Tradition. Die Architektur des Liedes scheint dabei auf sein Ende zugespitzt, eine Zuspitzung, die möglicherweise funktional der Textdeutung unterliegt, und vielleicht stellt Oswald hier „seine souveräne Beherrschung des gesamten Arsenals mittelalterlicher Wort- und Ton-Technik in den Dienst der Idee des Gedichtes und schmiedet damit eine höherer Einheit" (Stäblein 1970, S. 278).

Das Lied charakterisiert insgesamt eine große **artistische Vielfalt und die Gattungssignale** verschiedener Typen. Seine punktuelle Heterogenität bindet es additiv ein in eine 'sinnlich' ausgeprägte Großform aus Neidhart-Anklängen und Elementen der Tannhäuser-Leichs. Diese Heterogenität zitiert Elemente des Mailieds, der Werbungskanzone, des Reiselieds, des Namenkatalogs, des Kinderliedes, jedoch mischt Oswald nicht nur unterschiedliche Liedgenres, er thematisiert dies zudem: Er stellt der ungebrochen positiven pastoralen Tanzszenerie eine 'höfische' entgegen, in der die Sommerlied-Situation an den (fremdländischen) Hof verlagert ist über die Kennzeichnung *firlafanz* und die *unweiplich hohen sprüng*. Zudem sind die spanischen Damen zwar 'befremdlich', doch werden sie mit, wenn auch teils skurrilen, 'höfischen' Schönheitsattributen ausgestattet, die die Liebessehnsucht des Sängers erwachen lässt und die unerfüllt bleibt. Hier klingt die Werbungskanzone an und zugleich deren parodistische Umkehrung in den neidhartschen Winterliedern.

Das Besondere des Liedes liegt nun wohl nicht allein im spielerisch-parodistischen 'Gegenentwurf' etwa zum 'klassischen' Typus der Kanzone. Wichtiger

5.3.11 Frühlingsliebeslieder

scheint, dass die parodistische Spannung der oppositionellen Vielfalt im Rekurs auf bereits vorhandene 'Gegenentwürfe' artistischen Eigenwert gewinnt, diese in ihren Einzelelementen literarisch zitiert werden und in der Variation eine neue ästhetische Qualität erlangen. Kl. 21 stellt somit ein **hochkomplexes artistisches Spiel** dar, das in der klanglich-sinnlichen Engführung kulminiert bzw. seinen komplexen dynamischen Endpunkt erreicht. Das Lob des natürlich-ungekünstelt Sinnlichen, das sich durch das gesamte Lied dem gekünstelt-'höfisch' Artifiziellen entgegenstellt, gelingt Oswald im rhetorischen Preis der Einfachheit, indem er Sinnlichkeit selbst artistisch-rhetorisch höchst kunstfertig ausformt: der 'natürliche' Ausdruck klanglich-erotischer Sinnlichkeit wird vorgeführt im komplex-artistischen Konglomerat.

Kl. 21 wurde als ein Schlager des späten Mittelalters bezeichnet (Müller 1994). Es ist mit einer Zusprechung an Neidhart (*Hie sagt Neithart, wie er mit seiner schoenen frawen gen Pareiß kam und ir zwen schuoch frimbt*) im 'Neidhart-Fuchs' enthalten, der zwischen 1491 und 1497 in Augsburg, 1537 in Nürnberg und 1566 in Frankfurt/Main gedruckt wurde (neben Kl. 21 sind dort auch einige Verse aus Kl. 76 aufgenommen). Die Version im 'Neidhart-Fuchs' (F) stimmt auffällig mit der Überlieferung in B überein, nicht mit der in A. Vor allem werden die Engführungen der Strophen jeweils erweitert. Die Erweiterungen greifen das Schlussszenario von Kl. 21 auf, recht konkret und 'direkt' wird sexuelle Aktivität ins Bild gesetzt. Wer der Verfasser dieser Version des Liedes ist, weiß man nicht. Es spricht natürlich nichts dagegen, an Oswald als Autor zu denken.

In Kl. 75 **konkretisiert Oswald die Frühlingsszenerie personal** mit den Namen Ösli, Gredli und Metzli, was zu recht kühnen Deutungen geführt hat (vgl. oben Kap. 4.4, S. 56). Wie Kl. 21 beginnt das Lied mit einem Aufruf zu Freude und Tanz:

Wol auff, wol an!
kind, weib und man,
seit wolgemüt,
frisch, frölich, früt!
(Vv. 1-4).

Traditionell manifestiert sich Freude im gemeinsamen Tanzen und Singen, der Mai grünt und Drossel und Nachtigall erschallen durch Berg und Tal. Dies verbindet sich topisch mit Liebesfreude, zu zweit *gesellet* (V. 12) führt zu *freuntlich kosen* (V. 13). Die drei Strophen haben eine *Repeticio*, aus männlichem Blickwinkel wird die schöne Frau einer unförmigen vorgezogen. Wie oft verbindet Oswald kritische Abwägung mit einer lautlichen Komponente:

Amplick herte,
der geferte
well wir meiden
von den weiben ungestalt.
Mündlin schöne,
der gedöne

> *macht uns höne manigvalt.*
> (Vv. 17-23).

Die Schlussstrophe beginnt gewissermaßen mit einem Jodler: *Ju heia haig* (V. 40). Sodann wird der Mai aufgefordert, Pfifferlinge und Morcheln hervorzubringen, ein Unterfangen, das naturkundlich anachronistisch ist, das indessen die geläufige erotisch-sexuelle Konnotation der Pilze evoziert. Die positiven Aspekte des Mais werden in einer schönen Reihe aufgezählt:

> *Mensch, loub und gras,*
> *wolf, fuxs, den has*
> *hastu erfreut,*
> *die welt bestreut grünlichen.*
> (Vv. 44-48).

Abschließend wird resümierend die 'Erlösungstat' des Mais hinsichtlich der winterlichen Zwänge absolutierend unterstrichen, das Lied endet mit einer Apostrophe des Mais: *mai, dein getröst fröleichen* (V. 55).

Die erste und die dritte Strophe des Liedes sind konventionell (was nicht langweilig bedeuten muss). In der mittleren Strophe werden *Ösli* und *Gredli* (V. 27) vom Sänger animiert, ins Bad zu steigen, denn, mit dem Baden offensichtlich zusammenhängend: *plümen plüde / wendt uns müde* (V. 28f.). Eine dritte Person ist involviert, Metzli, die den Bottich herbeibringen soll. Oswald rekurriert auf das traditionelle Frühjahrsbad. Der Name *Metzli* (vgl. oben Kl. 21) könnte eine Dienstmagd bezeichnen oder Signal des Frühjahrstypus sein. Er ergänzt die Namen *Ösli* und *Gredli*, die zunächst wie *Metzli* den Reien konkretisieren, die sich natürlich auch auf Oswald und Margarethe beziehen lassen und sicherlich einen humorvoll-unterhaltenden Aspekt bergen. Den badenden Ösli und Metzli ist ein Kurzdialog in den Mund gelegt, der unverblümt, wenn auch vollkommen unproblematisch, sexuelles Agieren thematisiert (*schaidli* meint freilich den 'Scheitel'):

> *„wascha, maidli,*
> *mir das schaidli!"*
> *„reib mich, knäblin,*
> *umb das näblin!*
> *hilfst du mir,*
> *leicht vach ich dir das rëtzli."*
> (Vv. 34-39).

Die **personale Konkretisierung** privatisiert das Lied jedoch nicht. Wenn auch klanglich nicht so intensiviert wie in Kl. 42 und Kl. 21 ist Kl. 75 die **Variation einer 'festen Form'**, die sich seit dem 13. Jahrhundert mit einer eigenen Konvention ausgebildet hat und die als **Gebrauchsmuster** erhalten bleibt. Inhalt und Form werden im Reien zu einem erfolgreichen literarischen Typus zusammengeschlossen. Oswald demonstriert in seinen besonders virtuosen Formungen des Typus seine Kompetenz im Umgang mit einer Vortragsform, die er als Medium des Affektes 'Freude' wählt und die von seinem Publikum wohl ebenso angenommen und verstanden wird.

Weiterführende Literatur: Goheen 1984, Kossak; Stockkorst 1999, Mohr 1969, Moser 1969a, Müller 1994, Pelnar 1982, Petzsch 1971, Röll 1976, Spicker 1993, Stäblein 1970, Timm 1972, Wittstruck 1987.

5.3.12 Liebesdialoge

Recht häufig gestaltet Oswald Liebesdialoge, meistens als Liebes- und Treuebekundungen. Sie sind allesamt zwei- oder mehrstimmig, was den Vortrag gestalterisch sicherlich interessant macht, zumal die Liebesdialoge inhaltlich oftmals wenig Spannung bieten. Auch bei ihnen fällt die Breite der Variation ins Gewicht.

Kl. 43 ist ein umfangreiches, siebenstrophiges Dialoglied. Es ist musikalisch dreistimmig, wobei in Handschrift B zwei Stimmen nachgetragen wurden, inhaltlich steht es in der **Tradition der Minnestreitgedichte**, der Tenzonen. Eingeleitet wird es mit Versen, die die beiden Sprecher sozial kennzeichnen:

Ain güt geboren edel man
warb umb ain freulin wolgetan,
er sprach ir zü mit tugentlichem sitten
(Vv. 1-3).

Im folgenden Gespräch wirbt der Edelmann um die *genad* (V. 4) der Dame, letztlich erfolglos. Der Dialog ist eine typische Tenzone, das Vokabular ist 'höfisch'-allgemein, Signalwörter sind *erbarmen, freude, dienst, klagen* etc. Ungewöhnlich ist nur die (parodistische) Selbsteinschätzung der Umworbenen, denn sie beherrscht weder *weis noch wort* (V. 39), künstlerisch also ist sie unfähig, und als Beschreibung ihrer selbst ist ihr in den Mund gelegt:

ich bin grauselich gestalt,
von vier und zwainzig jaren alt
(V. 34f.).

Ansonsten sind die Wendungen des Dialogs typisch für Tenzonen in ihrem Wechsel von Werbung und Zurückweisung. Oswalds Lied hat allerdings eine besondere Auffälligkeit, denn die schnippischen Antworten der Dame erinnern nicht nur an Albrechts von Johansdorf 'Ich vant si âne huote', in jeder Strophe wird Johansdorfs Lied regelrecht zitiert. So wird dem Mann beschieden: *sücht anderswo, wo ir mügt freude finden* (V. 16), er beteuert *mang jar bis her müsst ich vil kumber tragen / in euerm dienst* (V. 23f.), Grund für seine Qual liegt in *euer schön, die tüt mir ungemach* (V. 42), erhörte sie ihn, *so habt ir lob und brais* (V. 52), und er besteht auf Lohn: *lat mich geniessen* (V. 61). Mit diesem Lied akzentuiert Oswald nicht nur einen 'höfischen' Liedtypus, er hat damit offenbar auch einen breiteren Zeitgeschmack bedient (vgl. oben Kap. 2.2), denn es gehört zu den gestreut überlieferten, ist aufgenommen im Liederbuch der Clara Hätzlerin.

Das **zweistimmige Duett** Kl. 77 ist in A gegenüber B in einer technisch besseren Form überliefert. Entsprechend der Aufzeichnung ist der Text von Diskant und Tenor bis auf die Verse 11 und 12 jeder Strophe gemeinsam zu singen. Die beiden Minnepartner versichern sich wechselseitig ihrer Liebe. Oswald kombiniert in diesem Lied die traditionelle Begrifflichkeit höfischer Minne mit einer inniglichen Verbundenheit der Protagonisten, die sich vor allem in den Anredeformen äußert:

> *„Simm Gredlin, Gret, mein Gredelein,*
> *mein zarter bül, herz lieb gemait,*
> *dein züchtlich er an mir nicht weich!"*
> *"Halt wie es get, mein Öselein,*
> *inn deiner schül treu stetikait,*
> *die will ich leren ewikleich."*
> (Vv. 1-6).

Die Diminutive verdeutlichen eine vertrauliche personale Nähe. Gefüllt wird diese Nähe indessen mit dem Wertgefüge der 'klassischen' Minnekonzeption. Hervorgehoben wird die *züchtlich er* und die *treu stetikait*, konventionelle Standards, die als solche benannt werden und die keine neue Wertigkeit formulieren. So wird die Ehe hier eben nicht thematisiert. Weshalb mit *treu stetikait* eine Ehebindung, eheliche Treue gemeint sein soll, wie angenommen, ist biographische Spekulation, die dem Text untergeschoben wird. Konventionell wird die Ausschließlichkeit der Liebe hervorgehoben, ohne *wencken* (V. 11) von ihm bzw. *an wanck* (V. 23) von ihr. Die Versicherung wechselseitiger Nähe umfasst nicht nur die geistige Ausrichtung, nicht nur das Denken an den Anderen führt zur Freude, sondern auch die körperliche Verbundenheit. Die *bül* (V. 1) spricht aus, dass ihr es gefällt, *wenn ich dein brust umbsliessen sol* (V. 27), aber auch umgekehrt *wenn mir dein hand ain brüstlin drucket* (V. 33). Ebenso verbindet der männliche Part innere und äußere Freude:

> *„Vor aller freud tröst mich dein herz,*
> *dorzu dein wunniklicher leib,*
> *wenn er sich freuntlich zu mir smucket."*
> (Vv. 28-30).

Das Lied schließt mit einer nochmaligen Beteuerung der wechselseitigen Liebe und ihrer Beständigkeit:

> *„Ach frau, das ist mein zucker nar*
> *und süsst mir alle mein gelid,*
> *seid du mir halst günstlichen frid."*
> *"Getraw mir sicherlichen zwar,*

5.3.12 Liebesdialoge

> *Öslin, gar an ende!"*
> *"Gredlin, das nicht wende!"*
> *"kain wenden zwischen mein und dir*
> *sei uns mit hail beschaffen schier."*
> (Vv. 34-41).

Kl. 77 verknüpft konventionelle Minne-Terminologie mit einer **regelrecht inniglichen personalen Gegenseitigkeit**, die auch die körperliche Vertrautheit völlig unverfänglich einbezieht. Bis auf die Namen ist das Lied indes in keiner Weise individualisiert.

Vertraute Kosenamen finden sich auch in Kl. 73, das nicht in A enthalten ist. Der poetisch eher bescheidene Dialog entspricht formal weitgehend Kl. 74 (vgl. oben S. 149) einschließlich der in jeder Strophe wiederholten Ausrufe *des heiaho* und *dem sei also*. Wie in Kl. 77 versichern sich Liebende ihre Treue, hier in einer Situation des Abschieds, analog zum Tagelied. Die Geliebte wird als *höchster hort* (V. 19) bezeichnet, sie ist besorgt:

> *„Du lasst mich hie und pleibst du dort,*
> *wenn kom wir zu ainander me?!*
> (V. 22f.).

Wie in Kl. 77 äußert sich Vertrautheit (auch) hier über körperlicher Nähe. Die Geliebte soll versprechen, *das du kain andern wellest hän* (V. 12). Sie tut dies mit einem deutlichen Verweis:

> *„Ich wolt e springen über den fels,*
> *e mich beslieff kain ander man."*
> (V. 14f.).

Die Namen, die in Kl. 73 verwendet werden, sind *Nickel* (V. 1) und *Els* (V. 11) bzw. *Kleusli* (V. 9) und *Elselein* (V. 4). Sie lassen sich biographisch nicht zuordnen, so hat man in ihnen eine 'Maskierung' Oswalds und seiner Geliebten vermutet, was kaum schlüssig ist, denkt man an eine konkrete Aufführungspraxis. Funktional ist die Namensnennung in Kl. 77 und Kl. 73 identisch.

Zwei weitere Lieder stellt Oswald in die **Tradition der Tenzonen**, Kl. 79 und Kl. 82, beide spielen mit dem Typus, jeweils wirbt ein bäuerlicher Mann um eine ihm höhergestellte Frau. Die männliche Figur wird vor allem über sprachliche Inkompetenz als inadäquater Bauerntölpel charakterisiert, auch über mundartliche Anklänge und eine wechselnde Anredeform, der Mann wird mit „Du" angesprochen, die Frau mit dem distanzierenden „Ihr". Kl. 79 stellt besonders den sozialen, ständischen Gegensatz heraus. Das Lied beginnt mit einem geradezu minnesängerischen Vorhaben:

> *„Frölich so will ich aber singen*
> *der edlen frauen süss."*
> (V. 1f.).

5. Die Lieder

Die Reaktion der Dame ist in der ersten Strophe noch recht entgegenkommend, wenn auch ironisch gebrochen:

> „*Hainz, Hainrich, erst wirt mir wolgelingen,*
> *seid du mir haltst deinen grüss.*"
> "*ja frau, und wer das nicht eur spot?*"
> "*Simm nain es, Hainrich, sommer got!*"
> "*we heut, wol e, solt ich eur huld erwerben,*
> *dorumb litt ich den tod.*"
> "*Ist dir so we, dannocht soltu nicht sterben*
> *und leiden grosse not.*"
> (Vv. 3-10).

Im Folgenden setzt Hainrich seine Werbung um die Huld der Dame mit Minnesang-Topik fort: Ihn erfreut ihr *leib, dorzu die guldin spangen / vor an den ermeln zart* (V. 11f.), er lobt sie *als ain valken kel* (V. 14), preist ihr *falbes har* und *die weissen hende* (V. 21), die ihm *hohen müt* (V. 22) bereiten, die Angesprochene bleibt seine *edle maid* (V. 31). Die ablehnende Haltung der Umworbenen nimmt im Verlauf des Liedes kontinuierlich zu und wird drastisch gesteigert. Besonders pointiert erfolgt dies mit dem Namen des minnenden Bauerntölpels: Nennt sie ihn anfänglich noch freundlich *Hainz, Hainrich* (V. 3), so verkehrt sie den Namen sprechend und abgrenzend im Rekurs auf die Neidhart-Tradition und Wittenwiler: zunächst in *Hainzel Ungeloxsen* (V. 19), dann über *Hainzel Trittenbrei* (V. 26) zu *Hainzel Richtdenpflüg* (V. 36). Der Schluss des Liedes 'summiert' den Erfolg der Werbung. Heinzel muss seinen Misserfolg endgültig einsehen, er will sich bei seiner Mutter über die Schmähung beklagen, während 'seine Dame' ihn nochmals und rigide in die sozialen Schranken weist:

> „*Ich will es klagen meiner lieben mütter,*
> *das ir mich habt versmächt.*"
> "*Ge, smierb den wagen und drisch den rossen fütter*
> *als ander dein geslächt.*"
> (Vv. 37-40).

Oswald spielt in Kl. 79 mit **Traditionen**, er mischt den romanischen Tenzonentypus mit Elementen der Neidhart-Tradition und drastischer Bauernschelte, wie sie sich in Schwänken und auch im 'Ring' Wittenwilers finden. Die in den Schlussversen angesprochene Klage bei der Mutter rekurriert nochmals auf die Sommerlieder Neidharts (auch wenn die Geschlechterrollen umgekehrt sind). Eine unmittelbar sozialpsychologische Funktion sollte man dem Lied, wie auch Kl. 82, nicht zusprechen, sie sind keine „Zeugnisse einer Literatur, die die komischen Versuche der Bauern darstellt, aus der Untertanenschaft in die Herrschaft überzutreten" (Ocken/Mück 1981, S. 394).

Eine ähnliche Abfuhr erhält auch der werbende Bauer in Kl. 82. Er wird ebenfalls abschließend beschieden, seiner angestammten Tätigkeit nachzugehen:

5.3.12 Liebesdialoge

> *„Louff, hau das holz, wer dich der kelt,*
> *und haitz in mit den schäben!*
> *auch drisch das koren tag und nacht!*
> *erlass mich deins gesneude!*
> *reut, mä und far gen acker!*
> (Vv. 64-68).

Ansonsten liegt der Schwerpunkt des Liedes nicht auf der sozialen Distanz, vielmehr wird der Misserfolg explizit in der **Inkompetenz des Werbenden** für 'höfischen Sang'. Die erste Strophe beginnt mit einem hyperbolischen Gruß:

> *Got geb eu ainen güten morgen,*
> *ir vil edle kaiserinne!*
> *mich daucht vil wol in meinem müt,*
> *ir seit ain also schöne junckfrau,*
> *als man si ferre kennet."*
> (Vv. 1-5).

Die Dame entgegnet, sie pflege *gailen minne* (V. 7) mit einem hübschen, edlen Jüngling, sie verortet ihn genau:

> *der ist gesessen under Krä*
> *zu Kastellrüt genennet.*
> (V. 9f.).

Ihm werde sie sogar bis nach Wien folgen, um ihn vor Unglück zu bewahren. Es folgt ein Refrain, die *Repeticio*, in der sie über die Nähe zu ihrem Geliebten und die damit einhergehende Freude mit asyndetischer Reim- und Klanghäufung, ähnlich Kl. 21 und 42, frohlockt:

> *Frisch, frei, fro, frölich,*
> *ju, jutz, jölich,*
> *gail, gol, gölich, gogeleichen,*
> *hurtig, tum, tümbrisch,*
> *knaws, bumm, bümbrisch,*
> *tentsch, krumb, rümblisch, rogeleichen,*
> *so ist mein herz an allen smerz,*
> *wenn ich an sich meins lieben bülen gleichen.*
> (Vv. 21-28).

Dem Bauern wird die Bemühung in den Mund gelegt, mit 'richtiger' Terminologie zu werben, doch charakterisieren ihn seine, wie er sie selbst nennt, *klügen worten wacker* (V. 63) als unhöfisch-bäurisch, denn sein Sprachgebrauch ist dialektal gefärbt (z.B. *Awi, awäch*; V. 29, *neut* für 'nicht'; V. 15, *haint* für 'heute'; V. 49) und falsch (*numerdum und numine*; V. 39 für 'in nomine domini'). Das Lied ist ein parodistisches Spiel über die Inszenierung einer sozialen und zugleich poetologischen Rolle minnesängerischer Inkompetenz.

5. Die Lieder

Ohne soziale Differenz gelingt Oswald mit dem einstimmigen Duett Kl. 92 eine **pastorale Idylle**. In dem ungewöhlich vielstrophigen Lied alternieren die Sprecher (jede Einheit umfasst nach der Kleinschen Ausgabe drei Verse). Bei jedem Einsatz werden die ersten Wörter wiederholt.

Ein namentlich nicht genannter Schäfer versucht, Berbelin mit ihren Schafen zu sich herüberzulocken:

> *„Treib her, treib überher, du trautes Berbelin das mein,*
> *zu mir ruck mit den schäfflin dein,*
> *kom schier, mein schönes Berbelin!"*
> (Vv. 1-3).

Sie lehnt zunächst ab. Abwechselnd werden die Vorteile der eigenen Weide hervorgehoben, es sind Motive der ländlichen Idylle wie das Grün, der Vogelgesang und die Quelle. In der Mitte des Liedes 'kippt' die ablehnende Haltung der Schäferin. Zunächst soll er versprechen, sie in Ruhe zu lassen, dann würde sie es vielleicht tun. Er verspricht dies natürlich, woraufhin sie darauf verweist, dass er dies schon oft getan habe, ohne sein Versprechen zu halten. Er entgegnet, dass ihr Schaden und auch der ihrer Schwester gering gewesen sei, was sich laut Schäferin erst in der Brautnacht herausstellen werde:

> *„Das wirt, das wirt sich sagen erst, so ich werden sol ain braut,*
> *ob sich verraucket hat mein haut.*
> *pfüg dich, du tëtst mirs gar zu laut."*
> (Vv. 34-36).

Ohne weiteren Einschub begrüßt der Schäfer seine Liebste mit der höfischen Anrede *du wunniklicher, schöner hort* (V. 38) und wünscht sich *ein freuntlich wort* (V. 39) von ihr. Sie erklärt den Grund für ihr Kommen, denn ansonsten wäre eine andere bei ihm, und: *mein herz dich genzlich nie vorlie* (V. 41). Der Schäfer kann dies nur bestätigen:

> *„Des wol, des wol mich ward! Vil mer wann hundert tausent stund*
> *mich trösst dein röselochter mund;*
> *der lofft auf sweres herzen punt."*
> (Vv. 43-45).

Auktorial wird zum Schluss zusammengefasst, dass mit körperlicher Lust und Freude die beiden Schäfer bis zum Abend beschäftigt waren, um sich dann ohne Schmerz zu trennen:

> *Vil freud, vil freud und wunne ir baider leib all do betrat,*
> *bis raid der aubent zuher jat.*
> *an laid schied sich ir baider wat.*
> (Vv. 46-48).

5.3.12 Liebesdialoge

Kl. 92 ist ein idyllisches Lied. Oswald greift wohl kein direktes Vorbild auf. Elemente der Pastourelle sind vorhanden, doch ohne die soziale Differenz und vor allem ohne Problematisierung der oftmals rabiaten 'Werbung'. Der Dialog klingt eher wie eine wechselseitige erotische Beschwörung. Die sexuelle Lust ist nicht nur unverfänglich, sondern gewissermaßen ein Gradmesser der idyllischen Zweisamkeit.

Wie das Körperbeschreibungslied Kl. 61 (vgl. oben S. 65) beginnt Kl. 71 mit einem **Neujahrsgruß**, weshalb man die beiden Lieder einem gemeinsamen Typus 'Neujahrslied' zugeordnet hat. Kl. 71 ist ein zweistimmiger Kanon, die beiden Stimmen alternieren (die Wiedergabe in der Kleinschen Edition wird dieser Inszenierungs-Form, die sehr präzise vor allem in Handschrift A notiert ist, überhaupt nicht gerecht, viel stimmiger transponiert sie K. J. Schönmetzler in seiner Ausgabe). Bereits die Reimbindungen verdeutlichen die Zusammenhänge:

'Mit günstlichem herzen / wunsch ich dir' (V. 1, 2)
Dein schallen und scherzen / liebet mir, (V. 11, 12)
'ain vil güt jar' (V. 3)
das nim ich zwar (V. 13)
'zu disem neu' (V. 4)
dir lon mein treu (V. 14).

Lange Zeit vermutete man, dass der männliche Part den Gruß ausspricht, wofür man einen Rollenwechsel in der ersten Strophe annahm. Schlüssiger ist hingegen die Zuweisung des Grußes an die Dame, an die im Lied namentlich genannte *liebe Grett* (V. 30), die sich ihrem *Os* (V. 40) zuwendet. Oswald spielt mit der Tradition, indem er die literarisch hergebrachte Rollenverteilung umkehrt. Und auch im Folgenden des in seinem Duktus völlig traditionellen Liedes setzt er diese Umkehrung der Rollen fort, die weibliche ist es, der er die Terminologie des Minnenden zuweist:

'wer ist mein hail,
wer tröstet mich?
[…]
du wendst mir pein,
du wendst mir laid
und ungemach.'
(V. 43f.; Vv. 47-49).

Adäquat realisiert wird dieses Duett natürlich nur im musikalischen Vortrag.

Das 'kleine Liebesgespräch' (W. Marold) Kl. 64 hat einen besonderen Reiz. Das Lied ist ein **'objektiver' Dialog**, geprägt von höfischen Termini wie *stëtikait* (V. 2), *melder* (V. 8), *dienst* (V. 11) oder *mündlin rot* (V. 14). Die erste Strophe ist zunächst eine Reflexion des Mannes:

Gar wunniklich hat si mein herz besessen,
in lieb ich ir gevangen bin ich mit stëtikait,

5. Die Lieder

veslossen gar in der vil zarten ermlin strick.
Mein höchstes hail, ich bin dein aigen,
zwar des gib ich dir meinen brieff.
(Vv. 1-5).

In den beiden folgenden Strophen antwortet die Dame mit einer Warnung vor den Neidern, das männliche Ich versichert seine Treue und schließt:

dein mündlin rot mit süssem naigen
schon mich beroubt der sorgen tieff.
(V. 14f.).

Im Lied verselbständigt Oswald die **Technik des Kornreims**. Kl. 64 ist vollständig durchgereimt, jeder der fünf Endreime kehrt in jeder der drei Strophen wieder, und zudem korrespondieren die Strophen aufgrund zweier identischer Binnenreime jeweils im zweiten und dritten Vers. Oswald nutzt den Kornreim – ein nicht nur bei ihm beliebtes Kunstmittel – in einer **virtuosen Vervielfachung**, der hierüber zugleich eine besondere Relationssymbolik zukommt. Die Gegenseitigkeit der ungetrübten Liebesbeziehung wird im formalen Bezugsgeflecht verwoben, das darüber hinaus in 'folgerichtiger Konsequenz' (R. Hausner) als Kanon gestaltet ist. Wie diese 'Relationssymbolik' indes musikalisch transponiert wird, ist strittig. Als zweistimmige Realisation könnte sie die in der Binnengliederung der Strophen signalisierte Zweiteiligkeit aufgreifen und sie durch entsprechende Zweiteiligkeit der Melodie zum 'Hörerlebnis' bringen, indem die Stimmen nacheinander einsetzen und so eine symmetrische Struktur entsteht. Oder aber man nimmt an, dass die zweistimmige Kanonform der Dreigliedrigkeit der Textgestalt nicht adäquat ist und aufgrund der Kornreime das Lied als dreitextiger dreistimmiger Kanon umgesetzt werden sollte.

Ein weiterer **'objektiv-höfischer' Dialog** ist Kl. 56. Das in der ATB-Ausgabe achtstrophige Lied hat zunächst vier Männer- und dann vier Frauenstrophen, es handelt sich also eigentlich um zwei Lieder, die gleichzeitig gesungen werden. Zwischen den beiden Texten bestehen deutliche Bezüge über Reimentsprechung. Auch inhaltlich sind sie aufeinander bezogen, bei paralleler Anordnung der Texte entsteht vordergründig ein Gespräch. So liest sich der erste Vers des Tenors, der Frauenrede: *Frölich das tün ich* (V. 27) als Antwort auf die eingangs vom Diskant, der Männerrolle, formulierte Frage: *Tröstlicher hort, wer tröstet mich?* (V. 1). Im Weiteren ist das Gespräch so, dass die Aussagen jeweils für sich stehen und verständlich sind, es stellen sich aber auch immer wieder Bezüge zwischen den Aussagen ein: „Die beiden Texte sind somit als Gespräch in stetem gegenseitigen Bezug konzipiert und erfüllen ihre Aussage erst dann voll, wenn dieser parallele Bezug, wie er im Duett musikalisch stilisiert verwirklicht wird, dauernd vor Augen bleibt" (Beyschlag 1970, S. 93). Allerdings ist dieses 'Gespräch' auffallend unstimmig. Die Situation des männlichen Ichs ist die des Einsamen: *wie lang sol ich dein wesen an?* (V. 2) und die des Werbenden:

5.3.12 Liebesdialoge

niemand kann erlösen mich,
neur dein stolzer leib an tadel frei.
(V. 25f.).

Die positive Zuwendung im Frauenpart entspricht keiner 'realen' Reaktion:

Von rechter gier
ist mir als dir
in grosser freuden zier.
(Vv. 45-47).

Dies passt nicht zur Klage des Mannes. Auch die verschiedenartige Melodieführung der beiden Stimmen symbolisiert offensichtlich, dass ein grundsätzlicher Unterschied zwischen den Redebeiträgen der Figuren vorliegt. Durch die simultane Stimmführung des Liedes entsteht der Eindruck einer unnatürlichen Gesprächssituation, er signalisiert „treffflich den rein fiktiven Charakter der Unterredung" (Hausner 1984/1985, S. 67), die Redebeiträge der Frau enthüllen sich als fiktive Wunschvorstellungen des männlichen Sprechers, die Oswald musikalisch sehr bewusst anzeigt.

Der **Liebesdialog** Kl. 131 ist nicht in den 'Haushandschriften' überliefert, mit der Überschrift *Den techst über das geleyemors* verzeichnet ihn ein Kodex aus dem Jahr 1461 (Cgm 4871). Das Wort *geleyemors* der Überschrift bezieht sich auf die dreistimmige *chanson* von Gilles Binchois *Je loe amours et ma dame Mercye*, der Oswald die Melodie entlehnt hat (was im Übrigen für Oswalds Verfasserschaft spricht, denn er übernimmt ja romanische Liedsätze und textet sie neu, was zeitgleich sonst nicht geschieht). Oswalds Dialog ist geprägt durch formelhaft-konventionelle Terminologie. Der Mann beteuert seine Hinwendung und lobt die Schönheit der Dame, sie ist ihm zwar nahe, doch wahrt sie auch Distanz:

Mir dringet zwinget fraw dein guet
mein gemüet trawt liebsstes ain
an ern reich
gleich so mues ich loben fraw deine guet gestalt,
'Deins herzen scherczen mich ser wundert
sundert von dir trawt geselle rain
dein höflich schimpf
glimpf mit frewden mich behaget (betraget?) manigfalt.
(Vv. 1-8).

Der Mann betont seine Aufrichtigkeit, ausdrücklich bezogen auf *mein schallen* (V. 9), mit Verweis auf *mein weiplich zucht* (V. 20) entzieht sich die Dame, ein Wechselspiel, das sich mehrfach wiederholt. Gegen Ende nennt sie ihn immerhin *trawt liebster hort* (V. 39).

Das Lied steht mit seiner Dienstmetaphorik in der Tradition herkömmlicher Liebeslyrik. Es bereichert das Spektrum der Liebesdialoge, die inhaltlich ja oftmals eher spannungslos sind. Kl. 131 ist im 'gehobenen' Stil verfasst, „bietet aber doch einen Ansatz zu einem dynamischen Verlauf, insofern das anfängliche einen Ansatz zu einem dynamischen Verlauf, insofern das anfängliche Mißtrauen der Frau im Lauf des Gesprächs abgebaut wird. Für den neuen Typus des Liebesliedes, der von gegenseitiger Beziehung ausgeht hat Oswald [...] damit in Anlehnung an die Minnewerbung alten Stils eine neue poetische Möglichkeit erschlossen" (Wachinger 2000, S. 414).

Weiterführende Literatur: Beyschlag 1968. Hartmann 2005, Hausner 1984/85, Meiners 1976, Mück; Ocken 1981, Pelnar 1982, Marold 1926, Robertshaw 1983, Spicker 1993, Timm 1972, Wachinger 2000.

Zusammenfassung

Die Lektüre der Lieder Oswalds zeigt (natürlich), dass sich auch bei ihm nicht nur poetisch-artistisch Hochkarätiges findet. Dennoch wird klar, wie Oswald mit vielen Liedern außergewöhnliche Formungen gelingen, denen naturgemäß Eigengewicht zukommt. Wichtigstes Merkmal von Oswalds Liedkunst ist ihre poetische wie musikalische Variationsbreite und Typenvielfalt. Liest man die Lieder nicht von vornherein selektiert, so relativiert dies die Einseitigkeit, mit der oftmals einige (wenige) Lieder, vor allem die biographisch verstandenen 'Erzähllieder', in den Vordergrund gestellt werden. Sichtet man die Liedtypen, so wird deutlich, dass sich Oswald nicht der Stilisierung bzw. Typisierung bedient als einer Art Notanker für die biographische Selbstaussage, sondern dass umgekehrt mit der Durchlässigkeit von Liedtypen für Konkretisierungen auch biographische Elemente hervortreten. Nicht nur in ihnen, sondern auch in der Gestaltung konventioneller Lieder, der komplexen Formgebung geistlicher Lieder oder im spielerisch-artistischen Umgang mit literarischen Mustern von der Umsetzung in hergebrachter Form bis zur Parodie zeigt sich die hohe Kunstfertigkeit Oswalds.

Nicht das Aufgreifen eines bestimmten literarischen Typus markiert das Besondere im Werk Oswalds, vielmehr ihre Variation, die virtuose Inszenierung der Typenvielfalt. Dieser Vielfalt der Typen entspricht die Vielfalt der musikalischen, klanglichen und sprachlichen Artistik. Oswald spielt die unterschiedlichen poetischen Gestaltungsmöglichkeiten einzelner Liedtypen regelrecht durch, besonders beim Tagelied oder beim Geistlichen Lied, aber auch z.B. in den Frühlingstanzliedern taxiert er die Möglichkeiten geradezu aus. Dies hat eine Parallele in der Vorführung und Verselbständigung dezidiert artistischer

Momente vor allem in der musikalischen und klanglichen Gestaltung: Die Lieder entfalten im Vortrag so eine Gebrauchsbrillanz, die sowohl für den Autor/Sänger als auch für die Rezipienten als Ausweis einer literarisch-musikalischen Kennerschaft dienen kann.

Bestimmendes Merkmal der Lieder wie ihrer Sammlung in den Handschriften A und B bleibt der Aspekt der Performanz. Oswald stilisiert sich in den Liedern nicht als Autor, sondern recht häufig als höfischer Sänger-Dilettant. Diese 'Selbstauffassung' lässt er in den Charakter 'seiner' Liedsammlungen übertragen. Er autorisiert Codices der Aufführungskunst, die unterschiedliche Parameter einer Partitur transportieren, das heißt, sie dokumentieren im schriftlichen Überlieferungsmodus ihren wichtigsten Aspekt: die Performanz (vgl. oben Kap. 2.1). In Oswalds Sammlungen verbindet sich das komplexe Aufgreifen vielfältiger Liedtypen (wie in eher traditionellen Autorcorpora) mit einem Gestus der künstlerischen Praxis, wie er sich auch in der zumeist anonymen Überlieferung der gebrauchsorientierten Liederbücher findet.

Literaturverzeichnis

Verzeichnet werden ausschließlich Arbeiten zu Oswald von Wolkenstein, keine allgemeine Literatur.

Abgekürzte Sammelbände:

Tagung Neustift (1974): Oswald von Wolkenstein. Beiträge der philologisch-musikwissenschaftlichen Tagung in Neustift bei Brixen 1973. Hrsg. v. Egon Kühebacher. Innsbruck (Innsbrucker Beiträge zur Kulturwissenschaft. Germanist. Reihe I).
Tagung Seis (1978): Gesammelte Vorträge der 600-Jahrfeier Oswalds von Wolkenstein. Seis am Schlern 1977. *Dem Edeln unserm sunderlieben getrewn Hern Oswaltten von Wolkchenstein.* Hrsg. v. Hans-Dieter Mück und Ulrich Müller. Göppingen (GAG 206).
OvW (1980): Oswald von Wolkenstein. Hrsg. v. Ulrich Müller. Darmstadt (WdF 526).

Ausgaben

Die Gedichte Oswalds von Wolkenstein. Mit Einleitung, Wortbuch und Varianten. Hrsg. v. Beda Weber. Innsbruck 1847. (http://www. literature. at/webinterface /library/ALO-BOOK_V01?objid=13132)
Gedichte Oswald's von Wolkenstein, des letzten Minnesängers. Zum erstenmale in den Versmaßen des Originals übersetzt, ausgewählt, mit Einleitung und Anmerkungen versehen von Johannes Schrott. Mit einem Bildniß des Dichters und einem Facsimile seiner musikalischen Compositionen. Stuttgart 1886.
Dichtungen von Oswald von Wolkenstein (1367-1445.). Übersetzt, eingeleitet und erklärt von L[udwig] Passarge. Leipzig o.J. [1891].
Oswald von Wolkenstein. Geistliche und weltliche Lieder. Ein- und mehrstimmig. Bearbeitet von Josef Schatz (Text), Oswald Koller (Musik). Wien 1902 (Denkmäler der Tonkunst in Österreich Jg. IX/1, Bd. 18) [Nachdruck Graz 1959].
Die Gedichte Oswalds von Wolkenstein. Hrsg. v. Josef Schatz. Zweite verbesserte Ausgabe des in den Publikationen der Gesellschaft zur Herausgabe der Denkmäler der Tonkunst in Österreich veröffentlichten Textes. Göttingen 1904.
Oswald von Wolkenstein. Der mit dem einen Auge. Übertragen, ausgewählt und eingeleitet von Wieland Schmied. Graz/Wien 1960 (Stiasny-Bücherei 70).

Literaturverzeichnis

Oswald von Wolkenstein. Lieder. Mittelhochdeutsch / Neuhochdeutsch. Auswahl. Hrsg., übers. u. erläutert von Burghart Wachinger. Neuaufl. Stuttgart 1980 (RUB 2839) [Nachdruck d. 1964 ersch. Auswahl].

um dieser welten lust. Leib- und Lebenslieder des Oswald von Wolkenstein. Aus dem Altdeutschen übertragen und hrsg. v. Hubert Witt. Mit Zeichnungen von Heinz Zander und einem Musikteil von Tilo Müller-Medek. Leipzig 1968.

Oswald von Wolkenstein. Frölich geschray so well wir machen. Melodien und Texte ausgewählt, übertragen und erprobt v. Johannes Heimrath und Michael Korth. Erläutert v. Ulrich Müller und Lambertus Okken. München 1975.

Oswald von Wolkenstein-Liederbuch. Eine Auswahl von Melodien. Hrsg. v. Hans Ganser und Rainer Herpichböhm. Göppingen 1978 (GAG 240).

Oswald von Wolkenstein. Die Lieder mittelhochdeutsch-deutsch [sic!]. In Text und Melodien neu übertragen und kommentiert v. Klaus J. Schönmetzler. München 1979.

Mück, Hans-Dieter: Untersuchungen zur Überlieferung und Rezeption spätmittelalterlicher Lieder und Spruchgedichte im 15. und 16. Jahrhundert. Die 'Streuüberlieferung' von Liedern und Reimpaarrede Oswalds von Wolkenstein. Band I: Untersuchungen. Band II: Synoptische Edition. Göppingen 1980 (GAG 263).

Ivana Pelnar (Hg.): Die mehrstimmigen Lieder Oswalds von Wolkenstein. Edition. Tutzing 1981 (Münchner Editionen zur Musikgeschichte 2).

Die Lieder Oswalds von Wolkenstein. Unter Mitwirkung v. Walter Weiss und Notburga Wolf hrsg. v. Karl Kurt Klein. Musikanhang v. Walter Salmen. 3., neubearb. u. erw. Aufl. v. Hans Moser, Norbert Richard Wolf u. Notburga Wolf. Tübingen 1987 (ATB 55).

Oswald von Wolkenstein. Sämtliche Lieder und Gedichte. Ins Neuhochdeutsche übersetzt von Wernfried Hofmeister. Göppingen 1989 (GAG 511).

Elke Maria Loenertz: Text und Musik bei Oswald von Wolkenstein. Edition und Interpretation der 40 einstimmigen, einfach texterten Lieder in Fassung der Handschrift B. Frankfurt/M. u.a. 2003 (Europäische Hochschulschriften, Reihe I Deutsche Sprache und Literatur, Bd. 1837).

Lyrik des späten Mittelalters. Hrsg. v. Burghart Wachinger. Frankfurt/M 2006 (BdM 22).

Oswald von Wolkenstein: Lieder. Frühneuhochdeutsch / Neuhochdeutsch. Ausgewählte Texte hrsg., übers. und kommentiert von Burghart Wachinger. Melodien und Tonsätze hrsg. und kommentiert von Horst Brunner. Stuttgart 2007 (RUB 18490).

Gerhard Ruiss; Oswald von Wolkenstein: *Und wenn ich nun noch länger schwieg'.* Lieder. Nachdichtungen. Mit den Originaltexten im Anhang. Wien/Bozen 2007 (Transfer LXXV).

Faksimiles

Oswald von Wolkenstein. Abbildungen zur Überlieferung I: Die Innsbrucker Wolkenstein-Handschrift B. Hrsg. v. Hans Moser und Ulrich Müller. Göppingen 1972 (Litterae 12).
Oswald von Wolkenstein. Abbildungen zur Überlieferung II: Die Innsbrucker Wolkenstein-Handschrift c. Hrsg. v. Hans Moser, Ulrich Müller und Franz Viktor Spechtler. Göppingen 1973 (Litterae 16).
Oswald von Wolkenstein. Handschrift A. In Abbildung hrsg. v. Ulrich Müller und Franz Viktor Spechtler. Privatdruck Stuttgart 1974.
Oswald von Wolkenstein. Handschrift A. Vollständige Faksimile-Ausgabe im Originalformat des Codex Vindobonensis 2777 der Österreichischen Nationalbibliothek. Kommentar Francesco Delbono (Codices selecti LIX), Graz 1977.
Oswald von Wolkenstein. Streuüberlieferung. In Abbildung hrsg. v. Hans-Dieter Mück. Göppingen 1985 (Litterae 36).
Oswald von Wolkenstein: Liederhandschrift B. Farbmikrofiche-Edition der Handschrift Innsbruck, Universitätsbibliothek, o. Sign. Einführung und kodikologische Beschreibung von Walter Neuhauser. München 1987 (Codices illuminati medii aevi 8)

Künstlerische Rezeption

Bergen, Fritz: Stich: Das Burgfest auf Runkelstein. Bozen 1897.
Bresgen, Cesar: Visiones Amantis (Der Wolkensteiner). Ludus Tragicus in sechs Bildern nach Dichtungen und Weisen des Oswald von Wolkenstein. Für Solostimmen, Sprecher, Gemischten Chor und Orchester. Frankfurt/London /New York 1962 (Edition Peters 4827).
Hiller, Wilfried; Mitterer, Felix: Wolkenstein – Eine Lebensballade. Mainz 2004.
Hörmann, Angelica von: Oswald von Wolkenstein. Erzählendes Gedicht. Dresden 1890.
Kling, Thomas: Itinerar. Frankfurt/M. 1997 (es 2006).
Kling, Thomas; Langanky, Ute: wolkenstein. mobilisierun'. Ein monolog. Münster 1997.
Kling, Thomas; Köllges, Frank: Köllges zelebriert Kling's Wolkenstein: Mobilisierun'. Anlässlich der ersten Konstanzer Literaturtage (1999). CD, Veröffentlichung und Verkauf durch Frank Köllges (www.fkoellges.de).
Kling, Thomas: Der Sprüng hab ich vergessen. In: Frankfurter Anthologie 23 (2000), S. 29-33.
Kling, Thomas: Botenstoffe. Köln 2001.

Kühn, Dieter. Ich Wolkenstein. Eine Biographie. Frankfurt/M. 1977 [Neue, erweiterte Ausgabe. 8. Aufl. 1992. it 497].
Malutzki, Peter: Holzschnitt zu Oswald von Wolkenstein Lied 21. FlugBlatt-Presse Mainz/Lahnstein Nr. 17 1980.
Mumelter, Hubert: Zwei ohne Gnade. Leipzig 1931.
Pichler, Anita: Wie die Monate das Jahr. Erzählung. Frankfurt/M. 1989.
Rodank, Arthur von: Sabina Jäger. Ein Zeit- und Lebensbild aus dem Anfange des 15. Jahrhunderts. Innsbruck 1905.
Schäffel, Klaus-Peter: Oswald von Wolkenstein. Lieder. Eine Auswahl. 16 Holzschnitte. Emmendingen 1985.
Stuppner, Hubert: *Palinodie Nr. 4*. 4 Liebeslieder nach Oswald von Wolkenstein. München 1981.
Vallazza, Markus: Oswald von Wolkenstein. Fünfundzwanzig Radierungen. Mit Liedern des Dichters und einem einleitenden Essay von Kristian Sotriffer. Wien 1973.

Forschungsliteratur

Baasch, Karen; Nürnberger, Helmuth (1986): Oswald von Wolkenstein. Mit Selbstzeugnissen und Bilddokumenten. Reinbek (rm 360).
Backes, Martina (1992): Tagelieder des deutschen Mittelalters. Mittelhochdeutsch / Neuhochdeutsch. Ausgewählt, übersetzt und kommentiert von Martina Backes. Einleitung von Alois Wolf. Stuttgart (RUB 8831).
Bärnthaler, Günther (1983): Übersetzen im deutschen Spätmittelalter. Der Mönch von Salzburg, Heinrich Laufenberg und Oswald von Wolkenstein als Übersetzer lateinischer Hymnen und Sequenzen. Göppingen (GAG 371).
Banta, Frank G. (1967): Dimensions and Reflexions: An Analysis of Oswald von Wolkenstein's Frölich, zärtlich. In: JEGP 66. S. 59-75. Wieder in: OvW. S. 57-78.
Berger, Christian; Tomasek, Tomas (1996/1997): Kl 68 im Kontext der Margarethe-Lieder Oswalds von Wolkenstein. In: JOWG 9, S. 157-177.
Besseler, H. (1931): Die Musik des Mittelalters und der Renaissance. Potsdam (Handbuch d. Musikwiss. 10). 2. Aufl. Wiesbaden 1979.
Beyrich, Johannes (1910): Untersuchungen über den Stil Oswalds von Wolkenstein. Diss. Leipzig 1910. Weida i. Thür.
Beyschlag, Siegfried (1968): Zu den mehrstimmigen Liedern Oswalds von Wolkenstein. In: Literatur und Geistesgeschichte. Fs. H. O. Burger. Hrsg. v. R. Grimm und C. Wiedemann. Berlin/Bielefeld/München. S. 50-69. Wieder in: OvW. S. 79-106.
Beyschlag, Siegfried (1970): Oswald von Wolkenstein – Durchbruch zur Neuzeit. In: Sprachkunst I, S. 32-41.

Böhm, Rainer (2001/2002): Entdeckung einer französischen Melodievorlage zum Lied *O wunniklicher, wolgezierter mai* (Kl. 100) von Oswald von Wolkenstein. In: JOWG 13, S. 269-278.

Brinkmann, Hennig (1928): Zu Wesen und Form mittelalterlicher Dichtung. Zweite, unveränd. Auflage. Darmstadt 1979 (Nachdr. d. Ausg. Halle/Saale).

Brinkmann, Sabine (1985): Die deutschsprachige Pastourelle. 13. bis 16. Jahrhundert. Göpingen (GAG 307).

Brunner, Horst (1977): Das deutsche Liebeslied um 1400. In: Tagung Seis. S. 105-146.

Brunner, Horst (1980): Tradition und Innovation im Bereich der Liedtypen um 1400. Beschreibung und Versuch der Erklärung. In: Textsorten und Textgattungen. Dokumentation des Germanistentages in Hamburg vom 1.-4.4.1979. Hrsg. v. Vorstand d. Vereinig. dt. Hochschulgermanisten. Bonn. S. 392-413.

Classen, Albrecht (1987): Zur Rezeption norditalienischer Kultur des Trecento im Werk Oswalds von Wolkenstein (1376/77-1445). Göppingen (GAG 471).

Classen, Albrecht (1988/1989): Liebesehe und Ehelieder in den Gedichten Oswalds von Wolkenstein. In: JOWG 5, S.445-464

Classen, Albrecht (1990): Love and Marriage in Late Medieval Verse: Oswald von Wolkenstein, Thomas Hoccleve, and Michel Beheim. In: Studia Neophilologica 62, S. 163-188.

Cramer, Thomas (1990): Geschichte der deutschen Literatur im späten Mittelalter. München (Geschichte der deutschen Literatur im Mittelalter 3; dtv 4553).

Derron, Marianne; Schnyder, André (2000): Das geistliche Tagelied des Spätmittelalters und der Frühen Neuzeit. Eine Bilanz und ein Projekt. In: JOWG 12, S. 203-216.

Feldges, Mathias (1977): Lyrik und Politik am Konstanzer Konzil – eine neue Interpretation von Oswalds von Wolkenstein Hussitenlied. In: Tagung Seis. S. 81-104. Zuerst in: Literatur - Publikum - historischer Kontext. Hrsg. v. Gert Kaiser. Bern/Frankfurt.M/Las Vegas 1977 (Beiträge zur Älteren Deutschen Literaturgeschichte 1). S. 137-181.

Frenzel, Peter Michael (1968): The Episode in the Songs of Oswald von Wolkenstein. Diss. masch. Michigan (Microfilm Print).

Fürbeth, Frank (1996/1997): *wol vierzig jar leicht minner zwai* im Zeichen der verkehrten Welt: Oswalds *Es fügt sich* (Kl 18) im Kontext mittelalterlicher Sündenlehre. In: JOWG 9, S. 197-220.

Glier, Ingeborg (1984): Konkretisierungen im Minnesang des 13. Jahrhunderts. In: From symbol to mimesis. The generation of Walther von der Vogelweide. Ed. by Franz H. Bäuml. Göppingen (GAG 368). S. 150-168.

Göllner, Theodor (1964): Landinis „Questa fanciulla" bei Oswald von Wolkenstein. In: Die Musikforschung 17, S. 393-398. Wieder in: OvW. S. 48-56.

Goheen, Jutta (1975): Oswald von Wolkenstein zwischen „Mittelalter" und „Renaissance", eine Interpretation des geistlichen Liedes „In Frankereich". In: Carleton Germanic Papers 3, S. 1-19.

Literaturverzeichnis

Goheen, Jutta (1984): Mittelalterliche Liebeslyrik von Neidhart bis zu Oswald von Wolkenstein. Berlin (Philologische Studien und Quellen 110).

Goheen, Jutta (1989): „Realismus" im Tagelied Oswalds von Wolkenstein? Dimensionen des Zeitbildes. In: James F. Poag und Thomas C. Fox (Hg.): Entzauberung der Welt. Deutsche Literatur 1200-1500. Tübingen. S. 89-106.

Goheen, Jutta (1994): Zum *ordo* des Alters: Oswald von Wolkensteins gnomische Perspektive auf Leben und Werk. In: Carleton Germanic Papers 22, S. 60-70.

Hartmann, Sieglinde (1980): Altersdichtung und Selbstdarstellung bei Oswald von Wolkenstein. Die Lieder Kl 1 bis 7 im spätmittelalterlichen Kontext. Göppingen (GAG 288).

Hartmann, Sieglinde (1984/1985a): Oswald von Wolkenstein. Empirie und Symbolik in seiner Lebenballade. In: Jb. der Thomas-Morus-Gesellschaft, S. 83-95.

Hartmann, Sieglinde (1984/1985b): Zur Einheit des Marienliedes Kl. 34. Eine Stilstudie mit Übersetzung und Kommentar. In: JOWG 3, S. 25-43.

Hartmann, Sieglinde (1993): Oswald von Wolkenstein: *Es fügt sich, do ich was von zehen jaren alt*. In: Gedichte und Interpretationen. Mittelalter. Hrsg. von Helmut Tervooren. Stuttgart (RUB 8864). S. 299-318.

Hartmann, Sieglinde (2004): Oswald von Wolkenstein und Margarethe von Schwangau: ein Liebespaar? In: Paare und Paarungen. Fs. Werner Wunderlich. Hrsg. von Ulrich Müller und Margarete Springeth unter Mitwirkung von Michaela Auer-Müller. Stuttgart. S. 255-263.

Hartmann, Sieglinde (2005a): Oswald von Wolkenstein heute: Traditionen und Innovationen in seiner Lyrik. In: JOWG 15, S. 349-372.

Hartmann, Sieglinde (2005b): Dokumentation zur Uraufführung der Oper 'Wolkenstein'. In JOWG 15, S. 417-439.

Hausner, Renate (1984/1985): Thesen zur Funktion frühester weltlicher Polyphonie im deutschsprachigen Raum (Oswald von Wolkenstein, Mönch von Salzburg). In: JOWG 3, S. 45-78.

Helmkamp, Kerstin (2003): Genre und Gender: Die ‚Gefangenschafts-' und ‚Ehelieder' Oswalds von Wolkenstein. Diss. Berlin.

Hirschberg, Dagmar; Ragotzky, Hedda (1984/1985): Zum Verhältnis von Minnethematik und biographischer Realität bei Oswald von Wolkenstein: *Ain anefangk* (Kl. 1) und *Es fügt sich* (Kl. 18). In: JOWG 3, S. 79-114.

Hirschberg, Dagmar (1985): Zur Funktion der biographischen Konkretisierung in Oswalds Tagelied-Experiment 'Ain tunckle farb von occident' Kl. 33. In: PBB 107, S. 376-388.

Hofmeister, Wernfried (1990): Sprichwortartige Mikrotexte. Analysen am Beispiel Oswalds von Wolkenstein. Göppingen (GAG 537).

Holtorf, Arne (1973): Neujahrswünsche im Liebesliede des ausgehenden Mittelalters. Zugleich ein Beitrag zur Geschichte des mittelalterlichen Neujahrsbrauchtums in Deutschland. Göppingen (GAG 20).

Holznagel, Franz-Josef; Möller, Hartmut (2003): Ein Fall von Interregionalität. Oswald von Wolkenstein „Wach auf, mein hort" (Kl 101) in Südtirol und in

Norddeutschland, in: Tervooren, Helmut; Haustein, Jens (Hgg.): Regionale Literaturgeschichtsschreibung. ZfdPh 122 (Sonderheft), S. 102-133.
Jackson, William T.H. (**1969**): Alliteration and sound repetition in the lyrics of Oswald von Wolkenstein. In: Formal aspects of medieval german poetry. A symposium. Ed. by Stanley N. Werbow. Austin, Texas/London. S. 43-78.
Janota, Johannes (1971): Neue Forschungen zur deutschen Dichtung des Spätmittelalters (1230 - 1500). In: DVjs 45, Sonderheft Forschungsreferate, S. 1-242.
Jones, George Fenwick (1971): 'Ain tunckle farb' – Zwar kein 'tageliet' aber doch ein Morgen-Lied. Zu Oswald von Wolkenstein, Klein 33. In: ZfdPh 90, Sonderheft, S. 142-153.
Jones, George F[enwick] (1973): Oswald von Wolkenstein. New York (TWAS 236).
Joschko, Dirk (1985): Oswald von Wolkenstein. Eine Monographie zu Person, Werk und Forschungsgeschichte. Göppingen (GAG 396).
Joschko, Dirk (1988a): Das neue Jahr in den Liedern Oswalds von Wolkenstein. In: Sammlung - Deutung - Wertung. Ergebnisse, Probleme, Tendenzen und Perspektiven philologischer Arbeit. Fs. W. Spiewok. Hrsg. v. Danielle Buschinger. Amiens. S. 197-204.
Joschko, Dirk (1988b): Die Ehelyrik Hugos von Montfort und Oswalds von Wolkenstein. In: Studien zur Literatur des Spätmittelalters. 2. Aufl Greifswald (Deutsche Literatur des Mittelalters 2; Wiss. Beiträge der Enst-Moritz-Arndt-Universität Greifswald). S. 26-40.
Kersken, Wolfgang (1975): *Genner beschnaid*. Die Kalendergedichte und der Neumondkalender des Oswald von Wolkenstein. Überlieferung-Text- Deutung. Göppingen (GAG 161).
Kokott, Hartmut (1982): Oswald von Wolkenstein. In: Winfried Frey, Walter Raitz u.a. (Hgg.): Einführung in die deutsche Literatur des 12. bis 16. Jahrhunderts. Band 2: Patriziat und Landesherrschaft – 13.-15. Jahrhundert. Opladen (Grundkurs Literaturgeschichte). S. 80-113.
Kossak, Wofram von; **Stockhorst, Stefanie (1999)**: Sexuelles und wie es zu Wort kommt. Die Frage nach dem Obszönen in den Liedern Oswalds von Wolkenstein. In: Daphnis 28, S. 1-33.
Lester, Conrad H. (1949): Zur literarischen Bedeutung Oswalds von Wolkenstein. Wien.
Loewenstein, Herbert (1932): Wort und Ton bei Oswald von Wolkenstein. Königsberg (Königsberger Deutsche Forschungen 11).
Locher, Elmar (1995): „Der Text im Text schafft den Körper des Imaginären". Zu Liedern Oswalds von Wolkenstein. In: L'immaginario nelle Lettereature germaniche del medioevo. Hrsg. v. Adele Cipollo, Mailand (Scienza della lettertura e del linguaggio 12), S. 227-242.
Lomnitzer, Helmut (1980): Lieder Oswalds in neueren musikalischen Aufführungsversuchen. In: OvW. S. 453-477.

Lomnitzer, Helmut (1984): Geliebte und Ehefrau im deutschen Lied des Mittelalters. In: Liebe - Ehe - Ehebruch in der Literatur des Mittelalters. Vorträge des Symposiums vom 13. bis 16. Juni 1983 am Institut für deutsche Sprache und mittelalterliche Literatur der Justus Liebig-Universität Giessen. Ed. v. Xenja von Ertzdorff und Marianne Wynn. Giessen (Beiträge zur deutschen Philologie 58). S. 111-124.

Lutz, Eckhart Conrad (1991): Wahrnehmen der Welt und Ordnen der Dichtung. Strukturen im Œuvre Oswalds von Wolkenstein. In: Litwiss. Jb. N.F. 32, S. 39-79.

Marold, Werner (1926): Kommentar zu den Liedern Oswalds von Wolkenstein. [Diss. masch. Göttingen]. Bearbeitet und herausgegeben von Alan Robertshaw. Innsbruck 1995 (Innsbrucker Beiträge zur Kulturwissenschaft; Germanist. Reihe Bd. 52).

Maurer, Friedrich (1922): Beiträge zur Sprache Oswalds von Wolkenstein. Giessen (Giessener Beiträge zur Deutschen Philologie 3).

Mayr, Norbert (1961): Die Reiselieder und Reisen Oswalds von Wolkenstein. Innsbruck (Schlern-Schriften 215).

McDonald, William C. (1982/1983): Concerning Oswald's *Wie vil ich sing und tichte* (Kl. 23) as religious autobiography. In: JOWG 2, S. 267-286.

Meiners, Irmgard (1976): Zu Oswalds von Wolkenstein Fuga *Mit günstlichem herzen* (Klein Nr. 71). In: ZfdA 105, S. 126-131.

Melkert, Hella; Schubert, Martin J. (1999): Lieder Oswalds von Wolkenstein in neueren Einspielungen. In: JOWG 11, S. 437-450.

Mohr, Wolfgang (1963): Vortragsform und Form als Symbol im mittelalterlichen Liede. In: Festgabe für Ulrich Pretzel. Hrsg. v. Werner Simon, Wolfgang Bachofer und Wolfgang Dittmann. Berlin. S. 128-138. Wieder in: Hans Fromm (Hg.), Der deutsche Minnesang. Aufsätze zu seiner Erforschung. Bd. 2. Darmstadt 1985 (WdF 608). S. 211-225.

Mohr, Wolfgang (1969): Die Natur im mittelalterlichen Liede. In: Geschichte Deutung Kritik. Literaturwissenschaftliche Beiträge dargebracht zum 65. Geburtstag Werner Kohlschmidts. Hrsg. v. Maria Brindschneider und Paul Zinsli. Bern. S. 45-63. Wieder in: OvW. S. 194-217.

Moser, Hans (1969a): Durch Barbarei, Arabia. Zur Klangphantasie Oswalds von Wolkenstein. In: Germanistische Studien. Hrsg. v. Johannes Erben u. Eugen Thurnher. Innbruck (Innsbrucker Beiträge zur Kulturwiss. 15). S. 75-92. Wieder in: OvW. S. 166-193.

Moser, Hans (1969b): Rezension Ulrich Müller, „Dichtung und Wahrheit" in den Liedern Oswalds von Wolkenstein. In: PBB 91, S. 418-421.

Mück, Hans-Dieter (1977): Oswald von Wolkenstein zwischen Verehrung und Vermarktung. Formen der Rezeption 1835-1976. Mit einem Anhang: Dokumentation des Wolkenstein-Jahres 1977. In: Tagung Seis. S. 483-527.

Mück, Hans-Dieter (1974): Oswald von Wolkenstein – ein Frühpetrarkist? Überlegungen zur literaturhistorischen Einordnung. In: Tagung Neustift. S. 121-166.

Müller, Maria E. (1984/1985): Höfische Literatur ohne Hof. Bemerkungen zur sozialen Gebrauchssituation der Lieder Oswalds von Wolkenstein. In: JOWG 3, S. 163-185.
Müller, Ulrich (1968a): „Dichtung" und „Wahrheit" in den Liedern Oswalds von Wolkenstein: Die autobiographischen Lieder von den Reisen. Göppingen (GAG 1).
Müller, Ulrich (1968b): Oswald von Wolkenstein. Die „Heimatlieder" über die Tiroler Streitereien (Kl 81, Kl 104, Kl 116). In: ZfdPh 87, Sonderheft, S. 222-234.
Müller, Ulrich (1969): 'Lügende Dichter?' (Ovid, Jaufre Rudel, Oswald von Wolkenstein). In: OvW. S. 218-240
Müller, Ulrich (1971): Ovid 'Amores'– Alba – Tageliet. Typ und Gegentyp des 'Tageliedes' in der Liebesdichtung der Antike und des Mittelalters. In: DVjs 45, S. 451-480.
Müller, Ulrich (1974): Beobachtungen und Überlegungen über den Zusammenhang von Stand, Werk, Publikum und Überlieferung mittelhochdeutscher Dichter: Oswald von Wolkenstein und Michel Beheim – ein Vergleich. In: Tagung Neustift. S. 167-180.
Müller, Ulrich (1978a): „Dichtung" und „Wirklichkeit" bei Oswald von Wolkenstein. Aufgezeigt im Vergleich mit Altersliedern von Walther von der Vogelweide und Hans Sachs. In: Litwiss. Jahrbuch NF 19, S. 133-156.
Müller, Ulrich (1978b): Die Tagelieder des Oswald von Wolkenstein oder Variationen über ein vorgegebenes Thema. Mit neuer Transkription der Tagelieder des Mönchs von Salzburg von Franz V. Spechtler. In: Tagung Seis. S. 205-225.
Müller, Ulrich (1987): „Wie wol ich suns tichten chann": Veracity in German „Spruchdichtung" from Walther von der Vogelweide to Michel Beheim. (Transl. Susan May). In: Fifteenth-century-Studies 12, S. 115-130.
Müller, Ulrich (1992): Exemplarische Überlieferung und Edition. Mehrfassungen in authentischen Lyrik-Handschriften – zum Beispiel Oswald von Wolkenstein und Michel Beheim. In: editio 6, S. 112-122.
Müller, Ulrich (1993): Oswald von Wolkenstein: Ain graserin durch kúlen tau. In: Gedichte und Interpretationen. Mittelalter. Hrsg. von Helmut Tervooren. Stuttgart (RUB 8864). S. 338-352.
Müller, Ulrich (1994): Oswald von Wolkenstein und Neithart Fuchs. Das Tanzlied „Ir alten weib", ein Schlager des späten Mittelalters. In: Prospero I. Triest, S. 90-121.
Ogier, James M. (1990/1991): Cherchez la femme: The Lady of Oswald's „In Frankreich" and „Mich tröst ain adelichen maid". In: JOWG 6, S. 243-253.
Ockel, Eberhard (1977): Die künstlerische Gestaltung des Umgangs mit Herrscherpersönlichkeiten in der Lyrik Oswalds von Wolkenstein. Göppingen (GAG 232).

Okken, Lambertus; Mück, Hans-Dieter (1981): Die satirischen Lieder Oswalds von Wolkenstein wider die Bauern. Untersuchungen zum Wortschatz und zur literarhistorischen Einordnung. Göppingen (GAG 316).

Pelnar, Ivana (1978): Neue Erkenntnisse zu Oswalds von Wolkenstein mehrstimmiger Liedkunst. In: Tagung Seis. S. 267-284.

Pelnar, Ivana (1982): Die mehrstimmigen Lieder Oswalds von Wolkenstein. Textband. Tutzing (Müchner Veröffentlichungen zur Musikgeschichte 32).

Petzsch, Christoph (1959): Hofweisen. Ein Beitrag zur Geschichte des deutschen Liederjahrhunderts. In: DVjs 33, S. 414-445.

Petzsch, Christoph (1964): Text- und Melodietypenveränderung bei Oswald von Wolkenstein. In: DVjs 38, S. 493-512.

Petzsch, Christoph (1968): Die Bergwaldpastourelle Oswalds von Wolkenstein *(Text- und Melodietypenveränderung II)*. In: ZfdPh 87, Sonderheft, S. 195-222. Wieder in: OvW. S. 107-142.

Petzsch, Christoph (1971): Frühlingsreien als Vortragsform und seine Bedeutung im Bîspel. In: DVjs 45, S. 35-79.

Petzsch, Christoph (1982): Dem Usuellen nahe Zweiteiligkeit auch beim Marner und Oswald von Wolkenstein. In: ZfdPh 101, S. 370-389.

Petzsch, Christoph (1982/1983): Oswalds von Wolkenstein Lieder *Wach auff mein hort* und *Ain tunckle farb*. In: JOWG 2, S. 243-265.

Pörnbacher, Hans (1980): Margarete von Schwangau, Gemahlin des spätmittelalterlichen Liederdichters und -komponisten Oswald von Wolkenstein. In: Lebensbilder aus dem bayerischen Schwaben 12, S. 1-7. [Zuerst unter dem Titel 'Margarete von Schwangau' in: Der Schlern 48 (1974), S. 283-297].

Robertshaw, Alan (1977): The myth and the man. Göppingen (GAG 178).

Robertshaw, Alan (1982): Individualität und Anonymität. Zur Rezeption Oswalds von Wolkenstein. In: Neophilologus 66, S. 407-421.

Robertshaw, Alan (1983): Oswald von Wolkenstein als Minnesänger. In: Minnesang in Österreich. Hrsg. v. H. Birkhahn. Wien. S. 153-175.

Robertshaw, Alan (1987): Chivalry, love, and self-advertisement in Oswald von Wolkenstein's 'Es fügt sich'. In: MLR 82, S. 887-896.

Robertshaw, Alan (1996): Reimpublizistik und Lieddichtung am Konstanzer Konzil. In: Lied im deutschen Mittelalter. Hrsg. von C. Edwards, E. Hellgardt, N.H. Ott. Tübingen. S. 245-256.

Robertshaw, Alan (1998): Der spätmittelalterliche Autor als Herausgeber seiner Werke: Oswald von Wolkenstein und Hugo von Montfort. In: Elizabeth Andersen, Jens Haustein, Anne Simon, Peter Strohschneider (Hgg.): Autor und Autorschaft im Mittelalter. Kolloquium Meißen 1995. Tübingen. S. 335-345.

Röll, Walter (1968a): Kommentar zu den Liedern und Reimpaarreden Oswalds von Wolkenstein. Teil I: Einleitung und Kommentar zu den Liedern Klein 1-20. Habil. masch. Hamburg.

Röll, Walter (1968b): Oswald von Wolkenstein und Graf Peter von Arberg. In: ZfdA 97, S. 219-234. Wieder in: OvW. S. 143-165.

Röll, Walter (1974a): Zur Bezeugung und Verbreitung der Lieder Oswalds von Wolkenstein. In: Tagung Neustift. S. 232-236.
Röll, Walter (1974b): Kontrafaktur. Zu Anlaß und Text des Hausherrin-Magd-Liedes Oswalds von Wolkenstein. In: Tagung Neustift. S. 228-231.
Röll, Walter (1975): Der vierzigjährige Dichter. Anläßlich des Liedes 'Es fuegt sich' Oswalds von Wolkenstein. In: ZfdPh 96, S. 377-394.
Röll, Walter (1976): Vom Hof zur Singschule. Überlieferung und Rezeption eines Tones im 14.-17. Jahrhundert. Heidelberg.
Röll, Walter (1978): Oswald von Wolkenstein und andere 'Minnesklaven'. In: Tagung Seis. S. 147-177.
Röll, Walter (1981): Oswald von Wolkenstein. Darmstadt (EdF 160).
Röll, Walter (1982/1983): Oswald von Wolkenstein: Du armer mensch. Interpretation. In: JOWG 2, S. 219-241.
Röll, Walter (1991): Artikel ‚Oswald von Wolkenstein'. In: Kindlers Literatur-Lexikon. Autoren und Werke deutscher Sprache. Hrsg. v. Walther Killy u.a. Bd. 9. Gütersloh/München. S. 26-30.
Rohrbach, Gerdt (1986): Studien zur Erforschung des deutschen Tagelieds. Ein sozialgeschichtlicher Beitrag. Göppingen (GAG 462).
Salmen, Walter (1974): Die Musik im Weltbild Oswalds von Wolkenstein. In: Tagung Neustift. S. 237-24.
Salmen, Walter (1978): Oswald von Wolkenstein als Komponist? In: Litwiss. Jahrbuch N.F. 19, S. 179-187.
Schatz, Josef (1930): Sprache und Wortschatz der Gedichte Oswalds von Wolkenstein. Wien/Leipzig (Akademie der Wissenschaften in Wien. Phil.-hist. Klasse. Denkschriften 69,2)
Schiendorfer, Max (1996/1997): *Ain schidlichs streuen* – Heilsgeschichte und Jenseitsspekulation in Oswalds verkanntem Tagelied Kl 40. In: JOWG 9, S. 179-196.
Schmidt-Wiegand, Ruth (1984): Oswald von Wolkenstein. In: Handwörterbuch zur deutschen Rechtsgeschichte. Hrsg. v. A. Erler und E. Kaufmann unter philologischer Mitarbeit von Ruth Schmidt-Wiegand. Bd. 3. Berlin. Sp. 1372-1377.
Schnell, Rüdiger (1994): Liebesdiskurs und Ehediskurs im 15. und 16. Jahrhundert. In: The Graph of Sex and the German Text: Gendered Culture in Early Modern Germany 1500-1700. Ed. by Lynne Tatlock. Amsterdam/Atlanta (Chloe. Beihefte zum Daphnis 19), S. 77-120.
Schnyder, André (1996a): Auf die Couch mit Oswald? Vorschlag für eine neue Lesart von Kl 3. In: GRM NF 46, S. 1-15.
Schnyder, André (1996b): Das erste Passionslied Oswalds von Wolkenstein – Eine Interpretation von Kl 111 (mit einem Seitenblick auf G 23 des Mönchs von Salzburg). In: Speculum medii aevi 2, S. 43-58.
Schnyder, André (1998): Liedeinheit durch Gattungskombination und -transformation. Zu Oswalds Lied *Wach menschlich tier* (Kl 2). In: Schwarz, Alexan-

der; Abplanalp, Laure (Hgg.): Text im Kontext. Anleitung zur Lektüre deutscher Texte der frühen Neuzeit. Bern u.a.. S. 231-244.

Schnyder, André (2004): Das geistliche Tagelied des späten Mittelalters und der frühen Neuzeit. Textsammlung, Kommentar und Umrisse einer Gattungsgeschichte. Tübingen (Bibliotheca Germanica 45).

Schubert, Martin J. ((2001/2002)): Songs of Oswald von Wolkenstein in New Recordings. Nachtrag zu Jahrbuch 11. In: JOWG 13, S. 261-268.

Schubert, Martin J.; Spicker, Johannes (1996): Tagungsbericht: Oswald von Wolkenstein und die Wende zur Neuzeit. In: ZfdPh 115, S. 106-109.

Schulze-Belli, Paola (2001/2002): Oswalds's St Mary's Songs: Religious or Courtly Poetry? In: JOWG 13, S. 279-296.

Schumacher, Meinolf (2001): Ein Kranz für den Tanz und ein Strich durch die Rechnung. Zu Oswald von Wolkenstein ‚Ich spür ain tier' (Kl 6), in: PBB 123, S. 253-273.

Schwanholz, Winfried (1985): Volksliedhafte Züge im Werk Oswalds von Wolkenstein. Die Trinklieder. Frankfurt a.M./Bern/New York (Germanist. Arbeiten zu Sprache u. Kulturgeschichte 6).

Schwarke, Eva (1949): Interpretationsstudien zur Lyrik Oswalds von Wolkenstein. Diss. masch. Hamburg.

Schweikle, Günther (1982/1983): Zur literarhistorischen Stellung Oswalds von Wolkenstein. In: JOWG 2, S. 193-217.

Schweikle, Günther (1993): Prämissen der Textkritik und Editionsmethode der Lachmann-Schule überprüft an der Lyrik Oswalds von Wolkenstein. In: Methoden und Probleme der Edition mittelalterlicher deutscher Texte. Bamberger Fachtagung 26.-29. Juni 1991. Plenumsreferate. Hrsg. v. Rolf Bergmann und Kurt Gärtner unter Mitwirkung von Volker Mertens, Ulrich Müller und Anton Schwob. Tübingen. S. 120-136.

Schwob, Anton (1977a): Oswald von Wolkenstein. Eine Biographie. Nachdruck der dritten Auflage. Bozen (Schriftenreihe des Südtiroler Kulturinstituts 4).

Schwob, Anton (1977b): Eine neue Wertung der Liederhandschrift Oswalds von Wolkenstein In: Der Schlern 51, S. 607-614.

Schwob, Anton (1979): Historische Realität und literarische Umsetzung. Beobachtung zur Stilisierung der Gefangenschaft in den Liedern Oswalds von Wolkenstein. Innsbruck (Innsbrucker Beiträge zur Kulturwissenschaft, German. Reihe 9).

Schwob, Anton (1980/81a): 'hûssorge tuot sô wê'. Beobachtungen zu einer Variante der Armutsklage in der mhd. Lyrik. In: JOWG 1, S. 77-97.

Schwob, Anton (1980/81b): Das Konstanzlied 'O wunnikliches paradis' (Kl. 98) als Kontrapunkt zum Zerfall aristokratischer Herrschafts- und Lebensformen. In: JOWG 1, S. 223-238.

Schwob, Anton (2001): Beobachtungen zur Handschrift A Oswalds von Wolkenstein. In: Entstehung und Typen mittelalterlicher Lyrikhandschriften. Akten des Grazer Symposiums 13.-17. Oktober 1999. Hrsg. v. Anton Schwob und

András Vizkelety. Bern u.a. (Jahrbuch für Internationale Germnastik; Reihe A: Kongressberichte 52). S. 243-254

Die Lebenszeugnisse Oswalds von Wolkenstein. Edition und Kommentar. Band 1: 1382-1419, Nr. 1-92. Hrsg. v. Anton Schwob unter Mitarbeit von Karin Kranich-Hofbauer, Ute Monika Schwob, Brigitte Spreitzer. Wien, Köln, Weimar 1999

Die Lebenszeugnisse Oswalds von Wolkenstein. Edition und Kommentar. Band 2: 1420-1428, Nr. 93-177. Hrsg. v. Anton Schwob unter Mitarbeit von Karin Kranich-Hofbauer, Ute Monika Schwob, Brigitte Spreitzer. Wien, Köln, Weimar 2001.

Die Lebenszeugnisse Oswalds von Wolkenstein. Edition und Kommentar. Band 3: 1428-1437, Nr. 178-276. Hrsg. v. Anton Schwob unter Mitarbeit von Karin Kranich-Hofbauer und Brigitte Spreitzer, kommentiert von Ute Monika Schwob. Wien, Köln, Weimar 2004.

Schwob, Ute Monika (1989): Ain Frauen Pild. Versuch einer Restaurierung des Persönlichkeitsbildes von „Anna der Hausmanin, gesessen zu Brixen. Hannsen Hausmanns Tochter". In: Ingrid Bennewitz (Hg.): *Der frauwen buoch*. Versuche zu einer feministischen Mediävistik. Göppingen (GAG 517). S. 291- 326.

Schwob, Ute Monika (2001): Ideologischer und militärischer Kampf gegen die Hussiten. Oswald von Wolkenstein und Eberhard Windecke als Zeitzeugen. In: Deutsche Literatur des Mittelalters in Böhmen und über Böhmen. Hrsg. v. Domimique Fleigler und Václav Bok. Wien 2001. S. 301-318.

Spechtler, Franz Viktor (1974): Beiträge zum deutschen geistlichen Lied des Mittelalters II: Oswald von Wolkenstein. In: Tagung Neustift. S. 272-284.

Spechtler, Franz Viktor (1978): Beiträge zum deutschen geistlichen Lied des Mittelalters III. Liedtraditionen in den Marienliedern Oswalds von Wolkenstein. In:.Tagung Seis. S. 179-203.

Spechtler, Franz Viktor (1984): Lyrik des ausgehenden 14. und des 15. Jahrhunderts. Zur Einführung. In: ders. (Hg.): Lyrik des ausgehenden 14. und des 15. Jahrhunderts. Amsterdam (Chloe, Beihefte zum Daphnis I). S. 1-28.

Speckhart-Imser, Veronika (1984): Studien zu Liebesliedern Oswalds von Wolkenstein (Klein Nr. 12, 48, 56, 61, 82). Diss. masch. Salzburg.

Speckenbach, Klaus (2000): Zu Wolframs ‚Von der zinnen' (MF V) und Oswalds ‚Los, frau und hör' (Kl. 49). In: Volker Honemann; Tomas Tomasek (Hgg.): Germanistische Mediävistik. 2., durchges. Aufl. Münster (Münsteraner Einführungen: Germanistik 4). S. 227-253.

Spicker, Johannes (1993): Literarische Stilisierung und artistische Kompetenz bei Oswald von Wolkenstein. Stuttgart/Leipzig.

Spicker, Johannes (1996/1997): Oswalds 'Ehelieder'. Überlegungen zu einem forschungsgeschichtlichen Paradigma. In: JOWG 9, S. 139-156.

Spicker, Johannes (1997a): Singen und Sammeln. Autorschaft bei Oswald von Wolkenstein und Hugo von Montfort. In: ZfdA 126, S. 174-192.

Spicker, Johannes (1997b): Oswald von Wolkenstein und die romanische chanson de la malmariée. In: ZfdPh 116, S. 413-416.

Spicker, Johannes (2000a): Auch das was die natur zum sitz-platz außersehn / jst dadurch wenn es dick und außgefüllet schön. Körperbeschreibungen in der spätmittelalterlichen Liebeslyrik, in: Edition und Interpretation. Neue Forschungspradigmen zur mittelhochdeutschen Lyrik. Festschrift für Helmut Tervooren. Hrsg. v. Johannes Spicker in Zusammenarbeit mit Susanne Fritsch, Gaby Herchert und Stefan Zeyen. Stuttgart. S. 115-134.

Spicker, Johannes (2000b): Geographische Kataloge bei Boppe. Eine Anregung. In: Neue Forschungen zur mittelhochdeutschen Sangspruchdichtung. Hrsg. v. Horst Brunner und Helmut Tervooren. Berlin. ZfdPh 119, Sonderheft. S. 208-221.

Stäblein, Bruno (1970): Das Verhältnis von textlich-musikalischer Gestalt zum Inhalt bei Oswald von Wolkenstein. In: Formen mittelalterlicher Literatur. Fs. Siegfried Beyschlag. Hrsg. v. Otmar Werner u. Bernd Naumann. Göppingen (GAG 25). S. 179-195. Wieder in: OvW. S. 262-282.

Stäblein, Bruno (1972): Oswald von Wolkenstein, der Schöpfer des Individualliedes. In: DVjs 46, S. 113-160.

Strohm, Reinhard (1993): The rise of European mussic, 1380-1500. Cambridge.

Tervooren, Helmut (1988): Schönheitsbeschreibung und Gattungsethik in der mittelhochdeutschen Lyrik. In: Schöne Frauen – schöne Männer. Literarische Schönheitsbeschreibungen. Hrsg. v. Th. Stemmler. Mannheim. S. 171-198. Wieder in: Helmut Tervooren: Schoeniu wort mit süezeme sange. Philologische Schriften. Hrsg. v. Susanne Fritsch und Johannes Spicker. Berlin 2000 (PhStuQ 159). S. 96-113.

Timm, Erika (1972): Die Überlieferung der Lieder Oswalds von Wolkenstein. Lübeck/Hamburg (German. Studien 242).

Timm, Erika (1974): Ein Beitrag zur Frage: Wo und in welchem Umfang hat Oswald von Wolkenstein das Komponieren gelernt? In: Tagug Neustift. S. 308-331.

Treichler, Hans-Peter (1968): Studien zu den Tageliedern Oswalds von Wolkenstein. Diss. Zürich.

Türler, Wilhelm (1920): Stilistische Studien zu Oswald von Wolkenstein. Nebst einem Anhang: Kritische Bemerkungen zu der Textausgabe von O. (sic) Schatz (1904). Diss. Bern 1919. Teildruck Heidelberg.

Wachinger, Burghart (1977): Sprachmischung bei Oswald von Wolkenstein. In: ZfdA 106, S. 277-296.

Wachinger, Burghart (1984/1985): *Herz prich rich sich*. Zur lyrischen Sprache Oswalds von Wolkenstein. In: JOWG 3, S. 3-23.

Wachinger, Burghart (1987): Artikel 'Oswald von Wolkenstein'. In: Verfasserlexikon. Die deutsche Literatur des Mittelalters. Hrsg. v. Wolfgang Stammler und Karl Langosch. 2., völlig neu bearbeitete Auflage. Hrsg. v. Kurt Ruh u.a., Bd. 7, Berlin, Sp. 134-169.

Wachinger, Burghart (1989): Die Welt, die Minne und das Ich. Drei spätmittelalterliche Lieder. In: James F. Poag; Thomas C. Fox (Hgg.): Entzauberung der Welt. Deutsche Literatur 1200 - 1500. Tübingen. S. 107-118.
Wachinger, Burghart (1991): Autorschaft und Überlieferung. In: Autorentypen. Hrsg. v. Walter Haug und Burghart Wachinger. Tübingen 1991 (Fortuna vitrea 6). S. 1-28.
Wachinger, Burghart (1999): Liebeslieder vom späten bis zum frühen 16. Jahrhundert. In: Mittelalter und frühe Neuzeit. Übergänge, Umbrüche und Neuansätze. Tübingen (Fortuna vitrea 16). S. 1-29.
Wachinger, Burghart (2000): *Ma dame Mercye* und *swarz meidlin*. Zweifelhaftes am Rande des Œuvres Oswalds von Wolkenstein, in: Vom Mittelalter zur Neuzeit. Fs. f. Horst Brunner. Hrsg. v. Dorothea Klein zusammen mit Elisabeth Lienert und Johannes Rettelbach. Wiesbaden. S. 403-422.
Wachinger, Burghart (2001): *Blick durch die braw*. Maria als Geliebte bei Oswald von Wolkenstein. In: Fragen der Liedinterpretation. Fs. Gerhard Hahn. Hrsg. v. Hedda Ragotzky u.a. Stuttgart. S. 103-117.
Wand-Wittkowski, Christine (2002): Topisches oder biographisches Ich? Das Lied *Ain anefangk* Oswalds von Wolkenstein. In: WW 52, S. 178-191.
Wehrli, Max (1980): Geschichte der deutschen Literatur vom frühen Mittelalter bis zum Ende des 16. Jahrhunderts. Stuttgart (Geschichte der deutschen Literatur von den Anfängen bis zur Gegenwart 1; RUB 10294)
Welker, Lorenz (1987): New light on Oswald von Wolkenstein: central European traditions and Burgundian Polyphony. In: Early Music History 7, S. 187-225.
Welker, Lorenz (1990/1991): Mehrstimmige Sätze bei Oswald von Wolkenstein: eine kommentierte Übersicht. In: JOWG 6, S. 255-266.
Wendler, Josef (1963): Studien zur Melodiebildung bei Oswald von Wolkenstein. Die Formeltechnik in den einstimmigen Liedern. Diss. Saarbrücken 1961. Tutzing.
Wierschin, Martin W. (1982): Oswalds von Wolkenstein „Es fügt sich". In: Monatshefte f. dt. Sprache 74, S. 433-450.
Wittstruck, Wilfried (1987): Der dichterische Namengebrauch in der deutschen Lyrik des Spätmittelalters. München (Münstersche Mittelalter-Schriften 61).
Wolf, Gerhard (1991): Spiel und Norm. Zur Thematisierung der Sexualität in Liebeslyrik und Ehelehre des späten Mittelalters. In: Hans-Jürgen Bachorski (Hg.): Ordnung und Lust. Bilder von Liebe, Ehe und Sexualität in Spätmittelalter und Früher Neuzeit. Trier (Literatur – Imagination – Realität. Anglist., germanist., romanist. Studien 1). S. 477-509.
Wolf, Norbert Richard (1968): Tageliedvariationen im späten provenzalischen und deutschen Minnesang. In: ZfdPh 87, Sonderheft, S. 185-194.
Zingerle, Ignaz V. (1870): Zur ältern tirolischen Literatur. I. Oswald von Wolkenstein. In: Sitzungsberichte der Philosophisch-Historischen Classe der Kaiserlichen Akademie der Wissenschaften. Bd. 64. Wien. S. 619-696.

Liedregister

Kl. 1 14, 16, 19, 39, 41, 43 f., 46, 90, 103, 111–114
Kl. 2 39, 43 f., 103,
Kl. 3 27, 39, 43 f., 103, 110 f.
Kl. 4 16, 39, 43 f., 103, 114–115
Kl. 5 16, 27, 43 f., 103–105
Kl. 6 16, 29, 43 f., 103, 107 f.
Kl. 7 39, 43f., 103, 115
Kl. 8 103, 108 f., 125
Kl. 9 29, 103
Kl. 10 16, 103
Kl. 11 103, 105–107
Kl. 12 42, 45, 52, 98–100, 102f.
Kl. 13 100 f., 103
Kl. 14 91 f.
Kl. 15 91 f.
Kl. 16 78 f.
Kl. 17 16, 42, 59, 78
Kl. 18 29, 42 f., 46, 49, 52 f., 63, 133–138
Kl. 19 42 f., 52, 126 f., 130
Kl. 20 16, 19, 42, 78
Kl. 21 19 f., 24, 27, 29, 33, 38, 42, 49 f., 62, 74, 122, 152, 154, 163–168, 173
Kl. 22 16
Kl. 23 16, 39, 42, 116–118
Kl. 24 115 f.
Kl. 25 16
Kl. 26 39, 42 f., 47, 127–130
Kl. 27 29, 42, 140 f.
Kl. 28 16, 52, 75–78
Kl. 29 16, 92, 95
Kl. 30 16, 42 f.
Kl. 31 93
Kl. 32 16
Kl. 33 16, 45 f., 49, 52, 54, 58 f., 78, 82 f., 97
Kl. 34 51, 78, 86 f., 91, 93
Kl. 35 16, 93 f.
Kl. 36 16, 115 f.
Kl. 37 16, 27, 63, 154–156
Kl. 38 16, 63, 103, 154
Kl. 39 94 f.
Kl. 40 16, 51, 78, 86–89, 94, 96
Kl. 41 42 f., 125 f., 130, 142
Kl. 42 154, 160–163, 168, 173
Kl. 43 19, 52, 57, 169 f.
Kl. 44 28 f., 39 f., 42 f., 49, 52, 120, 130–133
Kl. 45 16, 27, 42, 65, 67, 119 f.
Kl. 46 143 f.
Kl. 47 152 f.
Kl. 48 16, 43, 45, 52, 58, 78, 83 f.
Kl. 49 16, 78, 80
Kl. 50 16, 29, 37, 62 f., 159 f.
Kl. 51 16, 29, 144 f.
Kl. 52 16
Kl. 53 16, 29, 78, 80–82
Kl. 54 16, 43, 68 f., 71
Kl. 55 16, 39, 43, 47
Kl. 56 16, 45, 52
Kl. 57 52, 146
Kl. 58 52, 65
Kl. 59 39, 47
Kl. 60 16, 27, 39, 47, 157–159
Kl. 61 45, 52, 65–67, 175
Kl. 62 16, 52, 57, 63, 78, 84
Kl. 63 42, 52, 65 f., 68
Kl. 64 16, 27, 52, 62, 175 f.

Liedregister

Kl. 65 16, 52, 146 f.
Kl. 66 16, 52
Kl. 67 15, 19 f., 52, 62, 75, 77
Kl. 68 15, 52, 54, 58 f., 63, 147 f.
Kl. 69 16, 29, 36, 49, 52, 54, 58 f., 74 f.,
Kl. 70 16, 29, 43, 52, 58, 63, 69 f.
Kl. 71 16, 52, 54 f., 57–59, 175
Kl. 72 69 f.
Kl. 73 16, 171
Kl. 74 16, 149
Kl. 75 16, 27, 29, 52, 54–56, 58 f., 63, 152, 167–169
Kl. 76 16, 19 f., 43, 72 f.
Kl. 77 16, 52, 54–56, 58 f., 63, 170 f.
Kl. 78 16, 52, 63, 102 f., 150
Kl. 79 16, 43, 63, 171 f.
Kl. 80 52
Kl. 81 16, 42
Kl. 82 16, 43, 45, 171–173
Kl. 83 16, 43, 49, 52, 72 f.
Kl. 84 19, 43, 70 f.
Kl. 85 16, 19 f., 27, 43, 49, 138 f.,
Kl. 86 42, 141–143
Kl. 87 16, 42, 52, 54, 58, 65 f.
Kl. 88 16, 19, 52, 63
Kl. 89 16, 149 f.
Kl. 90 16, 61
Kl. 91 16, 19, 150
Kl. 92 43, 174 f.
Kl. 93 16
Kl. 94 16, 63
Kl. 96 16, 52, 61
Kl. 97 52, 54 f., 58 f., 150

Kl. 98 42, 120 f.,
Kl, 99 16, 42
Kl. 100 63, 157
Kl. 101 16, 19 f., 63, 78, 84–86
Kl. 102 16, 43, 47
Kl. 103 16, 42, 124 f.
Kl. 104 16, 42, 52, 58, 130
Kl. 105 16, 43
Kl. 106 16, 153 f.
Kl. 107 16, 29, 52, 78, 84
Kl. 108 16
Kl. 109a 16, 97 f.
Kl. 109b 16, 97 f.
Kl. 110 52, 54, 59, 65–67
Kl. 111 43, 90, 95–97
Kl. 112 16, 19 f., 62, 90
Kl. 113 16
Kl. 114 16, 95, 97
Kl. 115 16
Kl. 116 16, 42
Kl. 117 13, 16
Kl. 118 16, 34, 51, 78, 86, 89 f.
Kl. 119 16, 36, 52, 54, 74 f.
Kl. 120 16, 27, 52, 65, 67
Kl. 121 16, 78, 84
Kl. 122 16, 42 f., 121–123
Kl. 123 16, 42 f., 121–123
Kl. 124 16, 29
Kl. 125 16
Kl. 126 16, 94
Kl. 128 20, 143, 151
Kl. 129 97
Kl. 130 20, 97
Kl. 131 20, 177 f.
Kl. 133 20
Kl. 134 20

Personen-, Orts- und Sachregister

Aachen 10, 126
Albrecht I., Herzog 19, 169
Albrecht von Eyb 58
Albrecht von Johansdorf 144, 169
Aragon 9, 126, 130
Aufführungspraxis 15 f., 19, 21, 29, 34, 36, 47, 49, 56 f., 71, 84, 95, 169, 171, 175, 178
Augsburg 167
Augsburger Liederbuch 19, 71, 138 f., 151
Autorenbild 17 f.
Baasch, Karen 54
Ballade 143, 153
Basler Konzil 10
Benedikt XIII., Papst 127
Bergen, Fritz 25
Berger, Christian 62–64, 152
Beyrich, Johannes 35, 62
Beyschlag, Siegfried 58, 63 f., 70 f., 84 f., 176, 178
Binchois, Gilles 157, 177
Böhm, Rainer 63 f.
Boppe 111
Bozen 138
Bresgen, Cesar 25
Brixen 9, 32, 71
Brunner, Horst 35
Ceuta 128
Charles d'Orléans 16, 44
Classen, Albrecht 48, 52 f., 55–58
Cramer, Thomas 51
Dulemans Vröudenton 30
Einstimmigkeit 34, 70, 94, 133, 153 f.
Fabri, Martinus 153

Fellenberg 115, 128
Fichards Liederhandschrift 71, 151
Frankfurt/M. 167
Frankreich 9, 98, 141
Frauenlob 111
Freidank 126
Frenzel, Peter Michael 43, 71, 130
Friedrich I., Herzog von Österreich 9, 25, 35, 71, 107, 117, 130, 132
Friedrich von Hausen 144
Fürbeth, Frank 137 f.
Ganser, Hans 34
Gegengesang 74, 163
Goheen, Jutta 45, 85, 103, 169
Granada 128
Greifenstein 138
Guillaume de Machaut 16, 50
Hans Heselloher 45
Hans Sachs 136, 189
Hartmann von Aue 127
Hartmann, Sieglinde 41, 43 f., 58, 90, 103, 118, 138, 178
Hätzlerin, Clara 36, 94, 170
Hauenstein 10, 57, 128, 130
Hausmann, Anna 47, 107, 114, 117, 129
Hausner, Renate 63 f., 71, 74, 82, 85, 103, 152, 176–178
Heidelberg 10, 71, 125, 128, 142
Heimrath, Johannes 34, 182
Heinrich Laufenberg 97
Helmkamp, Kerstin 58, 130
Hermann von Sachsenheim 24
Herpichböhm, Rainer 34
Hiller, Wilfried 29
Hirschberg, Dagmar 45 f., 57, 85, 118, 138

199

Hofmeister, Wernfied 33
Hörmann, Angelica von 25
Hugo von Montfort 13, 36, 45, 50–52, 86, 94, 111, 138, 147
Hugo von Trimberg 118
Hus, Jan 140 f.
Hussiten 10, 95, 140 f.
Innsbruck 13, 17, 19, 25, 31, 128
Irland 128
Italien 49, 124 f.
Jäger, Martin 114, 128
Janota, Johannes 42
Jean Froissart 17
Johann von Bopfingen 45
Jones, George F. 38, 52, 85, 96
Joschko, Dirk 53–57
Jülich 124, 126
Kalde, Peter 124
Kanon 52, 57, 69 f., 175 f.
Kataloge 6, 13, 23, 48 f., 61, 69, 75, 98, 105, 111, 127, 130–132, 165
Klanglichkeit 28, 36, 69, 165
Klein, Karl Kurt 9, 32, 41
Kling, Thomas 28 f.
Kokott, Kartmut 54 f., 57
Koller, Oswald 32 f.
Köllges, Frank 29
Köln 10, 28, 126
Kompilation 14, 16, 32 f., 35 f., 40, 50 f., 64, 77, 97
König vom Odenwald 140, 153
Konkretisierung 43, 46, 55, 58–60, 66 f., 83, 103, 114, 123, 146, 168, 178
Konrad von Würzburg 31
Konstanz 9, 29, 63, 121, 123
Konstanzer Konzil 9, 57, 63
Kontrafakturen 63, 69, 74, 80, 102, 143, 147, 157, 159
Konventionalität 51, 53, 149, 151, 154 f., 168
Kornreim 62, 65, 67, 73, 81, 85, 89, 143, 146, 149, 176

Körperbeschreibung 65 f., 80, 102, 120, 146
Korth, Michael 34
Kreta 134
Kühn, Dieter 26 f., 33, 37, 55, 126, 130
Landini, Francesco 147
Langanky, Ute 29
Lautmalerei 36, 62
Liebesfreude 55, 58, 71, 81, 152, 157, 159, 167
Liederbuch der Clara Hätzlerin 36, 94, 170
Liederbücher 19, 24, 36, 178
Liedtypen 5, 11, 27, 34, 39 f., 43, 45, 47, 49–51, 53 f., 59–61, 66 f., 69 f., 73–76, 79, 81–84, 86, 90, 94 f., 102, 108, 123, 135, 138 f., 163, 169, 173, 175 f., 178

- Alterslied 139, 142
- Beichtlied 119
- chanson de la malmariée 138
- Dialoglieder 45, 56, 58, 176
- Episodenlieder 5, 123, 126
- Frauenpreis 55, 103 f., 126, 149
- Frühlingsliebeslieder 6, 158
- Frühlingsreien 158, 161, 169
- Geistliche Lieder 5, 95
- hûssorge-Typus 138
- Kalendermerkgedichte 5, 79, 81
- Kanzone 49, 81, 155, 161, 173
- Leich 49, 152, 161, 166
- Liebesklage 150

Personen-, Orts- und Sachregister

- Liebeslied 56, 59, 106, 139, 148, 153
- Mailied 49, 91 f., 163, 165, 173
- Marienlieder 5, 101, 103, 161
- Minneklage 159
- Minnelied 47, 149 f., 157
- Neujahrslied 46, 58
- Ostertagelied 90
- Passionslied 100 f.
- Pastourellen 5, 40, 43, 71, 73–76, 166, 172, 175
- Politisches Lied 144
- Preislied 55, 131, 147
- Reflexionslieder 5, 103, 114
- Reien 163, 169 f., 175
- Reiselieder 40, 43, 50, 123, 131
- Sehnsuchtslieder 55
- Sprachmischungslieder 5, 77
- Tagelieder 5, 45 f., 51 f., 60, 69, 81–84, 86 f., 89–92, 95, 97 f., 101, 107, 161, 178
- Tanzlieder 159, 172
- Tenzone 176, 178
- Trinklieder 5, 43, 65, 70, 73, 76
- Weihnachtslied 98
- Werbungsgespräch 46

Lissabon 128
Lochamer Liederbuch 85
Loenertz, Elke Maria 34, 63 f.
Loewenstein, Herbert 36
Lomnitzer, Helmut 54–57, 63 f.

Ludwig, Pfalzgraf 31, 58, 71, 125, 128, 141
Lutz, Eckhart C. 19, 99, 103, 118, 148, 152
Malutzki, Peter 27, 184
Margarethe von Prades 52, 98, 134
Margarethe von Schwangau 9, 47, 51, 56, 66, 83, 98, 102, 134, 136, 168
Marold, Werner 36, 75, 77 f., 96, 103, 130, 143, 152, 175, 178
Maurer, Friedrich 35
Mayr, Norbert 38, 41, 130
McDonald, William C. 117 f.
Mehrstimmigkeit 63, 100, 127, 143
Melkert, Helga 63 f.
Merswin, Rulman 136
Michel Beheim 118
Minnesang 36, 39, 44, 46, 53, 57, 72, 98, 112, 114, 143, 149, 172
Mitterer, Felix 29
Mohr, Wolfgang 55, 169
Mönch von Salzburg 23, 43, 45, 62, 64, 77, 82 f., 85 f., 91, 96 f., 102, 162
Moser, Hans 36, 42, 61 f., 71, 131, 133, 169
Mück, Hans-Dieter 20, 24, 33, 52, 71, 74, 130, 143, 172, 178
Müller, Maria E. 57
Müller, Ulrich 19, 24, 31, 33, 41–43, 51, 53, 62, 74, 85, 90, 118, 124, 130, 133, 138, 143, 152, 167, 169
Mumelter, Hubert 25
Muskatblüt 147
Namenkataloge 36, 49, 61, 165 f.,
Natureingang 152 f., 163
Neidhart 20, 24, 30, 33, 43, 49, 68, 71, 73 f., 152, 166 f., 172
Neidhart Fuchs 20, 24, 33, 74
Neidhart-Tradition 24, 30, 68, 71, 73, 166, 172

201

Neustift, Kloster 9, 14, 31, 63, 71
New London Consort 64
Nicolas Grenon 125
Nürnberg 20, 29, 167
Nürnberger, Helmuth 54
Ogier, James M. 98, 103
Paris 126, 164
Parodie 52, 83, 178
Pelnar, Ivana 33, 64, 71, 85, 152, 169, 178
Performanz 16, 19, 28, 50 f., 178
Perpignan 126 f., 137
Peter von Arberg 86
Peter von Sassen 162
Pisanello, Antonio 17
Pörnbacher, Hans 53 f., 56
Portugal 9, 80, 128
Prugger, Max 25
Publikum 40, 57, 74, 78, 83, 94, 109, 138 f., 169
Ragotzky, Hedda 46, 118, 138
Reihungen 32, 48, 61, 80 f., 95, 126, 163, 165
Reimartistik 35
Reimhäufung 61, 79, 152, 163–165
Reimintensität 162
Reimpaarreden 9, 15, 62, 75, 182, 190
Robertshaw, Alan 19 f., 24, 36, 39, 53, 55, 58, 75, 130, 152, 178
Rohrbach, Gerdt 57, 85
Röll, Walter 19 f., 24, 36 f., 51, 62, 64, 75, 78, 90, 96, 103, 109, 118, 130, 138, 163, 169
Romania 11, 64, 73, 100, 146
Rondeau 69, 80, 84, 125, 157
Rosendorfer, Herbert 29
Rostocker Liederbuch 20, 85
Ruiss, Gerhard 35
Runkelstein 25, 34
Ruprecht, König 134

Salzburg 10, 23, 43, 45, 62, 64, 77, 82 f., 85 f., 91, 96 f., 102, 125, 162
Sammelhandschriften A, B und c 5, 11–13, 15 f., 18–20, 24, 32, 34 f., 63, 75–77, 90 f., 100, 112 f., 116 f., 119, 121, 129, 146, 157, 159, 164, 169, 175
Schäffel, Klaus-Peter 7, 27 f., 158
Schatz, Josef 32, 34 f., 62
Schiendorfer, Max 89 f.
Schmied, Wieland 34
Schnell, Rüdiger 55, 58
Schnyder, André 50, 90, 96, 103, 111, 118
Schönmetzler, Klaus J. 33, 175
Schottland 128
Schreiber 10, 13 f., 16, 19, 61, 111, 119, 141, 146, 159
Schrott, Johannes 33
Schubert, Martin J. 63 f.
Schumacher, Meinolf 108
Schwarke, Eva 51, 55
Schwob, Anton 10, 19, 39 f., 53, 55, 118, 130, 132 f.
Schwob, Ute M. 53, 143
Seuse, Heinrich 88, 114, 136
Sigismund, König 71, 119, 121, 124, 127, 134
Sinnlichkeit 36, 45, 49, 54 f., 81 f., 167
Sommerlieder 84, 154, 163, 172
Spechtler, Franz V. 35, 90–92, 96, 103
Speckhart-Imser, Veronika 45, 53
Spicker, Johannes 7, 19 f., 24, 49–51, 53, 62, 68, 133, 138, 152, 169, 178
Sprachartistik 28, 37
Sprachmischung 36, 75, 194
Spruchdichtung 39, 103
Steinmar 68
Sterzinger Miszellaneenhandschrift 16

Streuüberlieferung 5, 11 f., 19–21, 24, 32 f.
Stuppner, Hubert 29, 184
Tannhäuser 49, 65 f., 152, 166
Thibaut de Navarre 16
Timm, Erika 19 f., 63 f., 84 f., 96, 152, 169, 178
Tirol 9 f., 19, 25, 31 f., 52, 71 f., 132, 138 f.,
Tomasek, Tomas 62–64, 152
Türler, Wilhelm 35, 62
Überlingen 67, 119 f.
Uhland, Ludwig 31
Vaillant, Jean 37, 159
Vallazza, Markus 7, 26
Variation 5, 11, 45, 49, 59, 64, 66, 86, 91, 167–169, 178
Vielfalt 5, 11, 35, 45, 49 f., 62, 64, 78, 91, 166 f., 178
Villon, François 44
Virelais 37, 159
Virtuosität 37, 50, 152, 160

Wachinger, Burghart 11, 19 f., 24, 34–37, 53 f., 62, 64, 71, 75, 87, 90, 103, 138, 145, 152, 163, 178
Walther von der Vogelweide 9, 31, 43, 65, 67, 106, 126, 136, 140, 149
Wand-Wittkowski, Christine 41
Wasserburg 128
Weber, Beda 25, 31 f., 38
Wehrli, Max 51
Wien 15, 18, 77, 173
Wierschin, Martin W. 137 f.
Witt, Hubert 33
Wittenwiler 23, 31, 67, 119, 172
Wittstruck, Wilfried 11, 47 f., 52, 54, 56, 62, 74, 90, 94, 96, 130, 133, 143, 151, 169
Witzmann, Thomas 28
Wolkenstein-Rodenegg, Graf von 25
Zweistimmigkeit 69, 73, 102, 144, 147, 154